绿色经济与绿色发展丛书

编 委 会

广西大学马克思主义生态经济发展研究院、商学院特别委托项目

国家出版基金项目
NATIONAL PUBLICATION FOUNDATION

“十二五”国家重点图书出版规划项目

绿色经济与绿色发展丛书 / 刘思华 · 主编

法律生态化

ECOLOGICAL LAW

丁玉娟　洪　波　著

中国环境出版社 · 北京

图书在版编目（CIP）数据

法律生态化/丁玉娟，洪波著. —北京：中国环境出版社，2016.12
（绿色经济与绿色发展丛书/刘思华主编）
ISBN 978-7-5111-3052-5

Ⅰ. ①法… Ⅱ. ①丁…②洪… Ⅲ. ①生态环境—环境保护法—研究—中国 Ⅳ. ①D922.680.4

中国版本图书馆 CIP 数据核字（2016）第 326560 号

出 版 人　王新程
策　　划　沈　建　陈金华
责任编辑　陈金华　郑中海
责任校对　尹　芳
封面设计　耀午设计　彭　杉

出版发行　中国环境出版社
（100062　北京市东城区广渠门内大街 16 号）
网　　址：http://www.cesp.com.cn
电子邮箱：bjgl@cesp.com.cn
联系电话：010-67112765（编辑管理部）
010-67113412（教材图书出版中心）
发行热线：010-67125803，010-67113405（传真）
印　　刷　北京中科印刷有限公司
经　　销　各地新华书店
版　　次　2016 年 12 月第 1 版
印　　次　2016 年 12 月第 1 次印刷
开　　本　787×960　1/16
印　　张　14
字　　数　235 千字
定　　价　45.00 元

总　序

迈向生态文明绿色经济发展新时代

在党的十七大提出的“建设生态文明”的基础上，党的十八大进一步确立了社会主义生态文明的创新理论，构建了建设社会主义生态文明的宏伟蓝图，制定了社会主义生态文明建设的基本任务、战略目标、总体要求、着力点和行动方案；并向全党全国人民发出了“努力走向社会主义生态文明新时代”的伟大号召。按照生态马克思主义经济学观点，走向社会主义生态文明新时代，就是迈向生态文明与绿色经济发展新时代。这既是中华文明演进和中国特色社会主义经济社会发展规律与演化逻辑的必然走向和内在要求，又是人类文明演进和世界经济社会发展规律与演化逻辑的必然走向和内在要求。因此，绿色经济与绿色发展是21世纪人类文明演进与世界经济社会发展的大趋势、大方向，集中表达了当今人类努力超越工业文明黑色经济发展的旧时代而迈进生态文明绿色经济发展新时代的意愿和价值期盼，已成为人类文明演进和世界经济社会发展的必然选择和时代潮流。据此，建设绿色文明、发展绿色经济、实现绿色发展，是全人类的共同道路、共同战略、共同目标，是生态文明绿色经济及新时代赋予我们的神圣使命与历史任务。毫无疑问，当今世界和当代中国一个生态文明绿色经济发展时代正在到来。为了响应党的十八大提出的“努力走向社会主义生态文明新时代”的伟大号召，迎接生态文明绿色经济发展新时代的来临，中国环境出版社特意推出“十二五”国家重点图书出版规划项目“绿色经济与绿色发展丛书”（以下简称“丛书”）。笔者作为“丛书”主编，并鉴于目前“半绿色经济论”“伪绿色经济发展论”日渐盛行，故就“中国智慧”创立的绿色经济理论与绿色发展学说的几个重大问题添列数语，是为序。

一、关于绿色经济的理论本质问题

绿色经济的本质属性即理论本质：不是环境经济学的范畴，而是生态经济学与可持续发展经济学的范畴。西方绿色思想史表明，“绿色经济”这个词汇最早见于英国环境经济学家大卫·皮尔斯1989年出版的第一本小册子《绿色经济的蓝图》（后称“蓝图1”）的书名中。其后“蓝图2”的第二章的第一节两次使用了“绿色经济”这个名词，直到1995年出版“蓝图4”，也没有对绿色经济作出界定，这就是说4本小册子都没有明确定义绿色经济及诠释其本质内涵。对此，方时姣教授从世界绿色经济思想发展史的视角进行了全面评述：[①]“蓝图1”主要介绍英国的环境问题和环境政策制定，正如作者指出的“我们的整个讨论都是环境政策的问题，尤其是英国的环境政策”。“蓝图2”1991年出版，是把“蓝图1”的环境政策思想拓展到世界及全球性环境问题和环境政策。“蓝图3”1993年出版，又回到“蓝图1”的主题，即英国的环境经济与可持续发展问题的综合。“蓝图4”则又回到“蓝图2”讨论的主题，正如作者在前言中所指出的“绿色经济的蓝图从环境的角度，阐述了环境保护及改善问题”。因此，从“蓝图1”到“蓝图4”，对绿色经济的新概念、新思想、新理论，没有作任何诠释的论述，仅仅只是借用了绿色经济这个名词，来表达过去的25年环境经济学流派发展的新综合，确实是“有关环境问题的严肃书籍”。

皮尔斯等人在当今世界率先使用“绿色经济”这一词汇并得到了广泛传播，但基本上只是提及了这个概念，没有深入研究，尤其是理论研究。因此，在西方世界的整个20世纪90年代至2008年爆发国际金融危机的这一时期，仍然主要是环境经济学界的学者使用绿色经济概念，从环境经济学的视角阐述环境保护、治理与改善等绿色议题，其核心问题是讨论经济与环境相互作用、相互影响的环境经济政策问题，而关注点集中于环境污染治理的经济手段。在我国首先使用皮尔斯等人的绿色经济概念的是环境污染与保护工作者，并对其进行界定。例如，原国家环境保护局首任局长曲格平先生在1992年出版的《中国的环境与发展》一书中指出：“绿色经济是指以环境保护为基础的经济，主要表现在：一是以治理污染和改善生态为特征的环保产业的兴起；二是因环境保护而引起的工业和农业生产方式的变

① 方时姣：《绿色经济思想的历史与现实纵深论》，载《马克思主义研究》2010年第6期，第55～62页。

革，从而带动了绿色产业的勃发。”[①]在这里，十分清楚地表明了曲格平先生同皮尔斯等人一样，是借用绿色经济的概念来诠释环境保护、治理和改善的问题。其后，我国学界有一些学者把绿色经济当作环境经济的代名词，借用绿色经济之名，表达环境经济之实。总之，长期以来，国内外不少学者按照皮尔斯等人的学术路径，对绿色经济作了狭隘的理解而被看作是环境经济学的新概括，把它纳入环境经济学的理论框架之中，成为环境经济学的理论范畴。这就必然遮盖了绿色经济的本来面目，极大地扭曲了它的本质内容与基本特征，不仅产生了一些不良的学术影响，而且会误导人们的生态与经济实践。正如方时姣教授指出的："把绿色经济纳入环境经济学的理论框架来指导实践，最多只能缓解生态环境危机，是不可能从根本上解决生态环境问题的，也不可能克服生态环境危机，也就谈不上实现生态经济可持续发展。”[②]

20 世纪 90 年代，我国生态经济学界就有学者用绿色经济这一术语概括生态环境建设绿色议题和生态经济协调发展研究的新进展，论述重点是“一切都将围绕改善生态环境而发展，核心问题是要实现人和自然的和谐、经济与生态环境的协调发展。”[③]为此，笔者针对皮尔斯等国内外学者以环境经济学理论范式来回应绿色经济议题，在 1994 年出版了《当代中国的绿色道路》一书，以生态经济学新范式来回应绿色经济议题，以生态经济协调发展理论平台在深层次上阐述“发展经济必须与发展生态同时并举，经济建设必须与生态建设同步进行，国民经济现代化必须与国民经济生态化协调发展”的绿色发展道路。这就在国内外首次拉开了从学科属性上把绿色经济从环境经济学理论框架中解放出来的序幕。在此基础上，笔者于 2000 年 1 月出版的《绿色经济论——经济发展理论变革与中国经济再造》一书，深刻地论述了一系列重大的绿色经济理论前沿和现实前沿问题，科学地揭示了生态经济与知识经济同可持续发展经济之间的本质联系及其发展规律，破解了三者之间相互渗透、融合发展的绿色经济与绿色发展的内在奥秘，成为中国绿色经济理论与绿色发展学说形成的重要标志。尤其是该书把绿色经济看作是生态经济与可持续经济的新概括与代名词，并从这个新高度的最高层次对绿色经济提出了新命题："绿色经济

---

① 转引自刘学谦、杨多贵、周志强等：《可持续发展前沿问题研究》，北京：科学出版社，2010 年版，第 126 页。

② 方时姣：《绿色经济思想的历史与现实纵深论》，载《马克思主义研究》2010 年第 6 期，第 55～62 页。

③ 郑明焕：《把握机遇，在大转变中求发展》，1992 年 3 月 28 日《中国环境报》。

是可持续经济的实现形态和形象概括。它的本质是以生态经济协调发展为核心的可持续发展经济。"[①]这个界定肯定了绿色经济的生态经济属性，揭示了它的可持续经济的本质特征，从学科属性上把它从环境经济学理论框架中彻底解放出来，真正纳入生态经济学与可持续发展经济学的理论体系，成为生态经济学与可持续发展经济学的理论范畴，恢复了绿色经济的本来面目。虽然这个绿色经济的定义十分抽象，却反映了它的本质属性与科学内涵，得到了多数绿色经济研究者的认同和广泛使用。然而时至今日，在我国仍有少数学者尤其在实际工作中也有不少人还在用环境经济学范畴中的绿色经济理念来指导经济实践，这种现象不能继续下去了。

二、关于绿色经济的文明属性问题

绿色经济的文明属性不是工业文明的经济范畴，而是生态文明的经济范畴。世界绿色经济思想史告诉我们，在学科属性上把绿色经济当作环境经济学的新观念与代名词，纳入环境经济学的理论框架，就必然在文明属性上把它纳入工业文明的基本框架，成为工业文明的经济范畴，即发展工业文明的经济模式。这是因为，环境经济学是调整、修补、缓解人与自然的尖锐对立、环境与经济的互损关系的工业文明时代的产物，是工业文明"先污染后治理"经济发展道路的理论概括与学理表现。自皮尔斯等人指出环境经济学范畴的绿色经济概念以来，国内外一个主流绿色经济观点就是对绿色经济的狭隘的认识与把握，只是把它看成是解决工业文明经济发展过程中出现的生态环境问题的新经济观念，是能够克服工业文明的褐色经济或黑色经济弊端的经济模式。在我国这种观点比较流行。例如，有的学者认为："绿色经济是以市场为导向、以传统产业经济为基础、以经济与环境的和谐为目标而发展起来的一种新型的经济形式即发展模式"，"是现代工业化过程中针对经济发展对环境造成负面影响而产生的新经济概念"。时至今日，这种工业文明经济范畴的绿色经济概念仍被人引用来论证自己的绿色经济观念。因此，在此我要再次强调：工业文明经济范畴的绿色经济观念，在本质上仍是人与自然对立的文明观，并没有从根本上消除工业文明及黑色经济反生态和反人性的黑色基因，丢弃了绿色经济是生态经济协调发展的核心内容和超越工业文明黑色经济、铸造生态文明生态经济的本质属性，从而否定了绿色经济是生态文明生态经济形态的理论内涵与实践价值。因此，

① 刘思华：《绿色经济论》，北京：中国财政经济出版社，2001 年版，第 3 页。

以工业文明经济范式或理论平台来回应绿色经济议题，是不可能从根本上触动工业文明黑色经济形态的，是难以走出工业文明黑色经济发展道路的；最多是缓解局部自然环境恶化，是不可能解决当今人类面对的生态经济社会全面危机的。因此，决定了我们必须也应当以生态文明新范式或理论平台在深层次回应绿色经济与发展绿色经济议题，才能顺应21世纪生态文明与绿色经济时代的历史潮流。

生态马克思主义经济学哲学告诉我们：彻底的生态唯物主义者，不仅要在学科属性上把绿色经济从环境经济学的理论框架中解放出来，成为生态经济与可持续发展经济的理论范畴，而且在文明属性上，要把它从工业文明的基本框架中解放出来，作为生态文明的经济范畴。前面提到的笔者所著的《当代中国的绿色道路》《绿色经济论》这两部著作，是实现绿色经济这两个生态解放的成功探索。早在1998年笔者在《发展绿色经济，推进三重转变》一文中就明确提出了发展绿色经济的新的经济文明观，明确指出："人类正在进入生态时代，人类文明形态正在由工业文明向生态文明转变，这是人类发展绿色经济、建设生态文明的一个伟大实践。"①邹进泰、熊维明的《绿色经济》一书中指出：绿色经济发展"是从单一的物质文明目标向物质文明、精神文明和生态文明多元目标的转变。发展绿色经济，尤其要避免'石油工业''石油农业'造成的高消耗、高消费、高生态影响的物质文明，而要造就高效率、低消耗、高活力的生态文明"。② 可见"中国智慧"在世界上最早实现绿色经济的两个生态解放、纳入生态文明的基本框架，是人与自然和谐统一、生态与经济协调发展的建设生态文明的必然产物。下面还要作几点说明：

(1) 按照人类文明形态演进和经济社会形态演进一致性的历史唯物主义社会历史观的理论思路，生态文明是继原始文明、农业文明、工业文明（包括后工业文明）之后的全新的人类社会文明形态，它不仅延续了它们的历史血脉，而且创新发展了它们尤其是工业文明的经济社会形态，使工业文明从人与自然相互对立、生态与经济相分裂的工业经济社会形态，朝着生态文明以人与自然和谐统一、生态与经济协调发展的生态经济社会形态演进。这是人类文明经济社会的全方位、最深刻的生态变革与绿色经济转型，可以说是人类文明历史发展以来最伟大的生态经济社会变革运动。

---

① 刘思华：《刘思华文集》，武汉：湖北人民出版社，2003年版，第403页。

② 邹进泰、熊维明等：《绿色经济》，太原：山西经济出版社，2003年版，第12页。

(2) 我们要深刻认识和正确把握绿色经济的概念属性与本质内涵，正是这个属性和内涵决定了它是生态文明生态经济形态的实现形式与形象概括。世界工业文明发展的历史表明，无论是资本主义工业化，还是社会主义工业化；无论是发达国家工业化，还是发展中国家工业化，都走了一条工业经济黑色化的黑色发展道路，形成了工业文明黑色经济形态。据此，工业文明主导经济形态的工业经济形态的实现形态与形象概括就是黑色经济形态。而生态文明开辟了经济社会发展绿色化即生态化的绿色发展道路，最终形成生态文明绿色经济形态。它是对工业文明及其黑色经济形态的批判、否定和扬弃，是在此基础上的生态变革和绿色创新。这就是说，绿色经济的根本属性与本质内涵是生态经济与可持续发展经济，使它必然在本质上取代工业经济并融合知识经济的一种全新的经济形态，是生态文明新时代的主导经济形态的现实形态。所以，笔者反复指出："绿色经济作为生态文明时代的经济形态，是生态经济形态的现实象征与生动概括。"[①]这不仅肯定了绿色经济是生态经济学与可持续发展经济学的理论范畴，而且界定了绿色经济是生态文明的经济范畴，恢复了绿色经济的本来面目。

(3) 绿色经济实现"两个生态解放"之后，就应当对它重新定位。现在我们可以将绿色经济的科学内涵和外延表述为：以生态文明为价值取向，以自然生态健康和人体生态健康为终极目的，以提高经济社会福祉和自然生态福祉为本质特征，以绿色创新为主要驱动力，促进人与自然和谐发展和生态与经济协调发展为根本宗旨，实现生态经济社会发展相统一并取得生态经济社会效益相统一的可持续经济。因此，发展绿色经济是广义的，不仅是指广义的生态产业即绿色产业，而且包括低碳经济、循环经济、清洁能源和可再生能源、碳汇经济以及其他节约能源资源与保护环境、建设生态的经济等。[②]这个新界定正确地揭示了绿色经济的本质属性、科学内涵、概念特征与实践主旨，准确地体现了绿色经济历史趋势与时代潮流；绿色经济观念、理论是人与自然和谐统一、生态与经济协调发展的生态文明新时代的理论概括与学理表现。只有这样认识和把握绿色经济，才能真正符合生态文明与绿色经济发展的客观进程与内在逻辑。

(4) 生态文明经济范畴的绿色经济包含两层经济含义：一是它作为理论形态是

---

① 中国社会科学院马克思主义学部：《36位著名学者纵论中国共产党建党90周年》，北京：中国社会科学出版社，2011年版，第409页。

② 刘思华：《生态文明与绿色低碳经济发展总论》，北京：中国财政经济出版社，2001年版，第1页。

生态文明的经济社会形态范畴，是生态文明时代崭新的主导经济，我们称之为绿色经济形态。二是它作为实践形态是生态文明的经济发展模式，是生态文明崭新时代的经济发展模式，我们称之为绿色经济发展模式。这就决定了建设生态文明、发展绿色经济的双重战略任务，既要形成生态和谐、经济和谐、社会和谐一体化的绿色经济形态，又要形成生态效益、经济效益、社会效益最佳统一的绿色经济发展模式。据此，建设生态文明、发展绿色经济应当是经济社会形态和经济社会发展模式的双重绿色创新转型发展过程，这是革工业文明的黑色经济形态和经济发展模式之故、鼎生态文明的绿色经济形态和经济发展模式之新的过程。因此，每个战略任务都是双重绿色使命：一方面背负着克服、消除工业文明的黑色经济形态与发展模式的黑色弊端，对它们进行生态变革、绿色重构与转型，改造成为绿色经济形态与绿色经济发展模式；另一方面担负着创造人类文明发展的新形态，即超越资本主义工业文明（包括高度发达的后工业文明）的社会主义生态文明，构建与生态文明相适应的绿色经济形态和绿色经济发展模式。这是生态文明建设的中心环节，是绿色经济发展的实践指向，因此双重绿色经济就是我们迈向生态文明与绿色经济发展新时代，也是推动人类文明形态和经济社会形态与发展模式同步演进的双重时代使命与实践目标。实现双重时代使命所推动的变革不仅仅是工业文明形态及其黑色经济形态与发展模式本身的变革，而且是超越工业文明的生态文明及其他的经济形态与发展模式的生态变迁与绿色构建。这才符合生态文明与绿色经济的本质属性与实践主旨。

三、关于绿色发展理论与道路的探索问题

自 2002 年以来的 10 多年间，一直流传着联合国开发计划署在《2002 年中国人类发展报告：让绿色发展成为一种选择》中首先提出绿色发展，中国应当选择绿色发展之路。这个“首先”之说不知是何人的说法，是根本不符合绿色发展思想理论发展的历史事实的，是一种学术误传。

1. 我们很有必要对中国绿色发展思想理论发展的历史作简要回顾

如前所述，1994 年笔者在《当代中国的绿色道路》一书中，以生态经济学新范式及生态经济协调发展的新理论平台来回应绿色发展道路议题，阐述了绿色发展的一系列主要理论与实践问题，明确提出中国绿色发展道路的核心问题是“经济发展生态化之路”，“一切都应当围绕着改善生态环境而发展，使市场经济发展建立在

生态环境资源的承载力所允许的牢固基础之上，达到有益于生态环境的经济社会发展。”[①]1995 年著名学者戴星翼在《走向绿色的发展》一书中首次从“经济学理解绿色发展”的角度，明确使用“绿色发展”这一词汇，诠释可持续发展的一系列主要理论与实践问题，并认为“通往绿色发展之路”的根本途径在于“可持续性的不断增加”。[②]在这里，绿色发展成为可持续发展的新概括。2012 年著名学者胡鞍钢出版的《中国：创新绿色发展》一书，创新性地提出了绿色发展理念，开创性地系统阐述了绿色发展理论体系，总结了中国绿色发展实践，设计了中国绿色现代化蓝图。所以，笔者认为该书虽有不足之处，但从总体上说，丰富、创新、发展了中国绿色发展学说的理论内涵和实际价值，提出了一条符合生态文明时代特征的新发展道路——绿色发展之路。总之，中国学者探索绿色发展的理念、理论与道路的历史轨迹表明，在此领域“中国智慧”要比“西方智慧”高明，这就在于绿色发展在发展理念、理论、道路上突破了可持续发展的局限性，“将成为可持续发展之后人类发展理论的又一次创新，并将成为 21 世纪促进人类社会发生翻天覆地变革的又一次大创造。”[③]

2. 21 世纪的绿色经济与绿色发展观

进入 21 世纪以后，绿色经济与绿色发展观念逐步从学界视野走进政界视野，尤其是面对 2008 年国际金融危机催化下世界绿色浪潮的新形势，以胡锦涛为总书记的中央领导集体正确把握当今世界发展绿色低碳转型的新态势、未来世界绿色发展的大趋势，站在与世界各国共建和谐世界与绿色世界的发展前沿上，直面中国特色社会主义的基本国情，提出了绿色经济与绿色发展的一系列新思想、新观点、新理论，揭示了发展绿色经济、推进绿色发展是当今世界发展的时代潮流。正如习近平同志所指出的：“绿色发展和可持续发展是当今世界的时代潮流”，其“根本目的是改善人民生活环境和生活水平，推动人的全面发展。”[④]李克强还指出：“培育壮大绿色经济，着力推动绿色发展”，“要加快形成有利于绿色发展的体制机制，通过政策激励和制度约束，增强推动绿色发展的自觉性、主动性，抑制不顾资源环境承

① 刘思华：《当代中国的绿色道路》，武汉：湖北人民出版社，1994 年版，第 86 页、第 101 页。

② 戴星翼：《走向绿色的发展》，上海：复旦大学出版社，1998 年版，第 1～23 页。

③ 胡鞍钢：《中国：创新绿色发展》，北京：中国人民大学出版社，2012 年版，第 20 页。

④ 习近平：《携手推进亚洲绿色发展和可持续发展》，2010 年 4 月 11 日《光明日报》。

载能力盲目追求增长的短期行为。"[①]笔者曾发文把以胡锦涛为总书记的中央领导集体的绿色发展理念概括为"四论"，即绿色和谐发展论、国策战略绿色论、绿色文明发展道路论、国际绿色合作发展论。[②]在此我们还要重视的是胡锦涛同志在2003年中央经济工作会议上明确指出："经济增长不能以浪费资源、破坏环境和牺牲子孙后代利益为代价。"其后，他进一步指出："我国是社会主义国家，我们的发展不能以牺牲精神文明为代价，不能以牺牲生态环境为代价，更不能以牺牲人的生命为代价。""我们一定要痛定思痛，深刻吸取血的教训。"[③]胡锦涛提出的不能以"四个牺牲为代价"换取经济发展的绿色原则，反映了改革开放以来，我国经济发展的基本经验和严重教训，这实质上是实现科学发展的四项重要原则，是推进绿色发展的四项重要原则。凡是以"四个牺牲为代价"换取的经济发展就是不和谐的、不可持续的非科学发展，这种发展可以称为黑色发展；凡是没有以"四个牺牲为代价"的经济发展就是和谐的、可持续的科学发展，这种发展可以称为绿色发展。正是在这个意义上说，不能以"四个牺牲为代价"是区分黑色发展和绿色发展的四项绿色原则。

3. 依法治国新政理念：发展绿色经济、推进绿色发展

当下中国执政者对绿色经济与绿色发展的认识与把握，已不只是学界那样把发展绿色经济、推进绿色发展视为全新的思想理论，而是一种崭新的全面依法治国的执政理念、发展道路与发展战略。党的十八大首次把绿色发展（包括循环发展、低碳发展）写入党代会报告，是绿色发展成为具有普遍合法性的中国特色社会主义生态文明发展道路的绿色政治表达，标志着实现中华民族伟大复兴的中国梦所开辟的中国特色社会主义生态文明建设道路是绿色发展与绿色崛起的科学发展道路。这条道路的理论体系就是"中国智慧"创立的绿色经济理论与绿色发展学说。它既是适应世界文明发展进步，更是适应中国特色社会主义文明发展进步需要而产生的科学发展学说，甚至可以说，是一种划时代的全新科学发展学说。对此，近几年来，我多次强调指出：绿色经济理论与绿色发展学说不是引进的西方经济发展思想，而是中国学界和政界马克思主义学人自主创立的科学发展新学说。它是立足中国、面向世界、通向未来的马克思主义发展学说，必将指引着中国特色社会主义沿着绿色发展与绿色崛起的科学发展道路不断前进。

---

① 李克强：《推动绿色发展　促进世界经济健康复苏和可持续发展》，2010年5月9日《光明日报》。

② 刘思华：《科学发展观视域中的绿色发展》，载《当代经济研究》2011年第5期，第65～70页。

③ 中共中央文献研究室：《科学发展观重要论述摘编》，北京：中央文献出版社，2008年版，第34页、第29页。

“中国智慧”不仅从绿色经济的根本属性与本质内涵论证了绿色经济是生态文明的经济范畴，而且从绿色发展的根本属性与本质内涵界定了绿色发展是生态文明的发展范畴。故笔者把绿色发展表述为：“以生态和谐为价值取向，以生态承载力为基础，以有益于自然生态健康和人体生态健康为终极目的，以追求人与自然、人与人、人与社会、人与自身和谐发展为根本宗旨，以绿色创新为主要驱动力，以经济社会各个领域和全过程的全面生态化为实践路径，实现代价最小、成效最大的生态经济社会有机整体全面和谐协调可持续发展，因此，绿色发展必将使人类文明进步和经济社会发展更加符合自然生态规律、社会经济规律和人自身的规律，即支配人本身的肉体存在和精神存在的规律（恩格斯语）”[①]或者说“更加符合三大规律内在统一的”自然、人、社会有机整体和谐协调发展的客观规律。现在我要进一步指出的是，从学理层面上说，绿色发展的理论本质是“生态经济社会有机整体全面和谐协调可持续发展”；从实践层面上看，绿色发展的实践主旨是实现“生态经济社会有机整体全面和谐协调可持续发展”。现在我们完全可以作出一个理论结论：绿色发展是生态经济社会有机整体全面和谐协调可持续发展的形象概括与现实形态。正是在这个意义上说，绿色发展是永恒的经济社会发展。这是客观真理。

4．绿色发展学说中若干基本理论观点和现实问题

(1) 绿色发展的经济学诠释，就是绿色经济与绿色发展内在统一的绿色经济发展。笔者在2002年《发展绿色经济的理论与实践探索》的学术报告中，首次提出了绿色经济发展新观念和构建了绿色经济发展理论的基本框架，明确指出：“发展绿色经济是建设生态文明的客观基础和根本问题”，“绿色经济发展是人类文明时代的工业文明时代进入生态文明时代的必然进程”，“是推进现代经济的‘绿色转变’走出一条中国特色的绿色经济建设之路”，“必将引起21世纪中国现代经济发展的全方位的深刻变革，是中国经济再造的伟大革命”，还强调指出：“只有建立生态市场经济制度才能真正走出一条中国特色的绿色经济发展道路。”[②]因此，21世纪中国绿色发展道路在经济领域内，就是绿色经济发展道路，这是中国特色社会主义经济发展道路走向未来的必由之路。

(2) 20世纪人类文明发展事实表明工业文明发展黑色化是常态，故工业文明确实是黑色文明，其发展是黑色发展，它的一切光辉成就的取得，说到底是以牺牲

① 刘思华：《生态马克思主义经济学原理》（修订版），北京：人民出版社，2014年版，第578～579页。

② 刘思华：《刘思华文集》，武汉：湖北人民出版社，2003年版，第607～612页。

自然生态、社会生态和人体生态为代价，创造着黑色的文明史。因此，生态马克思主义经济学哲学得出一个人类文明时代发展特征的结论："工业文明是黑色发展时代，生态文明是绿色发展时代……'中国智慧'对从工业文明黑色发展向生态文明绿色发展巨大变革的认识，是21世纪中华文明发展头等重要的发现，是科学的最大贡献。"[①]从工业文明黑色发展走向生态文明绿色发展是生态经济社会有机整体的全方位生态变革与全面绿色创新转变，是人类文明发展史上最伟大的最深刻的生态经济社会革命。它的中心环节是要实现工业文明黑色发展道路向生态文明绿色发展道路的彻底转轨，其关键所在是要实现工业文明黑色发展模式向生态文明绿色发展模式的全面转型。[②]只有实现这两个"根本转变"，人类文明形态演进和经济社会形态演进才能真正迈向生态文明与绿色经济发展新时代。

(3) 和谐发展和绿色发展是生态文明的根本属性与本质特征的两种体现，是生态文明时代生态经济社会有机整体全面和谐协调可持续发展的两个方面。这是因为：① 生态马克思主义经济学哲学告诉我们，人类文明进步和经济社会发展的实质就是自然、人、社会有机整体价值的协调与和谐统一，是实现人与自然、人与人、人与社会、人与自身的全面和谐协调，成为人类文明进步与经济社会发展的历史趋势和终极价值追求。因此，笔者在《生态马克思主义经济学原理》一书中就指出了狭义与广义生态和谐论，指出"狭义生态和谐"就是人与自然的和谐发展即自然生态和谐，这是狭义生态文明的核心理念。而和谐发展不仅是人与自然的和谐发展，还包括人与人、人与社会及个人的身心和谐发展，于是我把这"四大生态和谐"称之为"广义的生态和谐"的全面和谐发展。这是广义生态文明的根本属性与本质特征，就必然成为生态文明的绿色经济形态与绿色发展模式的根本属性与本质特征。② 生态马克思主义经济学哲学还认为，从自然、人、社会有机整体的四大生态和谐协调发展意义上说，生态和谐协调发展已成为当今中国和谐协调发展的根基。这是绿色发展的核心与灵魂。因此，建设生态文明、发展绿色经济、推进绿色发展，必须贯穿于中国生态经济社会有机整体发展的全过程和各个领域，不断追求和递进实现"四大生态关系"的全面和谐发展，这是绿色发展的真谛。

---

① 刘思华：《生态马克思主义经济学原理》（修订版），北京：人民出版社，2014年版，第579页。

② 胡鞍钢教授在《中国：创新绿色发展》一书中认为："以高消耗、高污染、高排放为基本特征的发展，即黑色发展模式。"我认为应当以高投入、高消耗、高排放、高污染、高代价为基本特征的发展就是工业文明黑色发展模式，而以"五高"黑色发展模式为基本内容与发展思路就是工业文明黑色发展道路。

（4）全面生态化或绿色化是绿色发展的主要内容与基本路径。2011 年夏，中国绿色发展战略研究组课题组撰写的《关于全面实施绿色发展战略向十八大报告的几点建议》一书指出：按照马克思主义生态文明世界观和方法论，生态化应当写入党代会报告，使中国特色社会主义旗帜上彰显着社会主义现代文明的生态化发展理念，这是建设社会主义生态文明的必然逻辑，是发展绿色经济、实现绿色发展的客观要求，是构建社会主义和谐社会的必然选择。这里所说的生态化发展理念，就是绿色发展理念。后者是前者的现实形态与形象概括，在此我们很有必要作进一步论述：

☞ 生态化是一个综合科学的概念，是前苏联学者首创的现代生态学的新观念：早在 1973 年苏联哲学家 B. A. 罗西在《哲学问题》杂志上发表的《论现代科学的"生态学化"》一文中，就将生态化称为"生态学化"，其本质含义是"人类实践活动及经济社会运行与发展反映现代生态学真理"。以此观之，生态化主要是指运用现代生态学的世界观和方法论，尤其依据"自然、人、社会"复合生态系统整体性观点考察和理解现实世界，用人与自然和谐协调发展的观点去思考和认识人类社会的全部实践活动，最优地处理人与自然的自然生态关系、人与人的经济生态关系、人与社会的社会生态关系和人与自身的人体生态关系，最终实现生态经济社会有机整体全面和谐协调可持续的绿色发展"。[①]生态化这个术语是国内外学者，尤其在中国新兴、交叉学科的学者广泛使用的新概念，其论著中使用的频率最高，当代中国已经出现新兴、交叉经济学生态化趋势。因此，这个界定从学理上说，我们可以作出一个合乎逻辑的结论：生态化应当是生态文明与绿色发展的重要范畴，甚至是基本范畴。

☞ 当今人类生存与发展需要进行一场深刻的生态经济社会革命，走绿色发展新道路，推进人类生存与发展的生产方式和生活方式的生态化转型，实现人类生存方式的全面生态化。它就内在要求人类社会的经济、科技、文教、政治、社会活动等经济社会运行与发展的全面生态化。在当代中国就是使中国特色社会主义生态经济社会体系运行朝着生态

① 刘思华：《论新型工业化、城镇化道路的生态化转型发展》，载《毛泽东邓小平理论研究》2013 年第 7 期，第 8～13 页。

化转型的方向发展。这种生态化转型发展就成为生态经济社会运行与发展的内在机制、主要内容、基本路径与绿色结果。这样的当代中国走生态化转型发展之路，是走绿色发展的必由之路与基本走向。可以说，“顺应生态化转型者昌，违背生态化转型者亡。”[①]这不仅是当今人类文明进步和世界经济社会发展，而且是中国特色社会主义文明进步和当代中国经济社会发展的势不可当的生态化即绿色化发展大趋势。

☞ 生态马克思主义经济学哲学强调生态文明是广义和狭义生态文明的内在统一，[②]并把广义生态文明称为绿色文明，既然生态化是生态文明的一个重要范畴，那么它就同生态文明，也是广义与狭义生态化的内在统一；这样说，可以把广义生态化称之为绿色化。两者的本质内涵是完全一致的。2015 年 3 月 24 日，中共中央政治局审议通过的《关于加快推进生态文明建设的意见》首次使用了绿色化这一术语，要求在当前和今后一个时期内，协同推进新型工业化、城镇化、信息化、农业现代化和绿色化。如果说绿色发展（包括循环发展和低碳发展）是生态文明建设的基本途径，那么可以说生态化发展是生态文明建设的内在机制和基本内容与途径。这是因为生态文明建设的理论本质是以生态为本，即主要是以增强提高自然生态系统适应现代经济社会发展的生态供给能力（包括资源环境供给能力）为出发点和落脚点，既要构建优化自然生态系统，又要推进社会经济运行与发展的全面生态化，建立起具有生态合理性的绿色创新经济社会发展模式。所以“生态文明建设的实践指向，是谋求生态建设、经济建设、政治建设、文化建设与社会建设相互关联、相互促进，相得益彰、不可分割的统一整体文明建设，用生态理性绿化整个社会文明建设结构，实现物质文明建设、政治文明建设、精神文明建设、和谐社会建设的生态化发展。这是中国特色社会主义生态文明建设的真谛。”[③]

☞ 笔者借写“丛书”总序之机，代表中国绿色发展战略研究组课题组和“丛书”的作者们向党中央建议：两年后把“绿色化”或“生态化”

---

① 刘本炬：《论实践生态主义》，北京：中国社会科学出版社，2007 年版，第 136 页。

② 刘思华：《生态马克思主义经济学原理》（修订版），北京：人民出版社，2014 年版，第 540～542 页。

③ 刘思华：《生态马克思主义经济学原理》（修订版），北京：人民出版社，2014 年版，第 549 页。

写入党的十九大报告，使它成为中国特色社会主义道路从工业文明黑色发展道路向生态文明绿色发展道路全面转轨的一个象征，成为当今中国社会主义经济社会发展模式从工业文明黑色发展模式向生态文明绿色发展模式全面转型的一个标志，成为中国特色社会主义文明迈向社会主义生态文明与绿色经济发展新时代的一个时代标识。

四、关于迈向生态文明绿色发展的使命与任务问题

自 2008 年国际金融危机以来，绿色经济与绿色发展迅速兴起，是有着深刻的生态、经济和社会历史背景的。应当说，首先是发源于回应工业文明黑色发展道路与模式的负外部效应所积累的全球范围“黑色危机”越来越严重，已经走到历史的巅峰。“物极必反”，工业文明黑色发展道路与模式的历史命运也逃避不了这个历史的辩证法。它在其黑色发展过程中自我否定因素不断生成，形成向绿色经济与绿色发展转型的因素日渐清晰彰显，使我们看到了绿色经济与绿色发展的时代晨光，人类正在迎来生态文明绿色发展的绿色黎明。这是人类实现生态经济社会全面和谐协调可持续发展的历史起点。

1．我们必须深刻认识和正确把握生态文明的绿色发展道路与模式的时代特征

迈向生态文明绿色经济发展新时代的时代特色应是反正两层含义：一是当今世界仍然处于黑色文明达到了全面异化的巨大危机之中，使当今人类面临着前所未有的工业文明黑色危机的巨大挑战；二是巨大危机是巨大变革的历史起点，开启了绿色文明绿色发展的新格局、新征途，使人类面临着前所未有的绿色发展历史机遇，并给予全面生态变革与绿色转型的强大动力。因此，当今人类正处于工业文明黑色发展衰落向生态文明绿色发展兴起的更替时期。这是危机创新时代，黑色发展危机逼进绿色创新发展，绿色创新发展走出黑色发展危机。毫无疑问，当今世界和当代中国的一个生态文明绿色创新发展时代正在到来。对此，我们必须从工业文明黑色发展危机来认识与把握生态文明绿色发展道路与模式的历史必然性和现实必要性与可能性。

(1) 历史和现实已经表明，自 18 世纪资本主义工业革命以来，在工业文明（包括其最高阶段的后工业文明）时代资本主义文明及工业文明成功地按照自身发展的工业文明发展模式塑造全世界，将世界各国都引入工业文明黑色经济与黑色发展道路与模式，形成了全球黑色经济与黑色发展体系。当今中外多学科学者在对工业文

明黑色发展的反思与批判中，有一个共识：黑色文明发展一方面使物质世界日益发展，物质财富不断增加；另一方面使精神世界正在坍塌，自然世界濒临崩溃，人的世界正在衰败。它不仅是自然异化，而且是人的物化、异化和社会的物化、异化。当今世界的南北两极分化加剧，以美国为首的国际垄断资本主义势力为掠夺自然资源不断发动地区战争，没有硝烟的经济战和经济意识形态战频发；恐怖主义嚣张，物质主义、拜金主义、消费主义盛行，道德堕落和精神与理智崩溃，无论是发达国家还是发展中国家内部的贫富悬殊、两极分化正在加剧，各种社会不公正与不平等的社会生态关系恶化加深，已成为当今世界的社会生态黑色发展现实。因此，当今工业文明黑色发展的黑色效应已经全面地、极大地显露出来了，使工业文明黑色发展成为当今世界以及大多数国家和民族发展的现状特征。正是在这个意义上，我们完全可以说，当今人类已经陷入工业文明发展全面异化危机及黑色深渊，使今日之工业文明黑色发展达到了可以自我毁灭的地步，同时也包含着克服、超越工业文明黑色发展险境的绿色发展机遇和种种因素条件，也就预示着黑色发展道路与模式的生态变革与绿色转型是历史的必然。这就是说，如果人类不想自我毁灭的话，就必须自觉地走超越工业文明的生态文明绿色发展的新道路，及构建绿色发展的新模式。这是历史发展的必然道路，是化解当今工业文明黑色发展危机的人类自觉的选择，也是唯一正确的选择。

(2)深刻认识和真正承认开创生态文明绿色发展道路与模式的现实必要性和紧迫性。这首先在于当今世界系统运行是依靠“环境透支”“生态赤字”来维持，使自然生态系统的生态赤字仍在扩大，将世界各国都绑在工业文明黑色发展之舟上航行。工业文明发展的一切辉煌成就的取得，都是以自然、人、社会的巨大损害为代价，尤其是以毁灭自然生态环境为代价的，这是西方各学科的进步学者的共识，也是中国有社会良知的学者的共识。在 1961 年人类一年只消耗大约 2/3 的地球年度可再生资源，世界大多数国家还有生态盈余。大约从 1970 年起，人类经济社会活动对自然生态的需求就逐步接近自然生态供给能力的极限值，自 1980 年首次突破极限形成“过冲”以来，人类生活中的大自然的生态赤字不断扩大，到 2012 年已经需要 1.5 个地球才能满足人类正常的生存与发展需要。因此，《增长的极限》一书的第 2 版即 1992 年版译者序就明确指出：“人类在许多方面已经超出了地球的承载能力之外，已经超越了极限，世界经济的发展已经处于不可持续的状况。”足见工业文明黑色发展确实是一种征服自然、掠夺自然、不惜以牺牲自然生态来换取经济发展的黑色发展道路，使“今天世界上的每一个自然系统都在走向衰落”。[①]进入21世纪的15年间，生态赤字继续扩大、自然生态危机及黑色发展危机日益加深。对此，《自然》杂志发文说：“地球生态系统将很快进入不可逆转的崩溃状态。”[②]联合国环境规划署2012年6月6日在北京发布全球环境展望报告中指出，当今世界仍沿着一条不可持续之路加速前行，用中国学者的话说，就是人类仍在继续沿着工业文明黑色发展道路加速前行。因此，从全球范围来看，“目前还没有一个国家真正迈入了‘绿色国家的门槛’”[③]，这是不可否认的客观事实。据报道，今年春季欧洲大面积雾霾污染重返欧洲蓝天，使巴黎咳嗽、伦敦窒息、布鲁塞尔得眼疾……这是今春西欧地区空气污染现状大致勾勒出的一幅形象的画面。这就意味着这些欧洲各城市又重新回到大气危机的黑色轨道上来了，因此，人们发出了西欧“霾害根除”还只是个传说之声。这的确是事实，欧洲遭遇空气污染已经不是新鲜事。2011年9月7日英国《卫报》网站曾报道，欧洲空气质量研究报告称空气污染导致欧洲每年有50万人提前死亡，全欧用于处理空气污染的费用高达每年7 900亿欧元。2014年11月19日西班牙《阿贝赛报》报道，欧洲环境署公布的空气质量年度报告显示空气污染问题造成欧洲每年大约45万人过早死亡，其中约有43万人的死因是生活在充满$PM_{2.5}$的环境中。2014年4月初，英国环境部门监测到伦敦空气污染达10级，是1952年以来最严重的污染，引发全国逾162万人哮喘病发[④]。近年来欧洲大面积雾霾污染事件，击碎了英国、法国、比利时等发达国家是“深绿发展水平国家”的神话。

（3）一个国家和民族或地区经济社会运行，从生态盈余走向生态赤字并不断扩大的发展道路，就是工业文明的黑色发展道路，其自然生态环境必然是不断恶化的，没有绿色发展可言。与此相反，从生态赤字逐步减少走向生态盈余的发展道路，就是迈向生态文明的绿色发展道路，其自然生态环境不断朝着和谐协调绿色发展的方向前行。因此，逐步实现生态赤字到生态盈余的根本转变，构成判断是不是绿色发展及一个国家和民族及地区是不是“绿色国家”的一个基础根据与根本标准。据此，抛弃工业文明黑色发展模式，坚定不移走绿色发展道路，其根本的、最终的目标与

① 保罗·替肯：《商业生态学》（中译本），上海：上海译文出版社，2001年版，第26页。

② 详见2012年7月28日《参考消息》，第7版。

③ 杨多费、高飞鹏：《绿色发展道路的理论解析》，载《科学管理研究》第24卷第5期，第20～23页。

④ 戴军：《英国：“霾害根除”还只是个传说》，2015年3月22日《光明日报》。

首要任务就是尽快扭转自然生态环境恶化趋势，实现生态赤字到生态盈余的根本转变，达到生态资本存量保持非减性并有所增殖，这是人类生态生存之基、绿色发展之源。

2．开创绿色经济发展新时代的绿色使命与历史任务

当今人类发展已经奏响绿色经济与绿色发展的新乐章。发展绿色经济、推进绿色发展是开创绿色经济发展新时代的绿色使命与历史任务，必将成为人类文明演进与经济社会发展的时代潮流。从全球范围来看，迄今为止，世界上还没有一个国家或地区真正是生态文明的绿色国家或绿色地区，中国也不例外。但是当今世界主要发达国家和发展中国家，已经奏响经济社会发展绿色低碳转型的主旋律，开始朝着建设绿色国家或地区，推进绿色发展的方向前行。在此我们要指出的是，发展绿色经济、推进绿色发展是世界各国的共同目标和绿色使命。2010 年美国学者范・琼斯出版的《绿领经济》一书谈到美国兴起的绿色浪潮时说："不管是蓝色旗帜下的民主党人还是红色旗帜下的共和党人，一夜之间都摇起了绿色的旗帜。"[①]奥巴马政府实行绿色新政，主打绿色大牌，实施绿色经济发展战略，其战略目标是要促进经济社会发展的绿色低碳转型，再造以美国为中心的国际政治经济秩序。以北欧为代表的部分国家如瑞典、丹麦等在实施绿色能源计划方面走在世界前列。日本推进以向低碳经济转型为核心的绿色发展战略总体规划，力图把日本打造成全球第一个绿色低碳国家。韩国制定和实施低碳绿色增进的经济振兴国家战略，使韩国跻身全球"绿色大国"之列。尤其是在绿色新政席卷全球时，不仅美国而且英、德、法等主要发达国家，都企图引领世界绿色潮流。这些事实充分表明发展绿色经济、推进绿色低碳转型、实现绿色发展，是世界发展的新未来、新道路，已成为 21 世纪人类文明进步和经济社会发展的主旋律即绿色发展主旋律，标志着当今人类发展已经开启了迈向绿色经济发展新时代的新航程。

然而，历史发展不是一条直线，而是螺旋式上升的曲线。当今人类历史仍处在资本主义文明及工业文明占主导地位的时代，主要资本主义国家仍有很强的调整生产关系、分配关系和社会关系的能力和活力。因此，主要资本主义国家尤其是西方发达资本主义国家，在工业文明基本框架内对生态环境与绿色经济的认识，制定和实行生态环境保护、治理与生态建设政策、措施和行动，并发展绿色经济，来调节、

① 范・琼斯：《绿领经济》（胡晓姣、罗俏鹃、贾西贝译），北京：中信出版社，2010 年版，第 55 页。

缓解资本主义生态经济社会矛盾，力图走出工业文明发展全面异化危机即黑色发展困境。但是，正如一些学者所指出的，“事实的真相”则是到目前为止，西方发达资本主义国家所实施的绿色经济发展战略和自然生态环境治理与修复的思路与方案，主要是在工业文明基本框架内进行[①]，仍然没有根本触动工业文明也无法超越现存资本主义文明的黑色经济社会体系。这主要表现在两个方面：一是西方发达资本主义国家对内实行绿色资本主义的发展路线。目前西方发达国家主要是在不根本触动资本主义文明及工业文明黑色经济体系与发展模式的前提下，通过单纯的技术路线来治理、修复、改善自然生态环境，寻求自然生态环境和资本主义协调发展，缓解人与自然的尖锐矛盾，并在对高度现代化的工业文明重新塑造的基础上走有限的“生态化或绿色化转型发展道路”，即绿色发展道路，实践已经论证，这是不可能走出工业文明黑色危机的。今春欧洲大面积雾霾污染重返欧洲蓝天就是有力佐证。二是目前西方发达资本主义国家对外实行生态帝国主义政策，主要有 3 种形式：资源掠夺、污染输出和生态战争，使发达资本主义大多数踏上了生态帝国主义黑色之路，使西方发达国家的黑色发展道路与模式所付出的高昂生态环境成本即发生巨大黑色成本由发展中国家为他们“买单”。因此，我们从现实中可以看到，绿色资本主义和生态帝国主义的路线与实践不仅可以成功地改善资本主义国家国内的自然生态环境，缓解甚至能够度过“生存危机”，而且可以“在承担着创造后工业文明时代资本主义的‘绿色经济增长’和‘绿色政治合法性’新机遇的使命。”[②]

当今人类虽然正在迎来生态文明即绿色文明的黎明，但人类文明发展却是在迂回曲折中前进的。自 2008 年国际金融危机之后，先是美国实行“再工业化战略”，推进“制造业回归”。随后欧洲发达国家纷纷宣称要“再工业化”，不仅把包括绿色能源战略在内的绿色经济发展战略纳入经济复苏的轨道，而且还针对经济虚拟化、产业空心化，试图通过实施“再工业化战略”和“回归实体经济”，重塑日益衰落的工业文明生态缺位的黑色经济，重新走上工业文明增长的经济发展道路。这是向高度现代化的工业文明发展的回归，阻碍着人类文明发展迈向生态文明绿色经济发展新时代。

按照生态马克思主义经济学哲学观点，在资本主义文明及工业文明框架的范围

---

① 张孝德：《生态文明模式：中国的使命与抉择》，载《人民论坛》2010 年第 1 期，第 24～27 页。

② 郇庆治：《“包容互鉴”：全球视野下的“社会主义生态文明”》，载《当代世界与社会主义》2013 年第 2 期，第 14～22 页。

内，是不可能从根本上走出工业文明发展全面异化危机即黑色危机的深渊。对此，连西方学者也认为：在资本主义文明及工业文明的“基本框架内对经济运行方式、政治体制、技术发展和价值观念所作的任何修补和完善，都只能暂时缓解人类的生存压力，而不可能从根本上解决困扰工业文明的生态危机。”①这就是说，绿色资本主义和生态帝国主义的推行会使全球自然生态、社会生态和人类生态的黑色危机越来越严重。这与20世纪90年代以来世界各国在工业文明框架内实施可持续发展一样，其结果是“20多年来的可持续发展，并没有有效遏制全球范围的环境与生态危机，危机反而越来越严重，越来越危及人类安全。”②因此，世界人民有理由把更多的目光集聚到社会主义中国，将开创工业文明黑色发展道路与模式转向生态文明绿色发展道路与模式，这一人类共同的绿色使命与历史任务寄托于中国建设社会主义生态文明。2011年在美国召开的生态文明国际论坛上有位美国学者说道：“所有迹象表明，美国政府依然将在错误的道路上越走越远。”“所有目光都聚到了中国。放眼全球，只有中国不仅可以，而且愿意在打破旧的发展模式、建立新的发展模式上有所作为。中国政府将生态文明纳入其发展指导原则中，这是实现生态经济所必需的，并使得其实现变为可能，是一个高瞻远瞩的规划。”③

3. 中国在当今世界已经率先拉开超越工业文明的社会主义生态文明绿色经济发展新时代的序幕，引领全人类朝着生态文明绿色经济形态与绿色发展模式的方向发展

我国改革开放以来，始终坚持保护环境和节约资源的基本国策，实施可持续发展战略，一些省市和地区实行“生态立省（市）、环境优先、发展与环境、生态与经济双赢”的战略方针。从发展生态农业、生态工业到建设生态省、生态城市、生态乡村；从坚持走生产发展、生活富裕、生态良好的文明发展道路，建设资源节约型、环境友好型经济社会，到发展绿色经济、循环经济、低碳经济；从大力推进生态文明建设到着力推进绿色发展、循环发展、低碳发展等，都取得了明显进展和积极成效。特别是党的十八大确立了社会主义生态文明科学理论，提出和规定了建设

① 转引自杨通进：《现代文明的生态转向》，重庆：重庆出版社，2007年版，总序第4页。

② 胡鞍钢：《中国：创新绿色发展》，北京：中国人民大学出版社，2012年版，第9页。

③ 《第五届生态文明国际论坛会议论文集（中英文）》，April 28-29，2011，Claremont，CA，USA，Fifth International Forum on Ecological Civilization：toward an Ecological Economics。

中国特色社会主义的两个“五位一体”[①]：建设中国特色社会主义“五位一体”总体目标，使中国特色社会主义道路的基本内涵更加丰富；建设中国特色社会主义“五位一体”总体布局，使中国特色社会主义的基本纲领更加完善。这不仅是奏响我们党“领导人民建设社会主义生态文明”（新党章语）的新乐章，而且标志着全国人民踏上社会主义生态文明绿色发展道路的新征途。因此，党的十八大明确提出“努力建设美丽中国”是社会主义生态文明建设的战略目标，即建设美丽中国首先是建设绿色中国，其中心环节就是走出一条生态文明绿色经济发展道路，构建绿色经济形态与发展模式。据此而言，党的十八大向全党全国人民发出的“努力走向社会主义生态文明新时代”的伟大号召，意味着中国特色社会主义文明发展要努力迈向生态文明绿色经济与绿色发展新时代。为此，《中共中央　国务院关于加快推进生态文明建设的意见》中又提出把经济社会绿色化作为生态文明建设与绿色发展的核心内容与基本途径，从而在当今世界率先开拓了从工业文明黑色发展道路与模式转向生态文明绿色发展道路与模式，使当下中国朝着生态文明绿色经济形态与发展模式的方向发展，努力成为成功走出工业文明的新型工业化道路、真正进入生态文明的绿色化发展道路的榜样国家。

当然，当今中国的客观现实还是一个加速实现工业化的发展中国家，刚走过发达国家100多年所走过的工业文明发展历程，成为以工业文明为主导形态的工业大国。在这几十年间，中国工业化、现代化道路的探索，尽管在一定程度上符合中国国情和实际情况，但仍然走的是工业文明黑色发展与黑色崛起道路，它在本质上是沿袭了西方发达资本主义文明所走过的高碳高熵高代价的工业文明——“先污染后治理、边污染边治理”的黑色发展道路。因此，我们“不得不承认，我们原先走在黑色发展和崛起的征途上，所以尽管我们即使按西方工业文明的标准未达到发展与崛起的程度，但是黑色发展和崛起的一切代价和后果我们都已尝到了。”[②]历史经验教训值得重视，党的十八大之前的20多年里，我们在没有根本触动刚刚形成的工业文明经济社会形态前提下，换言之，在工业文明基本框架内实施可持续发展战略、生态环境治理与修复，建设生态省市，走文明发展道路以及发展绿色经济等，是不可能有效遏制、克服工业文明黑色发展道路与模式的黑色效应，工业文明发展异化

① 刘思华：《生态马克思主义经济学原理》（修订版），北京：人民出版社，2014年版，第561～566页。

② 陈学明：《生态文明论》，重庆：重庆出版社，2008年版，第22页。

危机即黑色危机反而日益严重。它突出体现在3个方面[①]：一是当下中国自然生态恶化状况从总体上看，范围在扩大、程度在加深、危害在加重；二是城乡地区差距不断扩大、分配不公与物质财富占有的贫富悬殊已成常态；三是平民百姓生活质量相对变差等社会生态恶化，公众健康相对变差的国民人体生态恶化等，使得生态经济社会矛盾不断积累与日益突出甚至不同程度的激化，已成为建设美丽中国、全面建成小康社会的重大“瓶颈”，是实现绿色中国梦的最大桎梏。因此，我们必须正视当下中国“自然、人、社会”复合生态系统的客观现实，深刻认识与正确把握当今中国从工业文明黑色发展道路向生态文明绿色发展道路的全面转轨，从工业文明黑色发展模式向生态文明绿色发展模式的全面转型的必要性、迫切性、重要性与艰巨性。事实上，近年来，我国学术界有人为了所谓填补研究空白、标新立异，制造一些伪绿色发展论，不仅把西方主要发达国家说成是“深绿色发展国家”，掩盖当今资本主义国家工业文明发展全面恶化危机即黑色危机的客观现实；而且把处于“十面霾伏”的雾霾污染重灾区的京津冀、长三角、珠三角的一些城市界定为“高绿色城镇化”，这完全不符合客观事实的假命题，否定不了当下中国及城市自然生态危机仍在加深的严峻事实，动摇不了我国以壮士断腕的决心和信心，打好大气、水体、土壤污染的攻坚战和持久战。

所谓攻坚战和持久战，就在于当前国内外事实表明，大气、水体、土壤污染治理与修复已成为世界性的难题。而当今中国大气、水体、土壤污染日益严重，应当说是长期中国工业化、城市化黑色发展积累的必然恶果，是中国工业文明黑色发展道路与模式对自然生态损害的直观展示，是对中国过去GDP至上主义发展的严厉惩罚及严重警示。改革开放30多年，中国经济发展规模迅速扩大，快速成长为工业文明经济大国，这是世所罕见的。然而，它所付出的自然生态环境代价也是世所罕见的。当今世界上很少有国家像中国这样，以如此之高的激情加速折旧自己的生态环境未来，已经是世界头号污染排放大国，正如国内外学者所指出的，中国已经成为世界上最大的“黑猫”，“全球最大的生态‘负债国’”[②]。目前中国生态足迹是生物承载力的两倍，生态系统整体生态服务功能不断退化，生态赤字还在扩大。中

① 刘思华：《论新型工业化、城镇化道路的生态化转型发展》，载《毛泽东邓小平理论研究》2013年第7期，第8～13页。

② 卢映西：《出口导向型发展战略已不可持续——全球经济危机背景下的理论反思》，载《海派经济学》2009年第26辑，第81页。

国生态系统的生态负荷已达到临界状态，一些资源与环境容量已达支撑极限，经济社会发展是依靠“环境透支”与“生态赤字”来维持。因而，生态赤字不断扩大，生态（包括资源环境）承载力日益下降，在大中城市尤其是大城市十分突出，如上海市人均生态足迹是人均生态承载力的46倍，广州市为31倍，北京市为26倍。在存在生态赤字的国家中，日本是8倍，其他国家均在2～3倍，中国大城市特大城市普遍存在巨大的生态赤字，都面临比其他国家更为严峻的自然生态危机①。由此要进一步指出，目前全国600多个大中城市，特别是大城市，其高速发展不仅正在遭遇各种环境污染，如水、土、气三大污染之困，而且正在遭遇“垃圾围城”之痛，有2/3的城市陷入垃圾的包围之中，有1/4的城市已没有适合场所堆放垃圾，从而加剧了城市生态系统的黑色危机。近日有学者发文认为，“中国城镇化离绿色发展要求的内涵、绿色发展的模式相去甚远”，“中国的绿色发展目标尚未实现”②。这就是说，迄今为止，我国还没有一个大中城市真正走入按照社会主义生态文明的本质属性与实践指向所要求的生态文明绿色城市的门槛，这是不容争辩的客观事实。

综上所述，无论当今世界还是今日中国，生态足迹不断增加，生态赤字日益扩大，这是自然生态危机的核心问题与根本表现。而当下中国各类环境污染呈现高发态势，已成民生之患、民心之痛、发展之殇；生态赤字与生态资本短缺仍在加重，使我国进入生态“还债”高发期，良好的自然生态环境已经成为最为短缺的生活要素、生产要素及生存发展要素。这就决定了生态环境问题是严重制约中国生态经济社会有机整体、全面和谐协调可持续发展的最短板，是建设美丽中国、实现绿色中国梦的最大阻碍，是中国绿色发展与绿色崛起面临的最大挑战与绿色压力。因此，我们要直面这一严峻现实，必须也应当摆脱与摒弃过去所走过的工业文明高碳高熵高代价的黑色发展道路，与工业文明黑色发展模式彻底决裂，积极探索生态文明低碳低熵低代价的绿色发展道路及发展模式，使中国特色社会主义文明发展尽早实现从工业文明黑色发展道路与模式向生态文明绿色发展道路与模式的根本转变，成功地建成生态文明绿色强国。

---

① 齐明珠、李月：《北京市城市发展与生态赤字的国内外比较研究》，载《北京社会科学》2013年第3期，第128～134页。

② 庄贵阳、谢海生：《破解资源环境约束的城镇化转型路径研究》，载《中国地质大学学报（社科版）》2015年第2期，第1～10页。

五、关于“绿色经济与绿色发展丛书”的几点说明

“绿色经济与绿色发展丛书”是目前世界和中国规模最大的绿色社会科学研究与出版工程，覆盖数十个社会科学学科和自然科学学科，是现代经济理论与发展思想学科群绿色化的开篇，故不得不说明几点：

(1)“丛书”站在中国特色社会主义文明从工业文明走向生态文明的文明形态创新、经济社会形态创新、经济发展模式及发展方式创新的新高度，不仅探讨了中国社会主义经济的发展道路、发展战略、发展模式和发展体制机制等生态变革与绿色创新转型即生态化、绿色化发展，而且提出了从国民经济各部门、各行业到经济社会发展各领域等方面，都要朝着生态化、绿色化方向发展。为建设社会主义生态文明和美丽中国，实现把我国建成绿色经济富国、绿色发展强国的绿色中国梦，提供新的科学依据、理论基础和实践框架及路径。

(2)“丛书”力争出版45部，涉及学科很多、内容广泛，理论与实践问题研究较多，大致可以归纳为4个方面：一是深化生态文明和绿色经济与绿色发展的马克思主义基础理论研究；二是若干重大宏观绿色化问题研究；三是主要领域、重要产业与行业发展绿色化问题研究；四是微观绿色化问题研究。因此，整部“丛书”是以建设生态文明为价值取向，以发展绿色经济为主题，以推进绿色发展为主线，比较全面、系统地探讨生态经济社会及各领域、国民经济各部门、各行业与其微观基础的绿色经济与绿色发展理论和实践问题；向世界发出“中国声音”，展示中国的绿色经济发展理论与实践的双重探索与双重创新。

(3)“丛书”是新兴、交叉学科群绿色化多卷本著作，必然涉及整个经济理论与发展学说和马克思主义的基本原理与重要的基本理论问题，并涉及众多的非常重要的现实的前沿话题，难度很大，有些认识还只能是理论的假设与推理，而作者和主编的多学科知识和理论水平又很有限，因而“丛书”作为学科群绿色化的开篇，很难说是一个十分让人满意的开头，只能是给读者和研究者提供一个学术平台继续深入探讨，共同迎接绿色经济理论与绿色发展学说的繁荣与发展。

(4)“丛书”把西方世界最早研究生态文明的专家——美国的罗伊·莫里森所著的《生态民主》译成中文出版。《生态民主》一书于1995年出版英文版，至今已有20年了，中国学界和出版界却无人做这项引进工作，出版中译本。近几年来，在我国研究生态文明的热潮中，很多论文和著作都提到《生态民主》一书，尤其我

国权威媒体记者多次采访莫里森，使这本书在中国有较大影响。然而，众多研究者介绍本书时都没有具体内容，既没有看英文版原版，又无中译本可读，只是相互转抄、添油加醋，就产生了一些学术误传，不利于正确认识世界生态文明思想发展史，更不能正确认识中国马克思主义生态文明理论发展史。因此，笔者下决心请刘仁胜博士译成中文，由中国环境出版社出版，与中国学者见面。在此，我要强调指出的是莫里森先生所写中译本序言和该书一些基本观点，并不代表我作为“丛书”主编的观点，我们出版中译本是表明学术思想的开放性、包容性，为中国学者深入研究生态文明提供思想资料与学术空间，推动社会主义生态文明理论与实践研究不断创新发展。

(5)“丛书”的作者们在梳理前人和他人一些与本领域有关的思想材料、引用观点时，都尽可能将原文在脚注和参考文献中一一列出，也有可能被遗漏，在此深表歉意，请原著者见谅。在此，我们还要指出的是，“丛书”是“十二五”国家重点图书出版规划项目，多数书稿经历了四五年时间才完稿，有的书稿所引用的观点和材料是符合当时实际的。党的十八大后，党和政府对市场经济发展进程中出现的某些经济社会问题，认真地进行治理并有所好转，但在出版时对书稿中过去的材料未作改动，把它作为历史记录保留在书中，特此说明。总之，“丛书”值得商榷之处一定不少，缺点甚至错误在所难免，故热切盼望得到专家指教和广大读者指正。

刘思华

2015 年 7 月

目　录

Contents

引 言

生，“《说文》生，出也。生是出生、生育的意思，对于植物来说就是生长、长出。引申开来，事物的发生、出现、增殖也可以叫生，生命的延续也可以称生。”[①] 态，“《说文》态，意态也，段玉裁注，有此意因有此状，故曰意态。态固然表外表，但兼表神态，是通过形体、行为而表现出的神态风格。”[②]

生态，“指生物在一定的自然环境下生存和发展的状态，也指生物的生理特性和生活习性”。[③]

环，“周匝；围绕”。[④]境，“境况；境地”。[⑤]

“环境，周围的地方或周围的情况和条件”。[⑥]“本法所称环境，是指影响人类生存和发展的各种天然的和经过人工改造的自然因素的总体，包括大气、水、海洋、土地、矿藏、森林、草原、湿地、野生生物、自然遗迹、人文遗迹、自然保护区、风景名胜区、城市和乡村等”。[⑦]

“环境可以为人类的生产生活提供必不可少的各种资源，可以在容许范围内为人类消纳排出的各种废物，可以为人类提供优美景观的欣赏与精神享受，可以为人

---

① 王凤阳：《古辞辨》，北京：中华书局，2011 年版，第 371、794 页。

② 王凤阳：《古辞辨》，北京：中华书局，2011 年版，第 143 页。

③ 《汉语大词典》编辑委员会：《汉语大词典》，北京：商务印书馆，2003 年版，第 928 页。

④ 《辞海》编辑委员会：《辞海（第六版・彩图本）》，上海：上海辞书出版社，2009 年版，第 946 页。

⑤ 《辞海》编辑委员会：《辞海（第六版・彩图本）》，上海：上海辞书出版社，2009 年版，第 1164 页。

⑥ 《汉语大词典》编辑委员会：《汉语大词典》，北京：商务印书馆，2003 年版，第 443 页。

⑦ 2014 年 4 月 24 日第十二届全国人民代表大会常务委员会第八次会议修订的《中华人民共和国环境保护法》。

类生活质量提供生命支持保障系统”。①

因此，生物的生、活、存之状态是生态环境的根本属性和本质内涵。根本上说，“活也是生，活和生的共同点在于生命力的保存和延续”。②“存，《尔雅释训》在也，《玉篇》有也。存是事物没有消失，它还保留着它对时间、空间的占有。存是个极泛的词，它不仅适用于生物，而且适用于非生物，适用于万事万物，凡保持其存在的都可以用存”。③地球因生物和非生物的存在而生动、丰富、多样，人类因生活和生存于地球上而使其显现出应有的价值。

所以，生态环境包含两大要素，一是生物，二是非生物。其中，生物是生态环境的主角，是生态环境的核心要素。非生物是配角，是生态环境的辅助要素。两者是生态系统中的两个方面，其地位和作用在一定条件下会相互转化，又始终保持在辩证统一的体系之中。在生物要素中“人”是第一位的，“只有人才有利益，不应当把人类利益与生态利益、自然利益对立起来，生态环境利益、自然利益不是别的，乃是人的生态环境利益、自然利益，而不是自然自身的利益、生物的利益……”。④

由此引申对生态环境观的认识，“生态环境观是指人们在人与自然关系基础上，对生态环境的一种基本认识。它包括对人在自然界中所处地位和与自然界相互关系的基本认识以及与此相关的自然观、价值观、伦理观、科技观和社会发展观等”。⑤

0.1 生态环境问题是人类生存的基本问题

《联合国人类环境宣言》指出：人类既是他的环境的创造物，又是他的环境的塑造者，环境给予人以维持生存的东西，并给他提供了在智力、道德、社会和精神等方面获得发展的机会。生存在地球上的人类，在漫长和曲折的进化过程中，已经达到这样一个阶段，即史无前例的科学技术发展，使人类获得了以无数方法在空前规模上改造环境的能力。人类环境的两个方面——天然存在和人为改造——对于人类享受基本人权抑或生存权利都是必不可缺少的。

---

① 林鸿民：《海南特区人口、资源与环境研究》，海口：海南出版社，2008 年版，第 113 页。

② 王凤阳：《古辞辨》，北京：中华书局，2011 年版，第 794 页。

③ 王凤阳：《古辞辨》，北京：中华书局，2011 年版，第 794 页。

④ 白平则：《我国环境刑法法益论析》，载《法学杂志》2007 年第 4 期，第 14 页。

⑤ 赵成：《生态文明的兴起及其对生态环境观的变革》，北京：中国人民大学，2006 年，第 61 页。

（1）生态环境是“人类”的生态环境。传统的人类中心主义的生态环境价值观认为，“人类是生物圈的中心，具有内在价值，是唯一的伦理主体和道德代理人，其道德地位优越于其他物种。这种伦理观认为，人是唯一的理性存在物，只有人具有内在价值，其他存在物都不具有内在价值，他们仅仅是作为人的工具而存在的，只具有工具价值，进而将它们排除在人类伦理关怀和道德共同体之外”。[①]传统的人类中心主义生态环境价值观的局限性在于，人类无视人与自然的共同利益。单纯强调人类自身征服自然、主宰自然的能力和行为，而无视自然界其他生物和非生物存在的内在价值。这导致人类的行为处处以自身的生存和发展利益为中心，将人类的生存与发展建立在对自然资源掠夺性开发和利用的基础上。也由于传统的人类中心主义生态环境价值观，将人与自然的关系视为单一方向的工具使用关系，没有认识到人与自然是生态系统中互生共存的统一整体，从而引发人类在当下及可以预见的未来必将面临的生态环境危机。

以 W. H. 墨迪为代表的西方著名学者，率先提出了现代人类中心主义生态伦理观，认为“造成人类生存困境的根源不在于人类利益本身，而在于人类对自然认识上的误区，为了人类的共同利益必须尊重自然规律”。[②]因此，现代人类中心主义生态伦理观认为，其含义概括为 3 个方面：“①坚持以人为价值世界的中心，人是主体，自然是客体，人的利益是出发点和归宿。②人不是狭隘的概念，包括了当今世代和未来世代的所有的人。在一定时空范围内，应当对人的需求尤其是非理性需求作一定的限制。在满足一定空间和一定时间范围内的人的需求的时候，也不能侵犯其他地域和未来世代的人的需要，即整体利益、长远利益和局部利益、当前利益的平衡。……③人类对非人类存在物负有道德责任，应当对它们进行道德关怀，不是因为它们具有内在价值或者有某种权利，而是为了保护人类的整体利益和长远利益。”[③]因此，在现代人类中心主义生态环境价值观认同下，生态环境内在价值就是人类的环境权，人类“关心环境是为了更好地关心人类”自身。[④]

（2）生态环境是“生存”的生态环境。生存包含生物的生存和非生物的存在，其中生物的生存又包括生物的现代生存和后代生存，以及生物的永续生存。对于一

---

① 陈英：《环境问题与宪法价值取向生态化研究》，贵阳：贵州大学，2008 年，第 3 页。

② 孟伟：《人类中心主义视野中的环境刑法》，北京：中国政法大学，2006 年，第 9 页。

③ 孟伟：《人类中心主义视野中的环境刑法》，北京：中国政法大学，2006 年。

④ 孟伟：《人类中心主义视野中的环境刑法》，北京：中国政法大学，2006 年。

个完整有序的生态系统——生态链来说，生态要素之间缺一不可，一方需要以另一方为生存和存在的必要条件，才能保持生态系统的连续性和完整性。由于人类中心主义的生态环境价值观始终从人类利益出发，对自然界进行征服和改造，漠视非人类生态要素的生态环境价值，造成非人类生态要素的过度耗费及不可恢复，人类也因此成为葬送自己生存环境的掘墓人。因此，良性的生态环境是人类生存和发展的必要前提，是人类依托自然环境谋求实现自身利益所不可缺少的物质基础，“对自然栖息地的侵占和动植物物种的灭绝，正在破坏自然及其作为我们自己生命基础的平衡。维持或重建一个生态完整的环境，对于保护人类未来数代的生存是必要的。我们为了在其中生存必须停止对自然的侵犯”。[①]

0.2 生态环境问题是宜居地球的基本问题

《联合国人类环境宣言》指出：人口的自然增长继续不断地给保护环境带来一些问题，但是如果采取适当的政策和措施，这些问题是可以解决的。世间一切事物中，人是第一可宝贵的。人民推动着社会进步，创造着社会财富，发展着科学技术，并通过自己的辛勤劳动，不断地改造着人类环境。随着社会进步和生产、科学及技术的发展，人类改善环境的能力也与日俱增。

上述认识表明，人类生存在地球上，在自身获得进化、进步、发展的同时，也在不断地改造地球的自然条件和自然环境，并使得地球生态环境更好地适合人类的生存和发展。可以说，人类对宜居地球的改造和建设是人类对地球生态环境变化的贡献，任何限制或否定人类对生态环境改善的努力都是对人类进步的无理漠视。譬如设想：人类停留在类人猿或类猿人的生存状态，还地球一个混沌、蒙昧的原始自然平衡状态，就可以保护生态环境的观点是人类发展的倒退。

地球是人类居住的星球，即有公转也有自转，由于运行轨道面与地球赤道面相交一定角度，故地球有四季寒暑和昼夜长短的差别。地球表面有海洋和陆地，内部由地核、地幔和地壳构成，外部由水圈、大气圈、生物圈和岩石圈构成，地球还有一个自己的卫星月球。地球在太阳系之中，太阳系在银河系之中，银河系与河外星系共同组成了宇宙。从狭义的角度认识生态环境，太阳、地球、月球共同组成人类

① 郇庆治：《绿色政治思想》，济南：山东大学出版社，2005 年版，第 73、74 页。

赖以生存的周围环境，包括生物系统、非生物系统、能量系统，以及资源系统。从广义上说，生态环境应当是由地月系统、日地月系统、太阳系、银河系，以及河外星系等宇宙所包含的全部生态要素组成，基于人类认识能力的限制，目前人类所知的是近地球生态要素对生态环境的影响力要大于渐远地球生态要素的影响力。

因此，保护生态环境的目的是要保护人类生命健康，保护人类维持生命的水、空气、土地等基本条件，保护人类赖以生存的自然资源基础，使当代人和后代人有能够寄生的宜居地球。同时，保护生态环境要坚持社会本位和自然本位并重的思想，处理好保护人类利益与保护生态环境利益的对立矛盾，并统一到改善和提高人类生存质量，建设持久且宜居地球的人类最高目的上，“人类的利益与生态系统的利益是统一的”。①

0.3 生态环境问题是国家发展的质量问题

《联合国人类环境宣言》指出：在现代，人类改造其环境的能力，如果明智地加以使用的话，就可以给各国人民带来开发的利益和提高生活质量的机会。如果使用不当，或轻率地使用，这种能力就会给人类和人类环境造成无法估量的损害。在地球上许多地区，我们可以看到周围有越来越多的说明人为的损害的迹象：在水、空气、土壤以及生物中污染达到危害的程度；生物界的生态平衡受到严重和不适当的扰乱；一些无法取代的资源受到破坏或陷于枯竭；在人为的环境，特别是生活和工作环境里存在着有害于人类身体、精神和社会健康的严重缺陷。在发展中国家中，环境问题大半是由于发展不足造成的。千百万人的生活仍然远远低于像样的生活所需要的最低水平。他们无法取得充足的食物和衣服、住房和教育、保健和卫生设备。因此，发展中国家必须致力于发展工作，牢记他们优先任务和保护及改善环境的必要。为了同样目的，工业化国家应当努力缩小自己与发展中国家的差距。

考古研究表明，至少在 20 万年前现代人就已经开始生活在地球上，人类通过生存实践不断地进化和发展，也不断地改善着人类自身的生存环境和生活方式，并创造了人类引以为豪的高度文明。人类现代文明的发展，既创造了高度的物质文明，也创造了高度的精神文明，还创造了高度的科技文明。今天，人类创造出的高度现

① 汪劲：《环境法律与价值追求》，北京：法律出版社，2009 年版，第 209 页。

代文明成果，已经开始极大地影响人类的未来和地球的未来。同时，人类发展也将面临人类未来和地球未来能否可持续发展的选择。“随着科学技术的进步和人类大规模生产活动的发展，人类在生态系统内已处于主导地位，成为一种重要的干预地球物理、化学过程和生物的种类、数量与分布及生长发育的重要因素……”。[①]

人类追求发展的目的，是为了改善和提高自身的生活质量，其必由之路是将发展建立在对生态环境要素利用的基础上。然而，近现代人类的工业化发展历史不断地向人们展示，人类对智力能力和科技能力的不合理使用，已经给人类和地球造成无法估量的生态环境资源损害。

回溯人类社会经济发展初级阶段的特点，发展经济主要依赖开发资源价值促进经济增长的资源型粗放经济发展模式。随着经济发展水平的提高，经济生产过程中的科技水平会逐步提高，经济发展也将从资源型经济向技术型经济发展。在这一过程中，人类业已创造的科学技术的普及应用和传播，为经济发展转型发挥着至关重要的作用。

然而，近现代许多发达国家利用技术壁垒，将科学技术增值贸易作为掠夺发展中国家资源的重要手段，人为制造社会经济发展的不平衡和资源的不合理耗费，这些技术壁垒行为加剧了生态环境的损害。因此，发展中国家在无技术而追求经济增长过程中，忽视改善经济发展质量，给自然资源和生态环境带来不应有的破坏。

所以，人类的生态环境保护，首要解决环境保护与经济发展之间的对立和统一问题。片面强调经济发展的人类中心主义生态观，在关注改善人类生存质量的同时，忽视了维持生态环境质量。但是，片面强调环境保护的生态中心主义生态观，否定人类发展的主观能动性和创造性，既漠视人类生存质量，也不能真正达到环境保护的目标。贯彻落实可持续发展战略，走绿色经济发展道路，引领人类创新生态环境科学技术，建立现代循环经济发展模式，建设资源节约、环境友好、经济优质的宜居地球家园。

按照人类可持续发展和绿色发展的观点，人类业已建立的当代社会文明，有足够的能力“提供相关产品以满足人类的基本需求，提高生活质量，同时使自然资源和有毒材料的使用量减少，使服务或产品的生命周期中所产生的废物和污染物最

---

① 赵成：《生态文明的兴起及其对生态环境观的变革》，北京：中国人民大学，2006 年。

少，从而不危及后代人的需求”。[①]

同时，世界各国也需要在保护生态环境过程中，充分考虑人类生存的公平原则，认识到国家间、地区间在资源储备、经济发展、生产能力、科技水平、生态保护等方面的差别，形成国家间、地区间生态环境保护的利益补偿和利益转移机制，努力实现全社会和全人类的生存状态的普遍发展和共同进步。进一步“引导人们的消费趋于合理，使人们的消费始终以提高生活质量为中心，做到既符合物质生产发展水平，又符合生态生产发展水平，既满足自己的消费需求，又不对生态环境造成危害”。[②]打破发达国家技术壁垒，倡导普及现代生态科技观，“生态危机的解决和生态文明的建设都离不开科学技术的发展。……它不仅体现为对自然的改造能力，而且还体现为对自然的建设能力”。[③]

“随着社会发展，人的发展已经不仅表现为一定的人口增长，而且更主要地表现为人口质量的提高，即人的身体素质、精神素质和社会素质的提高和发展，而这又依赖于物质生产、精神生产和社会关系的发展。”[④]

0.4 生态环境问题是各国面临的共同问题

《联合国人类环境宣言》指出：保护和改善人类环境是关系到全世界各国人民的幸福和经济发展的重要问题，也是全世界各国人民的迫切希望和各国政府的责任。

人类只有一个地球，寰球同此凉热。生态环境问题不是一部分人的问题，也不是一部分国家的问题，是世界各国面临的共同问题。人类社会无论是发达国家或是发展中国家，都面临社会经济发展与生态环境保护之间的矛盾冲突。发达国家的工业化过程曾经历过严重的生态危机阵痛，“在发达国家，由于环境问题的日益严重化，污染导致的疾病正威胁、剥夺当代人的生存，因而发达国家面临环境问题导致的生存危机。在发展中国家，一方面，比发达国家更加严重的环境污染威胁人们的生存；另一方面，因生存的贫困导致严重的环境破坏，而严重的环境破坏制约经济

① 张坤民：《可持续发展论》，北京：中国环境科学出版社，1997年版，第106页。

② 陈英：《环境问题与宪法价值取向生态化研究》，贵阳：贵州大学，2008年。

③ 赵成：《生态文明的兴起及其对生态环境观的变革》，北京：中国人民大学，2006年。

④ 赵成：《生态文明的兴起及其对生态环境观的变革》，北京：中国人民大学，2006年。

的发展又导致进一步贫困”。①

20 世纪 50 年代，发达国家开始对环境污染和环境破坏等环境危机问题有所认识并开展研究。随着 60 年代环保运动在西方发达国家兴起，人类对生态环境的认识逐渐渗透到人们的日常生活和社会活动的各个领域，促使人们从认识和实践两个方面进一步探索生态危机产生的原因，并积极寻求解决生态环境问题的办法和途径。进入 70 年代以后，发达国家的生态环境危机问题不仅没有消除，反而越来越严重并呈现出全球性的特征。

面对日益严重的环境污染和生态危机，发达国家首先利用生态环境危机转移的方法，作为解决本国生态环境危机问题的途径。发达国家利用发展中国家谋求经济发展和社会发展的迫切需求，通过直接转移和间接转移等方式转嫁生态环境危机。典型方式有废物污染物出口、污染企业跨国迁移等，生态环境危机加速了生态环境危机的全球化，损害了发展中国家的环境和发展，使生态环境问题国际化和复杂化。同时，发展中国家为了加快本国经济的发展，不惜以牺牲环境利益为代价，获得短期经济利益和政治利益，这也促使发展中国家成为当代国际社会生态环境危机问题的众矢之的。

以 1972 年斯德哥尔摩人类环境会议发表的《联合国人类环境宣言》为标志，人类生态环境保护展开了波澜壮阔的历史画卷，人类第一次感受到解决生态环境危机的历史紧迫性，也引导世界各国以最大的历史责任感投身到维护人类生态环境安全和保护人类地球家园的活动中。

（1）世界各国达成了关于生态环境问题多方面、多层次的共同认识。认识到生态利益是人类的共同利益，地球环境是人类的共同财富，地球未来是人类的共同未来，生态权利是现代人和后代人的共同权利，可持续发展是各国的共同发展，经济社会繁荣是各国人民的共同繁荣，生态环境保护责任是人类的共同责任，生态环境危机是人类的共同危机，生态灾难是人类的共同灾难。人类只有共同行动才能解决生态环境问题，人类科技成果是解决生态问题的唯一有效手段。

（2）全世界的发达国家和发展中国家应当共同行动起来，推动生态环境保护全球化。世界各国在联合国框架下，共同协商生态环境问题的行为规则和行动准则，协商确定生态环境保护努力达成的共同目标。在遵循共同但有区别的责任原则基础

---

① 蒋桂祥：《环境刑法法益研究》，南京：河海大学，2007 年。

上，各国开展了广泛的应对生态环境危机国际合作，发达国家承诺在环境治理上给予发展中国家资金和技术援助，国际社会通过双边或多边合作开展跨区域进行环境保护和打击环境犯罪等。

（3）世界各国都应结合本国经济发展进程、社会管理需要、资源利用能力、科学技术水平，对生态环境问题进行自然科学和社会科学的理论研究和社会实践。在生态环境的理论研究方面，世界各国广泛地分析研究传统人类中心主义、现代人类中心主义、非人类中心主义、生态中心主义的生态环境观，形成了众多的生态伦理学、生态哲学、生态经济学、生态消费学、生态美学、生态工程学、生态金融学、生态税收学、生态法学等学术流派和主张。在生态环境保护社会实践方面，国际社会共同努力在全球范围或跨区域间签订了各领域具有约束力的生态环境条约，涉及保护生态环境安全、预防生态环境污染、防止生态环境破坏、开展生态环境保护、保持生物多样性、禁止人为生态灾难、惩治生态环境犯罪、强化生态环境补偿赔偿等领域。世界各国通过联合国环境规划署、联合国环境与发展大会、联合国气候大会，区域性的亚洲环境部长会议、非洲部长环境大会、波罗的海环境大会、黑海生态问题国际会议、南极条约协商国会议，以及非政府组织环境大会等探讨解决迫在眉睫的生态环境危机问题。

所以，“在生态危机的解决过程中，任何单一的解决途径或某一个国家的单一行动，都不能从根本上解决这种全球性的生态危机”。①

0.5 生态环境问题是国际法和国内法问题

《联合国人类环境宣言》指出：我们在决定世界各地的行动时，必须更加审慎地考虑它们对环境产生的后果。由于无知或不关心，我们可能给我们的生活幸福所依靠的地球环境造成巨大的无法挽回的损害。反之，有了比较充分的知识和采取比较明智的行动，我们就可能使我们自己和我们的后代在一个比较符合人类需要和希望的环境中过着较好的生活。改善环境的质量和创造美好生活的前景是广阔的。我们需要热烈而镇定的情绪，紧张而有秩序的工作。为了在自然界里取得自由，人类必须利用知识在同自然合作的情况下建设一个较好的环境。为了这一代和将来的世

① 赵成：《生态文明的兴起及其对生态环境观的变革》，北京：中国人民大学，2006年。

世代代，保护和改善人类环境已经成为人类一个紧迫的目标，这个目标同争取和平、全世界的经济与社会发展这两个既定的基本目标共同和协调地实现。为实现这一环境目标，要求公民和团体以及企业和各级机关承担责任，大家平等地从事共同的事业。各界人士和许多领域中的组织，凭他们有价值的品质和全部行动，将确定未来的世界环境的格局。各地方政府和各国政府，将对在他们管辖范围内的大规模环境政策和行动，承担最大的责任。为筹措资金以支援发展中国家完成它们在这方面的责任，还需要进行国际合作。种类越来越多的环境问题，因为它们在范围上是地区性或全球性的，或者因为它们影响着共同的国际领域，将要求国与国之间广泛合作和国际组织采取行动以谋求共同的利益。

上述认识给人类以极大的警示，当代人的任何与生态环境相关的行动都必须审慎地考虑行动对环境产生的后果，人类明智的行动或不明智的行动会对生态环境产生截然不同的结果，人类需要遵循共同智慧既定的行为准则。人类应当为他们的环境政策和行为准则承担最大的责任，即在多边框架的国际法域寻求达成有约束力的宣言、公约、条约、协议、计划等。各国更应当以超常的勇气、视野和襟怀，努力担当国际法所赋予的生态环境安全的义务及责任，切实将维护生态环境安全的国际法义务完整地体现在国内法体系中，使其成为极具强制性、控制性、操作性、指导性的公民行为规范准则，引导不同层次、不同范围的社会主体从法律规范、道德规范、伦理规范的多层面共同遵循维护生态环境安全的行为准则。

国际社会已清醒地认识到，具有约束力的国际性行为规则在维护和解决全球生态环境安全事务中发挥着责无旁贷的作用。没有全球性的行为规则，就没有人类的共同行动，就没有生态环境问题整体解决方案，就没有生态环境问题的持久改善。从 1972 年联合国人类环境大会到 2015 年联合国巴黎气候峰会的 40 多年间，人类不断朝着共同应对全球性环境和气候变化问题的方向不懈努力，求同存异克服重重阻力，达成许多具有划时代意义并影响深远的规范性文件，为了人类和这个星球采取全球行动。

梳理联合国有关生态环境问题的重大事件，可以总结出：1972 年联合国发表了《联合国人类环境宣言》，1992 年发表了《里约环境与发展宣言》《21 世纪行动议程》《气候变化框架公约》《保护生物多样性公约》及《关于森林问题的政府声明》，1997 年发表了《联合国气候变化框架公约的京都议定书》，2002 年发表了《约翰内斯堡可持续发展承诺》和《可持续发展世界首脑会议执行计划》，2015 年发表了《巴黎协定》等。

这一阶段，在联合国的组织及协调基础上，国际社会也针对专门性或区域性问题签订了大量的国际性行为规则和行动准则，如《防止倾倒废物及其他物质污染海洋公约》《濒危野生动植物国际贸易公约》《关于臭氧层的世界行动计划》《防止荒漠化行动计划》《保护移动性野生动物物种公约》《促进新能源及可再生能源利用计划行动》《波罗的海地区环境宣言》《控制危险废物越境转移及其处置巴塞尔公约》《关于国际河流使用的赫尔辛基规则》《适用于跨国界污染的国际法规则》《联合国组织的安全供水和卫生设备国际会议新德里声明》《关于国际河流使用的赫尔辛基规则》等。

在国内立法和法律制度建设方面，世界各国都积极响应国际社会在生态环境安全问题上达成的共识，积极通过法定程序将国际法义务转化为国内法义务。在发达国家中，英国的环境立法传统由来已久，1848 年英国制定了《公共卫生法》，1876 年颁布了《河流污染防治法》。20 世纪以后，英国陆续发布了《清洁河流法》《水资源法》《清洁大气法》《噪声控制法》《核设施安装法》《森林法》《油污染控制法》《海洋倾废法》《污染控制法》。英国也根据本国实际，签订、加入、承认相应的国际条约并履行国际法义务，使英国环境保护及环境立法涵盖广泛自成体系。美国社会发展历史较短，但是在生态环境立法方面发展迅速，并形成联邦法律和州法律的多层次法律体系。美国的第一部关于污染防治方面的法律是 1899 年颁布实施的《河流与港口法》，随后又颁布了《联邦杀虫剂法》《防止河流油污染法》《联邦水污染控制法》《联邦杀虫剂、灭菌剂及灭鼠剂法》《联邦大气污染控制法》《联邦有害物质法》《鱼类和野生生物协调法》《空气质量法》《自然和风景河流法》《环境质量改善法》《美国环境教育法》《海岸带管理法》《海洋哺乳动物保护法》《海洋保护研究及禁渔区法》《联邦环境杀虫剂控制法》《噪声控制法》《安全饮用水法》《濒危物种法》《有毒物质运输法》《资源保护与回收法》《有毒物质控制法》《酸雨法》《固体废物处置法》《核弃物政策法》等。此外，美国还颁布了《国家环境政策法》，标志其环境政策和立法从以治为主变为以防为主，从防治污染转变为保护整个生态环境。

在发展中国家，由于面临紧迫经济发展和社会发展需要，加之这些国家多数走的是资源型发展模式，且生产力发展水平和科学技术水平处于较低层次。所以，社会发展和生态环境的矛盾更突出，在较短期间内引发环境破坏、资源浪费、生态灾难。发展中国家在经历生态环境问题的阵痛后，也在迅速地加入全球化的生态环境保护行列之中，积极参与国家间生态环境谈判协商，加强国内生态环境保护的立法和法治，大多数发展中国家都制定了环境法。亚洲发展中国家马来西亚为防止环境污染和环境破坏制定了《环境质量法》，南美洲发展中国家巴西针对森林资源过度砍伐制定了《我们的大自然计划》，非洲发展中国家肯尼亚针对废物管理制定了《环境管理和协调法》等。

中国在三千年历史文明发展过程中，面对生态环境问题经历过劫难和重生。在旧中国，因自然灾害引发的江河泛滥及水土流失，因风蚀、水蚀、冻融、盐渍化等造成的土地荒漠化和沙漠化，因过度开发资源人为破坏的山川地貌等，都给中国的经济社会发展和人民生活水平提高带来严重威胁。然而，新中国的三北防护林工程、土地沙漠化治理工程、南水北调工程、长江黄河水利治理工程等，极大地改善了我国生态环境发展空间，最大限度地阻止了生态环境恶化的进程。在此过程中，生态环境法制化发挥了举足轻重的作用。从 1979 年中华人民共和国颁布《环境保护法》起，我国的环境保护开始进入法制化阶段，随后陆续制定了《大气污染防治法》《水污染防治法》《固体废物污染环境防治法》《环境噪声污染防治法》《海洋环境保护法》《放射性污染防治法》，以及单行法律和行政规章《野生动物保护法》《清洁生产促进法》《环境影响评价法》等。

第 1 章

法律生态化概述

良好的生态环境是自然界馈给人类的最大福祉，也是人类生存发展的基本条件，人类理应竭尽所能尊重与保护生态环境。然而，随着人类物质需求的不断膨胀，人类对自然资源的过度开发和现代规模化生产的高速发展，以及过分追求经济的扩张与增长，已经导致人类生态环境的严重破坏。如何协调人类社会发展与生态环境保护的关系，除需要充分借助经济与管理的手段之外，更需要法律手段的强势介入。将法律的生态化作为一种法律价值，植入一国的宪法乃至各个部门法、国际法之中，创新生态文明建设的法律导向，使法律手段能够有效保护生态环境。

1.1 法律、生态与法律生态化

1.1.1 对法及法律作用的认识

法制史研究表明，法或法律是伴随人类社会发展过程逐步形成的，从自然法到实在法，从习惯法到成文法。一般认为：

自然法是关于正义的基本和终极原则的集合，即根据自然的内在特性和规律而达到某种理想状态的法。自然法的特性有：①自然法是永恒的、绝对的；②人的理性可以认识、发现自然法；③自然法超越于实在法之上，且后者应当服从前者。

实在法是根据社会管理需要制定的、确有法律效力的行为规范。实在法的特性有：①依法定程序制定、具有可变性；②人们根据社会经济条件制定；③现实中实际存在、发生效力、产生作用。

习惯法是独立于国家制定法之外，依据某种社会权威和社会组织并具有一定强制性的行为规范。习惯法的特性有：①约定俗成的规范性、强制性；②在现代法律体系中的作用已经弱化；③在一国法律体系中习惯法仍然发挥作用。

成文法是依照法定程序制定、以规范化形式发布的法律文件。成文法的特性有：①成文法是依据特定社会经济条件创制的法；②表现为规范化成文形式，法典是成文法最完善形态；③成文法是现代法律体系发展趋势。

一般意义上讲，法是抽象概念，法律是具体概念，法律是具体化的法，成文法是法律的最完善表现形式。在特定语境中，法与法律是通用词。①

现代法理学认为，法律是由立法机关制定，国家政权保证执行的行为规则。法律包含三大要素：①法律是体现国家意志的立法机关制定；②法律是由国家政权强制保证执行；③法律是社会主体的行为规则。

“人类社会之所以要创造法，现代社会之所以要追求法治，就在于法在社会生活中具有不可替代的巨大作用……”。“作为由国家制定的社会规范，法具有告示、指引、评价、预测、教育和强制等规范作用”。②

（1）法的告示作用，法代表国家关于人们应当如何行为的意见和态度。这种意见和态度以赞成和许可或反对和禁止的形式昭示天下，向整个社会传达人们可能或必须如何行为的信息。

（2）法的指引作用，法通过规定人们在法律上的权利和义务，以及违反法的规定应承担的责任来调节人们的行为。

（3）法的评价作用，法作为一种行为标准和尺度，具有判断、衡量人们的行为的作用。法不仅具有判断行为的合法与否的作用，也能衡量人们的行为是善良的、正确的，还是邪恶的、错误的。

（4）法的预测作用，根据法的规定人们可以预先知晓或估计到人们相互间将如何行动，特别是国家机关及其工作人员将如何对待人们的行为，进而根据这种预知

① 《中国大百科全书》总编辑委员会：《中国大百科全书·法学》，北京：中国大百科全书出版社，1984 年版，第 76 页。

② 张文显：《法理学》，北京：高等教育出版社，2003 年版，第 347 页。

来做出行动安排和计划。

（5）法的教育作用，通过把国家或社会的价值观念和价值标准凝结为固定的行为模式，向人们灌输占统治地位的意识形态，使之渗透于或内化在人们的心中，并借助人们的行为进一步广泛传播。

（6）法的强制作用，法的强制作用在于制裁违法行为，它是其他作用的重要保障。通过制裁可以加强法的权威性，保护人的正当权利，增强人们的安全感。

法的社会作用是从法的本质和目的出发来分析的，包括维护阶级统治方面的作用和执行社会公共事务方面的作用。从执行社会公共事务上来考察法的作用，具体表现为维护人类社会基本生活条件，维护生产和交换的秩序，组织社会化大生产，确定有关技术规范、产品质量、劳动关系、安全生产、消费权益、行业规范，推进教育、科技、文化发展。法在执行社会公共事务方面作用是维护社会公共利益，不同社会制度下是可以相互借鉴的。

1.1.2 对生态及环境问题的认识

环境学是研究人类生存的环境质量及其保护与改善的科学。

生态学是研究生物与环境之间相互关系及其作用机理的科学。

生态学和环境学从不同角度研究生态环境，它们既相互联系，又存在差别。从生物与人的角度看，生物的概念的外延大而内涵小。从环境与生态的角度看，环境的外延大而内涵小。所以环境学与生态学之间是交叉学科，同时生态环境是一个有机联系的不可分割的统一整体。生态问题和环境问题从不同侧面反映人类生存和发展过程中面临的问题。

（1）人类可持续发展问题。可持续发展作为人类发展的创新理念，既是对人类中心主义的超越，也是对生态中心主义的扬弃。人类可持续生存、生态可持续优化、环境可持续改善为人类的未来、生态的未来、环境的未来指明了方向，其终极目标是达成人类与生态和谐，人类与环境和谐。人类、生态、环境的有机结合与协调发展，就是既要满足当代人的需要，又要不损害后代人满足其需要。

（2）生态正义的代内公平问题。由于存在地区间、地域间、国家间的资源储量和经济发展不平衡，地区间、地域间、国家间会产生自然资源利用、经济社会发展、生态环境保护的不平衡。经济社会发达的地区、区域、国家能够利用自身的资金优势、技术优势、管理优势，在获取自然资源利益和享受丰富物质条件的同时，将生态破坏和环境污染转移到发展中的地区、区域、国家。由于存在生态环境保护费用分担加重、决策话语权弱势、经济社会发展能力不足等问题，造成发展中的地区、区域、国家的经济利益与生态利益受损，而发达地区、区域、国家受益的不公平局面。

（3）生态正义的代际公平问题。首先，应当认识到，生存权不仅是当代人的生存权，也是后代人的生存权，当代人必须留给后代人一个生态环境完整、健全、宜居的地球。其次，当代人必须全面应用现有科学技术寻求生态资源利用和环境资源保护在代际平衡，实现代际间人类发展对生态环境资源利益共享，保证人类社会与自然的永续发展。

（4）生态环境利益补偿问题。由于客观上存在生态正义的代内公平问题和代际公平问题，应当在国际法和国内法范围充分发挥法律在平衡利益、保护公平的功能性作用，建立跨地区、区域、国家的资源利用、生态破坏、环境恢复的利益补偿、损害赔偿机制。通过生态环境补偿基金、追诉生态环境破坏者、增加生态环境保护财政支出等方式，使环境恶化与自然资源破坏严重的地区、区域、国家及时获取资金用于环境恢复与资源再生。

（5）自然资源开发利用问题。在近现代社会经济发展过程中，人类主要依托开发自然资源、加工自然资源产品，解决贫困问题和提高物质消费水平。对自然资源的开发利用，时刻伴随着疯狂性和掠夺性。在当代，自然资源过度利用已经超出生态环境的基本恢复能力，同时也带来生态环境危机和灾害。

（6）生态资源保护问题。“人们对生态资源的滥用不仅来自于人们的贪婪、功利和短见，而且还来自于人们的无知，即不知道对生态资源的滥用所带来的后果”。[①]生态资源保护就是通过循环经济、再生经济、生态经济、绿色经济等方式方法，遏制生态资源过度利用，保持生态系统恢复内在机制的正常运行。涵盖空气保护、臭氧层保护、水土保护、物种保护、天然林保护、不可再生资源保护、海洋环境保护、海洋资源保护等全方位生态环境资源领域。

（7）经济发展模式问题。经济发展模式与生态、环境有着极其紧密的联系，经济的发展受到生态环境的制约，人类发展必须遵循生态规律，同时也要遵循经济规

① 赵成：《生态文明的兴起及其对生态环境观的变革》，北京：中国人民大学，2006年。

律。传统经济模式、工业化经济模式、单一经济模式、粗放式经济模式、资源型经济模式、增长型经济模式必然带来资源的过度利用与耗费、生态的失衡与破坏、自然再生能力的下降或丧失。人类必须努力改变现有经济发展模式，发展以绿色发展为核心的再生经济模式、循环经济模式、多样化经济模式、可持续经济模式、生态经济模式，以及人与自然和谐的经济模式。

（8）生态环境科学技术共享问题。科学技术进步是人类文明发展水平的重要标志之一，高度发达的科学技术水平能够极大地提高人类的社会生产力与征服自然和改造自然的能力。然而，人类因科学技术滥用正在更广大的时空范围，破坏生态环境，毁灭着赖以生存和发展的自然基础。然而，科学技术也是解决生态危机不可或缺的重要手段之一，通过运用现代科技重组生产要素、开发生态技术、改造传统经济模式等方式推动生态经济发展。生态化经济发展模式的形成和发展的社会成果能够反作用于科学技术的发展，使科学技术不仅体现为对生态环境的改造能力，还体现为对生态环境的优化能力。

（9）生态文明建设问题。回顾人类文明发展，人类通过解放生产力从农业文明发展到工业文明。在高度工业化经济发展过程中，工业文明面临着生态环境危机的严峻挑战，生态文明成为人类寻求更高经济社会发展的必然选择。生态文明建设作为从根本上解决生态环境危机的有效手段，已经成为不同地区、不同区域、不同国家的社会经济发展共识。生态文明建设将带来社会生产力发展的生态化，社会生产关系发展的生态化，社会经济基础发展的生态化，社会上层建筑发展的生态化。

（10）生态环境安全问题。关注生态安全是人类对生态环境危机更深层次的认识，生态安全的整体性和相关性特征，使得任何对生态环境的单一和局部的损害都会最终导致对整个生态系统损害，而且对生态系统的这种损害超过其恢复能力的生态安全限度，生态环境系统就会发生解体。

（11）生态环境治理问题。人类回看经济社会发展发现，人类赖以生存的地球正遭受温室效应、大气污染、海水污染、淡水干涸、森林破坏、水土流失、土地沙漠化、废物污染、物种灭绝等严重生态环境问题，而且这些生态环境问题已经突破其自我恢复能力极限，并有加速恶化的趋势。环境问题被公认为是影响、制约人类的生活水平和生活质量及经济持续稳定发展的至关重要的因素。对生态环境问题的治理，主要包括对环境污染治理、环境破坏治理、环境恢复治理，以及环境治理合作、环境治理援助、生态环境综合治理等。

1.1.3　对法律生态化的认识

法律生态化是将法治理念和生态理念融合在一起，使法律规范反映生态规律，使生态文明建设的社会活动在法律规范内有序开展。

1.1.3.1　生态化的含义

按照《古辞辨》解释，化，变也。变和化可以互译，常常连用。变侧重外表的变，化侧重于实质的变。在变化的速度上，“变”侧重突然的、迅速的、急剧的变化；“化”则侧重逐渐演进，是日积月累地改变对象的性质或特征。

生态是指一切生物在一定的自然环境下生存和发展的状态，以及它们之间和它与环境的关系。由于生态和人类的紧密关系，生态对于人类来说存在着直接的、巨大的、持续的利益关系。

在采猎文明时代，人类刚刚进化到智人阶段，还只能利用和制作简单的工具，生存和生活还完全依靠自然的直接给予，采摘自然生长的植物果实，猎取力所能及的动物，生态给付人类的利益既是有限的，也是完全的。马克思针对这一阶段人类和自然界的关系指出：“自然界起初是作为一种完全异己的、有无限威力和不可制服的力量与人们对立的，人们同自然界的关系完全像动物同自然界的关系一样，人们就像牲畜一样慑服于自然界。因而，这是对自然界的一种纯粹动物式的意识。（自然宗教）”①

随着人类认识自然能力的提高和应对自然能力的进化，人类从采猎文明进入到农耕文明时代。人类学会引种植物和驯养家畜，利用自然资源的能力大幅提高，进一步向自然界摄取，诸如河流、土地、森林、矿藏等自然资源，以及更广阔领域的动物或植物等生态利益。此时，人类的生存和生活还必须依赖自然界的给予，人类征服自然、改造自然的唯一目的在于建立有利于生存和生活的生态环境。在此阶段，虽然人类生存和生活还完全依靠自然界供给，自然资源和生态环境在人类的生活中仍然占有非常重要的地位。但是，人类已经可以通过选择自然资源和生态环境，排除自然资源枯竭和生态环境恶化给生存和生活带来的不便。譬如，游牧择水草而居、部族迁徙躲避自然灾害等。由于人类向自然界索取的生态利益在大幅的、持续的增

① 中共中央马克思恩格斯列宁斯大林著作编译局：《马克思恩格斯选集》（第1卷），北京：人民出版社，1995年版，第81页。

加，生态环境已经显露出资源匮乏之态，人类已经开始为生存和生活资源展开竞争和掠夺，并带来战争和杀戮。即便如此，人类的生存和生活方式还没有受到生态环境的根本或本质的影响。即人类的生产方式、生活方式、行为方式、思维方式，没有因生态环境的变化和影响而发生改变。所以，人类在这一阶段的物质生活和精神生活的各个方面，没有生态化的需求。

工业文明的到来，引发了社会生产力的重大变革，也带来了科学技术的巨大进步。人类在工业生产、核能利用、外层空间探索、海洋资源开发等更广阔的自然领域索取生态利益，人类对生态环境的破坏已经危及人类的健康、安全和生存，成为影响世界经济发展的国际社会问题。恩格斯在论述人类活动对生态环境破坏从而导致源于自然的无情惩罚的状况时指出，“不要过分陶醉于我们对自界的胜利。对于每一次这样的胜利，自然界都对我们进行报复……”。[①]

人类在工业飞速发展的过程中也开始逐渐意识到，人是自然的一部分，而不是同自然对立的事物，人的思想和人身体的行动应遵循人类与自然和谐的规律。人类开始从人本主义生态环境观向人本主义与生态主义并重的生态观转变，并有向生态中心主义的生态观发展的倾向。由此，人类的物质生活方式和精神生活方式的各个方面具有了生态化趋势。

生态化就是人类的物质生活方式和精神生活方式要符合生态环境内在规律，要与生态环境系统协调一致，实质就是用人与自然协调发展的理念去思考，推进人类经济、社会、文化等生活方式向遵循生态规律要求演化。

当今社会，生态化已经广泛渗透到人类社会生活的各个领域，人类不仅认识到了生态化的社会需求，而且已将生态化理念融入社会生活的具体行动之中。

1.1.3.2 法律生态化的含义

对于法律生态化的概念及内涵，金瑞林主编的《环境法学》、马骧聪著作的《苏联东欧国家环境保护法》、王树义著作的《俄罗斯生态法》、曹明德著作的《生态法新探》、陈泉生主编的《宪法与行政法生态化》都做过精辟的论述，并在学术界、理论界、立法界有着广泛的影响。

我国最早引入法律生态化观点的是金瑞林教授，他在 20 世纪 70 年代就提出，各国环境法走向完备阶段的特点之一就是法律生态化。金瑞林教授的观点在国家立

① 中共中央马克思恩格斯列宁斯大林著作编译局:《马克思恩格斯选集》(第 4 卷)，北京：人民出版社，1995 年版，第 383 页。

法中受到广泛重视，并逐渐向其他部门法渗透。目前，我国现行部门法的制定或修订中，都包含了符合环境保护要求的法律规范。随着对法律生态化认识的不断深入，学术界的专家学者又从不同角度对法律生态化进行深入的研究剖析，并提出大量鞭辟入里、个性特征鲜明的观点。其中，比较有代表性的观点是中国海洋大学的刘惠荣和刘玲总结出的 6 种观点：

（1）从立法方面强调法律生态化。如马骧聪教授认为，法律生态化是指对自然环境的保护，不仅需要制定专门的自然保护法律法规，而且还需要一切其他有关法律从各自的角度对生态保护做出相应规定，用整个法律体系来保护自然环境。王树义教授则直接提出了立法生态化的概念，即各种不同的法律部门在立法过程中，均应考虑国家在保护环境方面的生态要求，并要制定相应的法律规范对生态社会关系进行调整。

（2）从生态伦理观的角度强调法律生态化。如曹明德教授在其论著中提到了法律生态化趋势，虽没有做出概念性总结，但明确指出法律生态化趋势是生态伦理观在法律上的反映。

（3）从调整方法和运行机制的角度对法律生态化进行探讨。如蔡守秋教授指出，法律生态化方法和调整机制是环境资源法所特有的，其基本内涵之一就是对传统法律目的、法律价值、法律调整方法、法律关系、法律主体、法律客体、法律原则和法律责任的绿化或生态化。

（4）从社会发展趋势的角度对法律生态化加以描述。如陈泉生教授认为，法律生态化是用体现生态化的理念取代传统，并在此基础上构建符合环境时代要求的法律制度，必将推动法律朝着生态化的方向不断发展，即法律的生态化趋势。

（5）从法律变革的角度对法律生态化加以探讨。如陈德敏教授认为，法律生态化是在新形势、新时代的背景下，为了应对环境生态危机而产生的一种法律变革。法律生态化旨在完善现行法律，推行绿色法律在整个法律体系中的作用，从而积极推进生态环境保护。

（6）从法律全程生态化角度进行阐述。如刘芳、李娟认为，法律生态化不仅是指在法的制定过程发挥作用，还应包括在法的运行和应用的过程发挥作用。在这全过程中，法律积极吸纳生态文明理念，最终实现调整人与人、人与自然、人与社会的和谐，以及全社会可持续发展的社会行为规范总和。王继恒认为，法律生态化贯穿于国家立法和法律实施的全过程。

虽然学术界的专家学者因角度不同，所提出的法律生态化的具体观点不尽相同，但都从各自角度为完善法律保护生态职能发挥着积极的作用，从而促使国家立法、执法、司法过程中，择优处理人与自然的和谐关系。

学术界的专家学者在部门法研究讨论中，对部门法的法律生态化融合及演化，进一步提出更具体化的观点和主张。在环境法专家提出法律生态化概念的过程中，其他部门法专家学者积极结合各自领域的特点，对法律生态化的理论研究和立法实践给予极大的关注。知识产权法学者周长玲提出，法律生态化是将生态环境保护的理念和要求反映在部门立法中，从立法的指导思想到制度设计方面，都要强调和突出对生态环境的保护，使法律朝着与生态环境保护相协调的方向发展。经济法学者李文莉认为，法律生态化作为一种动态的法律变革，是建立在以可持续发展理念基础上，对法学方法论、各部门法进行的全新理解、构建和升华的过程，并使之成为法学研究的一种方法和视角，其本质是一种范式。

与此同时，学术界的专家学者纷纷着眼于更宽阔的视角，阐述法律生态化的不同主张。提出宪法的生态化、行政法的生态化、经济法的生态化、国际贸易法的生态化、刑法的生态化、刑事诉讼法的生态化、民法的生态化，以及物权法的生态化等，并分门别类地明确定义了相对应的法律生态化含义。

通过上述众多专家学者对法律生态化的理论研究和立法建议的演进历程看，法律生态化是由环境法专家学者率先提出的，在推动环境法自身领域的生态化发展的同时，也带动了法律体系中各个法律部门在各自相关领域对环境、资源等生态要素的关注。

以下将从法律与社会的关系来考察法律生态化的演化进程。人类社会历史进化研究表明，人类社会包含 3 个基本要素，即环境、人口、文化。环境是人类社会的重要的组成部分之一，环境要素与人口要素和文化要素相互交织，相互关联，相互渗透，各要素的相互作用共同推进人类社会向前发展变化。环境变迁必将引起社会的变迁，社会的变迁也必然引起作为社会行为规范的法律的变迁。

社会变迁，即社会进步，必将全面触及人类社会的各个领域，包括生产要素及其组织方式，生产关系及其组织方式，经济基础及其组织方式，以及社会的上层建筑。人类社会生活的变迁大致可分为自然环境变迁、人口规模变迁、生产方式变迁、经济模式变迁、社会结构变迁、生活方式变迁、文化传统变迁、科学技术变迁、社会价值变迁、管理制度变迁等。社会变迁的表现形式也是多样化的，即社会整体和局部的变迁，社会的渐变与突变等。

社会的变迁必然引起法律的变迁，其中自然环境变迁是法律变迁的内在因素，自然环境变迁会渐进地引起法律的变迁，这使我们找到了法律生态化的内在依据。引起人类关注法律生态化的主要原因，是人类社会进入到工业文明发展阶段以来，人类过度消耗自然资源造成的环境恶化和生态危机，已经开始从根本上威胁到人类的生存和持续发展，法律作为保护生态环境的有效手段，也必须随之而发生改变并成为发展趋势。

在不同法律部门，法律生态化的思想及理念衍变为宪法生态化、民法生态化、刑法生态化、行政法生态化、诉讼法生态化、专利法生态化、经济法生态化、资源法生态化、能源法生态化、物权法生态化、侵权行为法生态化，以及立法生态化、司法生态化、执法生态化的表述方式，基本涵盖以下含义：

（1）法律生态化要求法在应对环境危机中发挥规范和调节作用。

（2）法律生态化是法治的生态化，是法的价值取向由保护人身权与财产权向保护环境利益的方向转变。在此过程中，需要国家的法治活动对生态保护发挥作用。

（3）法律生态化是人的行为规范的生态化，目标是规范和调整人的行为符合生态规律要求。现代社会人类所面临的生态环境危机，归根结底是人类的行为违反生态规律和环境规律造成的危机。法律能够通过设定人的权利和义务，规范和调整人们的行为，即生态化的法律作用于人的行为，引导人的行为的生态化。

1.1.3.3 法律生态化的特征

法律生态化就是使法律演化伴随社会文明形态进化过程，伴随人与自然的冲突变化进程，伴随人与自然关系的动态变化过程。特别是在近现代法治背景下，工业文明的法迫切需要向生态文明的法嬗变。在此过程中，生产力与生产关系的矛盾运动是法律生态化的演进原动力。法律生态化演进的起点就是特定生态社会发展阶段的生产力水平，其生产力要素的性质及其组织结构都会与相应的生态环境发生紧密的关系，并会受到特定生态环境条件的制约。法律生态化就是要建立符合生态环境要求的社会秩序和行为准则，法律生态化也是生态文明社会对法的演化和进步的内在要求。

（1）法律生态化的趋势性特征。法律生态化的趋势性是指法律发展必将伴随工业文明向生态文明发展趋势呈现生态化演变。

工业文明是以工业化为重要标志，以机械化生产方式占主导地位的现代社会文明形态是人类社会迄今为止创造的最富活力和创造性的文明。工业文明在物质生活上表现为工业化、城市化，在精神生活上表现为法制化、民主化。工业文明的优势是规模化生产使人类商品迅速丰富与社会财富快速增长，缺陷是工业化发展使地球资源过度耗费与生态环境急剧恶化。在工业文明发展阶段，社会流动增强，科技教育普及，信息传递加速，商品生产细化，城镇人口剧增，经济持续增长，消费需求膨胀，资源耗费无度，生态承载失衡，环境污染失控，人为灾难频繁。人类社会在享有工业文明带来的高度的物质文明和高度的精神文明的同时，也在不断且无度地攫取地球亿万年积累而成的有限和不可再生的自然资源。

回首发现，现代工业文明不只给人类带来丰富物质，也给人类带来不可承受的生态危机和环境灾难。人类在不断反思工业文明的弊端，也在积极寻求超越工业文明的更高文明，并从中获取推动社会进步的动力。生态文明作为超越工业文明的崭新社会文明形式，是人类文明发展的一个新的阶段。

生态文明是人与自然、人与社会、人与他人、人与自身的多层次和谐发展，并遵循这一客观规律而取得的物质与精神成果的总和。生态文明的社会形态最终的目标要体现人与自然、人与社会的和谐共生、良性循环、全面发展、持续繁荣的基本宗旨。

历史发展规律能够证明，未来人类社会发展必然是对现代工业文明的扬弃，人类社会需要从工业文明向生态文明社会发展，工业化向绿色化发展。与之相适应，社会生产力需要向生态文明方向发展，作为社会生产力总和的社会生产关系也需要向生态文明发展。社会生产关系的总和构成整个社会的经济基础，社会生产关系的生态化必然带来社会经济基础的生态化。社会经济基础的生态化将推动社会上层建筑的生态化。法律作为社会上层建筑的重要组成部分，经济基础生态化的内在力量必将极大地推动法律的生态化。所以，法律生态化是人类从工业文明向生态文明发展过程中，法律发展与进步的必然趋势。

（2）法律规范的生态性特征。法律规范的生态性是指法律规范的内容和形式应当满足人类社会发展阶段的要求，全面、正确、及时反映生态规律。

人类社会的秩序化倾向，必然助推社会组织产生相应的社会规范。人类社会的社会规范自人类社会组织化形成初期就已经开始产生了，它是人类秩序化需求的体现。

按照《古辞辨》解释，“规”的基本词义是画圆的工具。“范”的基本词义是铸造用金属模具。规范，即约定俗成或明文规定的标准，一般分类为社会规范和技术规范。社会规范也称社会标准，是社会用于调整人们相互关系，维护正常社会秩序的各种行为准则，法律规范是社会规范的重要组成部分。

法律规范是指由国家制定或认可的，反映国家意志的，具体规定权利义务及法律后果的行为准则。在社会管理体系中，法律是一个庞大的、复杂的社会规范体系，是具有内在的、紧密的、相关联的组织架构。法律规范是这种复杂社会结构体系中最基本的结构单位，恰如法律概念、法律条款、法律规定是法律社会组织结构中的原子一样，法律规范是法律结构中的分子，是法律这一有机体系中的细胞。

法律规范作为国家意志的客观表现形式，是具有肯定、明确、普遍意义的表现形式。通常情况下，一个法律规范可以根据立法需要表述在几个法律条文甚至不同的法律文件之中。但是，法律规范必须具备以下共同要素：①适用条件，即预先设定的行为条件；②行为模式，即确定行为的权利义务；③法律后果，即规定违法行为的制裁。

法律规范的组成要素是密切联系，缺一不可的。由于法律规范组成要素不必然规定在一个法律条文中，有的条文未叙述假定部分，有的把假定与处理结合在一起，从表面上看它只有处理与制裁两个要素构成，有的未直接规定制裁。因此，法律规范不直接等同于法律条文。

1.1.3.4　法律生态化的起点——认识生态规律

法律生态化就是要促使人类充分认识生态规律及其复杂性和多样性，在尊重生态规律内在要求的基础上，接受地球不属于人类而人类属于地球的生态规律，按照生态规律循序渐进地开发利用自然资源，建立符合生态规律的资源循环和再生生产方式，尽早跨入人与自然和谐的生态文明阶段。

生态学规律是生态领域中的事物和现象之间的本质联系，整体反映生物与环境相互作用的有机联系，包括生物适应环境的规律、生态系统各种因素相互作用协调发展的规律、生态系统物质循环再生规律、生态系统发育进化规律等。生态系统内在的共生机制，使其在一定条件下处于动态、平衡的发展状态，并形成生态系统渐进的发育和进化。地球进化历史过程表明，地球生态系统在重大突变因素的作用下，生态系统内在规律遭到极端破坏，将会使地球生态发生灾难性遽变。从地球生态系统形成伊始，由于地球生态系统进化失衡，远古地球生物圈曾经发生过五次生物大灭绝。

最新研究表明，自人类进入文明社会，特别是跨入工业文明以后，由于只注意到具体生态资源的实用价值，肆意掠夺性开发、利用地球有限的、不可再生自然资源，忽视或违背生态系统循环和再生生态规律，使地球生态维持系统遭到人为破坏。科学研究显示，在过去 400 年间，高等动物和植物已灭绝 724 种，其中哺乳动物灭绝 58 种，野生生物的生活环境及面积缩小了 90%。由于地球生物多样性受到有史以来最为严重的威胁，生存问题已从人类的范畴扩展到地球上相互依存的所有物种。

以蜂群崩溃综合征引发“蝴蝶效应”为例，不明原因导致大批蜂巢内的工蜂突然消失，蜂群的日常劳作无人过问，直到蜂蜜生产完全停止，蜂卵因为得不到照料而死去。联合国公布的有关报告表明，全球蜜蜂群数量近几年急剧减少，在欧洲达 10%～30%，美国达 30%，而中东地区锐减了 85%。科学家从多重角度对此现象的原因开展研究，提出的人为原因包括：郊区城市化、杀虫剂滥用、农药病原体诱发、抗生素使用过度、电磁波辐射等。如果蜜蜂灭绝，它们的消失将引发物种灭绝的多米诺效应。农作物和草料等大量植物依赖蜜蜂传播花粉以繁殖下一代，当蜜蜂灭绝后，植物就会因失去传播花粉的途径而无法生长，以植物为食的动物会因此灭绝，农作物也会受此影响减产，出现大规模的食物短缺，最终会波及人类的生存。

据《科学》杂志最新发表的一项研究，动物的灭亡和减少正是地球第六次生物大灭绝的前奏。虽然地球过去五次生物大灭绝是地球的自然变化或者灾难性的突发事件导致的，但是科学家预见的第六次生物大灭绝，将与人类不认识生态规律、不依据生态规律、不接受生态规律、不反映生态规律的行为相关。生态的一般规律表现在以下几个方面：

（1）相互依存与相互制约的互生规律。互生规律反映了生物间的协调关系，是构成生物群落的基础。生物间的这种协调关系为普遍的依存与制约——也称物物相关规律。即有相同生理、生态特性的生物，占据与之相适宜的小生境，构成各自不同的相应生物群落或生态系统。每个系统中，不仅同种生物相互依存、相互制约，系统内的异种生物间也存在相互依存与制约的关系。不同群落或系统之间，也同样存在相互依存与相互制约的关系，也可表述为彼此影响。这种影响有些是直接的，有些是间接的，有些是立即表现出来的，有些需滞后一段时间才显现出来。因此，在自然开发、人类建设、生物利用过程中，必须了解、认识自然界诸事物之间的相互关系，在关注生态规律反映出的存在相互依存与相互制约关系的基础上，统筹人类活动行为，兼顾生态规律制约，全面发挥生态规律作用，合理运用自然资源循环、再生等生物规律的制约与转化机制。

（2）生物链能量传导的相生相克规律。相生相克规律反映了物质循环与再生关系，生态系统中的植物、动物、微生物和非生物成分之间借助能量而不停移动。一方面，自然界的动物利用植物不断摄取物质并合成新的物质。另一方面，动物又随时分解为简单的物质重新被植物所吸收。由此，形成周而复始永不停顿的生物界的物质循环和能量传导。生物的相生相克性表现在：各类生物在生态系统扮演不同的角色，依它们在物质循环和能量传导中的作用分为生产者、消费者和分解者三类，三者之间时刻存在相生相克的物质循环和能量传导。生产者主要是绿色植物，能够通过光合作用功能，用无机物制造营养物质的自养生物，也能够以无机物合成有机物。生产者的活动是从环境中得到二氧化碳和水，在太阳光能或化学能的作用下合成碳水化合物。太阳通过生产者将能量不断地输入到生态系统中转化为生物能，成为消费者和分解者生命活动中唯一的能源。消费者主要是动物，是以其他生物或有机物为食的异养生物，依食性分为食草动物和食肉动物两大类。食草动物通过吞食植物而得到自己需要的食物和能量，食草动物又被食肉动物、杂食动物所捕食，依次进行生物间的能量传导和物质循环。在自然界中，每种动物并不是只吃一种食物，因此自然界中形成一个庞大而复杂的食物链网。分解者主要是细菌、真菌、原生动物、腐食性动物，是把复杂的动植物残体分解为简单的化合物并最后分解成无机物归还到环境中去的异养生物。分解者在生物循环和能量传导中具有重要的意义，地球上的绝大部分的初级生产量都必须经过分解者的作用而归还给大地，再经过能量传导作用输送给绿色植物进行光合作用。生物的相生性就是，生产者供养消费者，低等级消费者供养高等级消费者，消费者供养分解者，分解者作用为生产者提供物质与能量，以此形成一个完整的食物链发展过程。生物的相克性就是生产者制约着消费者，低等级消费者制约着高等级消费者，消费者制约着分解者，分解者制约着生产者的物质与能量。

生物富集效应。如果一种有毒物质被生物链的低级部分吸收，有毒物质会逐渐在它体内积累，生物链的高级部分通过食物链也会在体内进一步积累有毒物质，有毒物质在食物链的作用下具有累积和放大的效应。因此，人类要严格防止有毒物质进入生态系统，以免有毒物质经过多次物质循环和能量传导后，富集到危及人类的程度。

生物链能量传导中的单向流动与逐级递减。流经自然生态系统中的能量，会沿着食物链转移将大部分能量转化为热散失掉，无法进行回收和继续利用。因此，为了充分利用自然资源和生物资源储存的能量，必须关注生态规律的内在作用机理，设计出提高生物能量利用率的系统，使全社会形成良性生态循环的富含高度生态文明的社会经济发展模式。

生物链能量传导的相生相克规律破坏的后果。食物链环环相扣，相互制约，相互繁衍。以草原生态系统为例，狼因吃牛、羊成为人和牲畜的大敌，但狼也吃田鼠、野兔，田鼠、野兔又吃草，牛、羊需要以草为食，人却要依赖牛、羊为主要生存来源。草原的这些生物组成了一个庞大的生态系统，各种生物在这其中共同生存。如果有一天，违反生态规律的人类看到狼在吃牛、羊，觉得狼是牛、羊的天敌而采用各种手段消灭狼而保护他们的牛、羊。但是，人类漠视了狼对草原也是有利的，因为狼吃田鼠、野兔的同时消灭草原上的患害，才使得草原上没有过多的田鼠、野兔，这样也保住了绿草，使牛、羊有充足的食物。当有一天，狼被人类赶尽杀绝，人类以为草原上的牛、羊就会多起来，可是情况并不是这样。从狼口下脱生的田鼠、野兔因失去天敌而大量繁殖，开始将一大片的绿草吃光，还经常地将草连根拔起。草原失去了青草，草场沙漠化，牛、羊因没有绿草为食数量急剧减少。人类将失去草原和牛、羊，最终危及自身的生存。

人为故意或过失地阻断生物链中的一个环节或一些环节，破坏能量传导的相生相克规律，改变或终止能量流动和生物间的物质循环的后果不堪设想。这是因为，每一种生物在生物链上都占据一定的位置，并具有特定的作用。各种生物之间相互依赖、彼此制约、协同进化。低等生物为高等生物提供生存条件，同时又被高等生物所控制。与此同时，高等生物又受制于低等生物，生物彼此相生相克，使整个体系或群落成为协调的整体。生物体间的这种相生相克作用，使生物保持数量上的相对稳定，维持生态平衡。如果人为向某个生物群落引进其他群落生物，打破生物群落内在的相生相克关系，该群落会因缺乏能控制外来物种的天敌，使外来物种的种群爆发式增长并进一步失去控制，从而造成生态灾害。

（3）物质输入输出动态平衡规律。物质输入输出动态平衡规律反映的是生物一方面从环境摄取物质；另一方面又向环境排放物质，以补偿环境的能量和物质损失。在一定条件下，生物的能量与物质的输入、输出总量相平衡。当一个生态系统不受人类活动干扰并处于相对稳定时期，生物与环境之间的能量和物质输入与输出具有相互对立的关系。生物的能量和物质输入即是环境的能量和物质输出，反之亦然。

生态系统平衡是相对平衡而不是绝对平衡，这是因为生态系统在任何条件下都会与外界发生直接或间接的联系，会受到来自外界的干扰。譬如，外来物种侵袭、物质和能量输入或输出失衡。生态系统对外界的干扰具有自我调节功能，但是这种自我调节能力也是有限度的，如果外界干扰在其所能容忍的范围之内，失衡的生态系统可以通过自我调节恢复平衡。如果外界干扰超过它所能承受的极限，其自我调节能力也同时遭受破坏，生态系统失衡状态就会持续、加重或崩溃。

生态平衡是动态的平衡而不是静态的平衡，这是因为生态系统作为多因素、多层次的复杂系统，是处在不断变化之中。由于生态系统中的生物与生物、生物与环境之间存在不间断的能量传导与物质循环，并促使生态系统的不断发展和进化。因此，生态系统平衡不是静止的，总会因系统中某一部分先发生改变而引起不平衡，然后依靠自我调节能力又进入新的平衡状态。正是这种从平衡到不平衡的无限循环的过程，推动了生态系统整体和各组成部分的发展与进化。

生态系统一旦失去平衡，会发生非常严重的连锁性后果。生态系统平衡是自然界经过发展和积累建立起来的动态平衡，有些平衡一旦受到破坏就无法重建，可能会带来人类努力也无法弥补的恶果。

（4）相互适应与补偿的协同进化规律。协同进化规律反映了生物之间以及生物与环境之间在进化过程中的依存关系，即生态环境要素之间的作用与反作用过程。表现为生态系统在长期进化过程中，种群间从单方的依赖关系发展为双方的依赖关系，形成互为不可缺少的生存条件。协同进化规律的实质是：一种生物的性质和状态受到另一种生物的性质和状态的作用而进化的，而后一种生物的性质和状态也会受到前一种生物的性质和状态的反作用而进化。①生物的每一个性质和状态的进化都是另一种生物的性质和状态的作用结果；②两种生物的性质和状态都必须进化。协同进化能够促进生物多样性的增加，能够促进物种的共同适应，能够促进基因组进化，能够维持生物群落的稳定性。科学研究表明，正是生物多样性和协同进化造就庞大、复杂、多样的地球生物圈，维系地球生态系统的持续演化发展，维持全球生态环境的相对平衡，并共同构成人类赖以生存和发展的重要物质基础。

（5）环境资源的有效极限规律。有效极限规律，反映了生态系统中作为生物赖以生存的环境资源，在质量、数量、空间、时间等方面都有一定限度，不能无限制地为人类供给生存物质资源。一般认为，环境资源包括不可再生资源和可再生资源。

即使对于可再生资源，均衡生态系统的资源生产力也存在有效极限。因此，每一个生态系统对任何外来干扰都有一定的忍耐极限。当外来干扰超过此极限时，生态系统就会被损伤、破坏，以致瓦解。

1.2 法律生态化原则

1.2.1 尊重自然、顺应自然、保护自然的原则

党的十八大报告创造性地提出，面对资源约束趋紧，环境污染严重，生态系统退化的严峻形势，必须树立尊重自然、顺应自然、保护自然的生态文明理念。这一理念登高望远、内涵丰富，为我国生态文明建设指明应当遵循的总体原则，是党在新的发展阶段国家执政理念或国家管理理念的升华，体现出党对社会文明发展规律认识的深化。尊重自然、顺应自然、保护自然观念在法治层面的反映，就是将生态规律与法律发展演化规律相融合，其发展方向就是法律生态化。

尊重自然、顺应自然、保护自然这一生态文明理念的确立，是认真反思和深刻总结中国社会的政治体制改革与经济高速增长过程中的经验教训，对传统的资源消耗式发展、单一粗放式发展、破坏掠夺式发展、高碳经济式发展等脱离生态规律发展方式的全面梳理与否定，也是对近现代工业革命以来人类赖以生存并奉为至宝的工业文明的理性认识和合理扬弃。在中国经济高速增长的关键期和机遇期，将国家的体制发展方式、经济增长模式全面融入生态文明理念，有助于及时校正中国未来的发展路径，并以此为转折弯道超车实现经济高速发展。通过调整和改善人与自然的关系，实现社会文明发展的根本跨越，推动中国的社会文明乃至全球的人类文明加速从工业文明向生态文明跨越。

尊重自然、顺应自然、保护自然的生态发展理念，也顺应了改善民众生活质量的迫切需求。随着现代社会工业化大生产带来丰富的物质产品，人的生活消费和物质享受的水平不断提高。在物质性消费得到充分满足以后，获得美好自然生活环境已成为人们提高生活质量的进一步要求。只有尊重自然、顺应自然、保护自然，才能在经济发展高速增长的同时，仍然能够保持良好的生态环境和自然环境。使自然资源既为人类生存所用，又能使人与自然公平和谐，为当代和后代留下天蓝、地绿、

水净的美好家园。

尊重自然、顺应自然、保护自然的生态发展理念，更是顺应了全球化的经济与环境协调发展现实需要。人类社会经济发展，无论是过去、现在或是将来，任何时候都离不开自然资源与生态环境。由自然资源构成的人类生产要素，是人类生存的唯一物质资源，也是人类社会文明进步发展的有力保障。在经济全球化的时代背景下，自然资源与生态环境的开发、利用、支配正在呈现全球化趋势。资源优势、科技优势、人力优势与工业化大生产相结合，在全球范围内形成社会化生产分工。发达国家正利用其优势地位，依靠科学技术的使用和转让，在全球范围内获取财富与增长。在发展中国家，只能依赖出口资源产品或初级产品赚取收入和保障增长。在此全球化背景下，发展中国家普遍处于资源净流出、生态持续破坏、环境污染加重的状况。发展中国家只有坚持尊重自然、顺应自然、保护自然的社会经济发展理念，才能有效维护本国经济良性发展，保持经济的持续稳定增长，保证资源环境安全，维系生态系统的平衡。

尊重自然、顺应自然、保护自然的生态发展理念，有利于促进“美丽中国”的规划与构建。中国有五千年的人类文明发展历史，是世界四大文明古国之一，是同时代具有灿烂文明的美丽国家。近现代的中国，因为思想保守，闭关锁国，生产力发展和经济发展水平开始落后于世界发达国家。当代中国的改革开放，造就了中国经济发展的高速增长，人们的物质生活水平有了极大的改善。但与此同时，自然资源与自然环境也遭到了前所未有的破坏。资源枯竭、森林破坏、河流污染、物种消失、耕地减少、城市雾霾等等，这些境况与建设“美丽中国”相去甚远。理想的美丽中国，不仅要有健康的发展模式、丰富的物质成果，更要有先进的思想理念、优美的自然环境。只有尊重自然、顺应自然、保护自然，才能让我们的物质生产与自然协调，生活空间与自然融合，道德素养与自然融洽，行为方式与自然和谐。

尊重自然、顺应自然、保护自然这一生态文明理念的确立，是站在促进全面发展、和谐发展的历史高度，对科学发展观的全面、协调、可持续的基本诠释。可以说，社会发展观融入这一思想，进一步丰富了社会发展理念，也完善了社会管理决策坐标，更重建了社会行为规范。

尊重自然、顺应自然、保护自然的生态文明理念，要求我们在发展理念上，要牢固树立人与自然对等互惠的思想。人是自然之子，在寻求自身生存和发展的过程中，要对自然保持必要的尊重。我们的发展，既不能走向人与自然的尖锐对立，更不能不顾生态规律把自己凌驾在自然之上。要始终以敬畏的眼光、敬重的姿态，审视人与自然的关系，尊重自然存在和发展的内在规律，使我们的发展能和自然相互惠益、相互和谐。

尊重自然、顺应自然、保护自然的生态文明理念，要求我们在发展决策上，要坚决恪守遵循和顺应自然规律的方针。顺应自然，是科学发展的决策原则。传统的工业文明在先进科技和强大资本的驱动下，对自然进行毫无节制的攫取甚至掠夺，违背自然演化规律对资源无序开发利用，罔顾环境承载能力进行追求经济高速增长，使我们在急功近利中与资源环境的瓶颈猝然相遇，并承受违背生态规律的无情惩罚。历史的深刻教训告诉我们，实现可持续发展，必须在发展决策中把自然规律作为认真衡量的要素，主动遵循、积极契合。

尊重自然、顺应自然、保护自然的生态文明理念，要求我们在发展实践上，要坚定秉持保护自然环境和生态系统的准则。重经济轻环境、重增长轻保护的“先污染后治理”发展模式，给我们带来了惨痛的教训。以牺牲环境利益换取经济增长，导致严重的环境污染和生态破坏，不得不投入巨大的人力、物力、财力进行污染治理，使增长所得远远不足以补偿治理付出，短期的经济发展现状只能成为暂时的虚假繁荣。因此，就要在发展的行为过程中，坚守保护环境的准则，通过保护环境，为我们的发展提供广阔的空间和不竭的动力。

尊重自然、顺应自然、保护自然的生态文明理念，对生态环境保护提出了新的更高的要求。这个要求就是，在全面开展生态文明建设的总体规划要求下，积极推进“两型”社会建设，努力推动从重经济增长轻环境保护转变为保护环境与经济增长并重，把加强环境保护作为调整经济结构、转变经济增长方式的重要手段，在保护环境中求发展。从环境保护滞后于经济发展转变为环境保护和经济发展同步，做到不欠新账，多还旧账，改变先污染后治理、边治理边破坏的状况。从主要用行政办法保护环境转变为综合运用法律、经济、技术和行政的方法解决环境问题，自觉遵循经济规律和自然规律，高标准开展环境保护工作。

1.2.2 可持续发展与绿色发展原则

可持续发展概念的正式使用，始见于 1987 年世界环境与发展委员会发表的报告——《我们共同的未来》，该报告对可持续发展概念做出了比较系统的阐述。目前，可持续发展理论体系已初步形成，可持续发展观在全世界已经产生广泛深远的影响。该报告将可持续发展定义为：能满足当代人的需要，又不对后代人满足其需要的能力构成危害的发展。可持续发展的含义提出，当代人的需求与后代人需求是密不可分的，既要达到当代人发展经济的目的，又要保护好后代人发展经济的需求。可持续发展与环境保护既有联系又不等同，可持续发展的核心是发展，环境保护是实现可持续发展的重要条件。在可持续发展观念统领下，发展是可持续发展的前提，人是可持续发展的主体，可持续长久的发展才能实现人类的真正发展。因而，发展要在严格控制人口、提高人口素质、保护环境、资源永续利用的前提下进行。在法律层面上，可持续发展既是社会发展的目标，也是社会管理的目标，也是法律及其法律规范必须反映的内容。同时，生态文明建设是一个渐进的历史发展、进步、演化的过程，法律生态化的过程不可能徘徊不前或一蹴而就，法律生态化也一定要走过渐进的发展演化过程。

在推动可持续发展理念形成的过程中，还不断出现一些具有重要影响的观点。例如，世界自然保护联盟 1980 年发表的《世界自然资源保护大纲》指出，必须研究自然的、社会的、生态的、经济的，以及利用自然资源过程中的基本关系，以确保全球的可持续发展。美国学者布朗在《建设一个可持续发展的社会》的著作中提出，以控制人口增长、保护资源基础和开发再生能源来实现可持续发展。

随着对可持续发展的认识不断深化，科学的可持续发展的定义广泛涉及自然、环境、社会、经济、科技、政治等诸多方面。所以，不同研究视角对可持续发展所做的定义也就不同。有些侧重自然方面，有些侧重社会方面，还有些侧重经济方面，也有些侧重科技方面。综合认为，可持续发展的定义和战略主要包括 4 个方面的含义：一是走向国家和国际平等；二是要有一种支援性的国际经济环境；三是维护、合理使用并提高自然资源基础；四是在发展计划和政策中纳入对环境的关注和考虑。

可持续发展理念以公平为前提，体现在法律层面上的公平就是权利与义务对等。只有在享有法律权利的同时承担法律义务，法律才能在社会管理中有效地施行，并使社会管理得以持续进行。公平是指选择机会的平等性，表现在可持续发展过程具有两方面的含义：一是指世代人之间纵向公平性；二是指同代人之间的横向公平性。可持续发展不仅要实现当代人之间的公平，而且也要实现当代人与未来各代人之间的公平。各代人之间的公平，要求任何一代都不能处于支配地位，即各代人都有同样选择的机会与空间，这是与传统发展观的根本区别所在。

可持续发展理念以和谐为条件，指明人类社会可持续发展的终极目标是人与自然和谐，人与社会和谐，人与人和谐的共生状态。可持续发展的目标是发展，过程是可持续。参与其中的生态要素必然存在同一时空的相互作用，或者不同时空的作用与反作用。生态要素间的和谐作用，是生态系统内在的生物运动过程，是生物或生态发展演化必不可少的环节。生态要素间的不和谐作用，会导致生态失衡，并引发生态系统内在运行混乱。生态系统的进一步失衡，将导致生态系统破坏或者崩溃。表现为：生态系统因失衡或停止发展，或功能退化，或系统消亡。因此，可持续发展就是要促进人与自然和谐、人与社会和谐、人与人和谐。如果按和谐理念行事，人与自然之间就能保持一种互惠共生的关系。也只有如此，可持续发展才能实现。

可持续发展理念以需求为目标，通过发展满足和改善人类的物质需求。可持续发展立足于满足人的需求以实现人的发展，强调社会生产的目的是提供人所需求的产品，而不是提供为赚取利润的市场交换商品。而且，满足所有人的基本需求的社会生产目的应当是唯一的，使社会生产活动成为向所有人提供实现美好生活愿望的机会。社会学研究表明，人类需求存在差异性和层次性，并且是由社会和文化条件所决定的。人的主观因素和环境的客观因素相互作用，共同决定人类的社会需求结果，同时人的需求价值观和需求动机也会对此产生重要影响。

可持续发展理念以高效性为手段，人类生存离不开自然资源和生态环境，自然资源的有限性、生态环境的脆弱性要求人类在利用自然资源或介入生态环境要有效且高效。高效性能够通过利用最少量的自然资源向人类社会提供基本需求，高效性也能够通过施加最小量的人为干预生态环境获得人类社会的基本需求。高效性不仅以经济生产率来衡量，更要以满足人类基本需求的程度来衡量。人类社会发展的综合与总体若能实现高效，人类的可持续发展就能实现。

可持续发展理念以绿色发展为通途，人类在追求可持续发展目标和探寻可持续发展理想的过程中，需要坚持不懈地走绿色发展的道路。刘思华教授在《当代中国的绿色道路》一书中指出，“发展经济必须与发展生态同时并举，经济建设必须与生态建设同步进行，国民经济现代化必须与国民经济生态化协调发展”的绿色发展道路。在《绿色经济论——经济发展理论变革与中国经济再造》一书中他进一步概括，“绿色经济是可持续经济的实现形态和形象概况。它的本质是以生态经济协调发展为核心的可持续发展经济”。追踪刘思华教授绿色发展理论的研究与实践，将绿色发展表述为“以生态和谐为价值取向，以生态承载力为基础，以有利于自然生态健康和人体生态健康为终极目的，以追求人与自然、人与人、人与社会、人与自身和谐发展为根本宗旨，以绿色创新为主要驱动力，以经济社会各个领域和全过程的全面生态化为实践路径，实现代价最小成就最大的生态经济社会有机整体全面和谐可持续发展”。刘思华教授对绿色发展的全新界定，诠释了实现人类可持续发展的过程，既是人类走向生态文明社会形态的过程，也是人类不断进行生态文明建设与走过绿色发展道路的过程。绿色发展标志着，人类文明进步和社会经济发展的探求与追索，愈加契合自然生态的内在规律，愈加适应社会发展的普遍规律，愈加满足人类生存的自身规律。

1.2.3　维护生态公平、正义的原则

公平、正义是近现代社会使用最广泛的社会标准之一。公平包含公民参与经济、政治或社会其他生活的机会公平、过程公平和结果分配公平。正义包括社会正义、政治正义和法律正义等。公平正义是现代社会在社会管理、社会评价、社会发展等过程中，不断孜孜以求的理想和目标。因此，每个国家在尽可能增加公共服务和社会保障的过程中，重视和提高全社会公民的机会公平与过程公平，以及内容的正义。构筑公平正义的社会，需要全社会进行长期坚持不懈地努力，通过提高全体公民的文化、道德、法制等方面的素质，使公民具备渴求公平正义的思想意识，积极参与公平正义的行动能力，依法追求公平正义的实践行为。公平正义在生态环境问题上体现在，在可持续发展上要人与生态并重而不可偏废，在生态开发利用上要代内公平共享发展权利，在生态环境上要充分保留世代人的生存权，在生态利益补偿上要保证资源环境破坏的恢复与再生，在生态资源保护上要利用、保护、治理并重，在经济上要承认各自发展模式的权利并资助传统模式升级，在生态环境科学技术上要鼓励共享人类文明成果，在生态环境安全上要坚持全球化共同管理，在生态环境治理上要实行共同但有区别的责任。

公平正义是衡量一个国家或社会文明发展的标准，是人类文明的标志之一，也是我国构建社会主义和谐社会的重要特征之一。公平正义是法律的内在本质属性，也是法律的外在表现形式。在以法律处理生态环境问题上，汲取社会公平正义的力量，为当代人和世代人通过机会和过程公平正义，既是生态环境之幸，也是法律生

态化的必然过程。

随着法律公平正义在生态环境问题上的全面体现，人类文明不断向前发展演化，更高级的社会文明就会展现出人类美好的愿景。2005 年，胡锦涛在一次讲话中指出：公平正义，就是社会各方面的利益关系得到妥善协调，人民内部矛盾和其他社会矛盾得到正确处理，社会公平和正义得到切实维护和实现。满足公民对社会公平正义的要求，提升公民的幸福感和满意度，必须具备较高的经济发展水平和较好的物质条件。在当今中国，维护和实现社会公平的根本途径仍然是努力发展社会经济，为实现更高水准的社会公平奠定必要的物质基础。公平是制定规则的权利的平等。公平不是平均，公平也不是相等，在人类关系中，公平只是制定规则的权利的平等。

法律生态化就是生态公平或是环境公正。它主要是指经济社会在工业化与城市化发展中，生态环境代价的公正分担。那些较多生态环境利益的受益者应该更多地分担生态环境带来的负效果，那些较少生态环境的受益者应该较少地分担生态环境负效果。

然而，现实是更多情况下那些生态利益较少受益者，却因所处的不利的地域差别、资源禀赋、生产力水平、生产组织方式、社会发展水平，较多地分担环境负效果。这其中，存在着两个不公平正义问题：①实施与保证使环境公正的能力不平等；②环境公正体现方式的多样性以及相互转换中的地位不平等。在现实中，第一个问题是显而易见的，那些能够从经济与社会发展中受益的人往往也能回避与转移环境风险。大气污染了，他们可以待在汽车里。城市污染了，他们可以转向农村。第二个问题往往转变为生态环境代价与经济补偿之间的平衡，也就是以经济补偿的形式体现一个地区或群体所付出的环境代价。后者看起来是一种公平交易，但实际上是以二者之间经济实力与经济地位的不平衡为前提的，而这种不平衡本身就缺乏公正性。

1.3 法律生态化的目标

法律生态化的目标是通过国内立法或国际条约，将人类保护生态环境的需求，充分反映在立法、司法、执法过程中。首先，要体现法律生态化的发展愿景；其次，要通过法律生态化予以实践；最后，要保证法律生态化始终持续地发挥作用。法律生态化有四个基本目标：一是人与自然的和谐，二是人与社会和谐，三是人与人和谐，四是人类自身和谐。

1.3.1 人与自然的和谐

人与自然和谐相处是法律生态化追求的首要目标。要实现人与自然和谐相处，首先要求人类必须正确认识人与自然的关系，进一步运用法律规范调整人与自然的关系，而这些都要求存在已经全面生态化的法律。

（1）人与自然之间具有一体性。自古以来，由于人类生存完全依赖自然的给予，存在着把人与自然对立起来的传统观念。特别是到了近代社会，人们改造自然的能力迅速增强，往往把自己摆在自然的对立面，宣称要战胜和征服自然。针对这种观点，恩格斯明确指出："我们连同我们的肉、血和头脑都是属于自然界和存在于自然之中的。"随着自然科学的大踏步前进，"我们越来越有可能学会认识并因而控制那些至少是由我们的最常见的生产行为所引起的较远的自然后果。但是这种事情发生得越多，人们就越是不仅再次感觉到，而且也认识到自身和自然界的一体性，而那种关于精神和物质、人类和自然、灵魂和肉体之间的对立的荒谬的、反自然的观点，也就越不可能成立了……"[①]在恩格斯看来，人不是处于自然的外部，而是自然的产物和组成部分；人与自然的一体性，就是指人本身具有作为自然的产物并始终归属于、依存于自然的属性。事实上，人类作为生物是自然界的一部分，人类生命活动始终遵循自然规律，同自然之间保持着物质循环和能量传导。没有人类的自然界仍然会存在，但是人类只有在一定的自然环境中才能生存。

理解人与自然的一体性，有助于正确认识人与自然的关系。虽然人同其他事物相比具有很大的独立性，但是人并非生活在自然之外，更不能把自己凌驾于自然之上，否则就难以实现人与自然的和谐相处。要看到，人与自然和谐相处，实际上是人作为自然的一个组成部分而同周围的环境和谐相处。人类为了生存和发展，虽然需要在一定范围内改造和利用自然。但是，源于人与自然之间具有一体性，对自然的任何改造都会直接或间接影响人类自身。所以，绝不能把自然当作可以被随意改造的对象。自然的某些部分通过改造能够更好地为人类所利用，另一些部分则应避

① 中共中央马克思恩格斯列宁斯大林著作编译局：《马克思恩格斯选集》（第 4 卷），北京：人民出版社，1995 年版，第 384 页。

免人为改造破坏原貌，才能为人类所利用，人类对改造自然应当自我约束。

（2）认识和正确运用自然规律。恩格斯认为，人类“能够认识和正确运用自然规律”。“……学会更正确地理解自然规律，学会认识我们对自然界的习常过程所作的干预所引起的较近或较远的后果”。[①]利用自然是所有生物的本能，其他生物在不同程度上也可以视作能够改造自然，虽然动物改造自然的能力无法同人类相提并论。但是，从动物观察生态环境的视角，自然原貌时时刻刻都在发生主动地与被动的改变，并能更好地为己所用。因此从严格意义来讲，利用自然和改造自然并不是人类所独有的能力，以及与其他生物的本质差别。只有能动性地认识和正确运用自然规律来改造自然和利用自然，才是人与其他生物的本质差别。在近现代社会，人类认识自然规律的能力有了突飞猛进的提高，认识自然的科学方法或技术手段丰富多样，科学技术已经帮助人类认识到目不可视的微观宏观世界，行不可及的深海太空领域。认识和正确运用自然规律，是使人类能够科学地介入自然、影响自然，合理有效地利用自然的基本前提。

（3）不要过分陶醉于对自然界的胜利。在现代，人类每时每刻都在为征服自然和改造自然所取得的成就而自豪。但是，将其放入自然生态环境存续的时间长河之中，人类某些介入自然的行为可能是错误的或失败的，会为破坏自然规律、破坏自然均衡而遭受自然的惩罚。事实上，人们在改造自然的过程中，都会本能地去发现自然规律和遵循自然规律。人类一切顺应自然规律的主观能动性活动，会带来有利于人类生存发展的正面利益。人类一切违背自然规律的主观能动性活动，就会带来更多的负面后果。以杀虫剂为例，杀虫剂在使用初期曾被誉为重大发明之一，随着杀虫剂长期、大量使用，人类发现杀虫剂的使用作为外部介入手段，改变了生物群落系统的相对平衡和动态平衡，目前已经开始危害人类自身，今天的人类正在努力通过国际条约达成共识限制和禁止使用杀虫剂。杀虫剂的生物富集效应已经成为当今社会家喻户晓、谈虎色变的日常危机。

今天，人类应当冷静地反思传统观念和行为，反思发展的观念、增长的观念、消费的观念、生产的观念、财富的观念等。自然界具有无限的广阔性和复杂性，人类认识、改造和利用自然的能力是有限的。由于自然规律具有客观必然性，人类对自然规律的认识结果，经过自然的、时间的检验，都可能是否定的。人类介入自然

① 中共中央马克思恩格斯列宁斯大林著作编译局：《马克思恩格斯选集》（第4卷），北京：人民出版社，1995年版，第384页。

的最佳选择，应当是尽量减少对自然的干扰，这种干扰应当以满足人类社会发展的基本需求为限，根除人类的盲动行为，根除人类的不明智行为。

1.3.2 人与社会的和谐

人与社会的关系是个体与整体的关系、内因与外因的关系。人的一般定义是："人是具有自然性、意识性和社会性的个体。"①社会的一般定义是："社会是以共同物质生产生活为基础而相互联系的人类生活的有机体。……社会由环境、人口、文化 3 个基本要素构成。"②人与社会的关系在于，社会是人的集合，是人之间相互关系的集合，也是人赖以生存的环境的集合。人的活动创造社会，同时推动社会发展；社会的运动又影响人，促使人的进化。但是，人一旦形成个体的人格，就会在自己的生活中起主导作用，社会影响作为外在因素，要通过个体自身的内在因素发生作用。进一步说，人只有存在于一定社会关系中才有社会意义，而且人只有在社会存在中才能进化和发展，表现在：人的生存环境条件是社会的产物，人的思想意识是社会实践的产物，人的进化发展是对社会影响的反映，人要发挥主观能动作用也不能超出社会客观条件。同样，社会以人的存在为前提，人的物质精神需求关系催生社会的形成，人类劳动在自身发展中也推动着社会的发展。

在法治社会，法律是人与社会相互紧密联系的调整器，有利于促进人与社会关系的和谐。将法律所体现的公平正义的价值赋予人与社会的关系之中，能使人与社会关系有序、良性地互动。从而，使人的能动性得到充分地发挥，使社会环境对人类的能动性介入行为具有更强的承载能力和弹性，推动社会的包容性增长。随着人类社会的生态化发展，法律生态化的发展趋势会助推人与社会关系走向生态和谐。

生态文明背景下的人与社会和谐，是追求人的发展和社会发展的相互促进、良性循环，是相对平衡的和谐状态。其中，和谐关系中的对立方的矛盾也是相互促进，良性循环，相对平衡的。人对矛盾问题的发现和解决，是每一次和谐行为对历史过程的扬弃，从而促使矛盾朝着积极的方面转化，形成更高一级的和谐状态。事实上，人与社会的对立矛盾是人与社会和谐发展的核心内容。人与社会的关系是相互依存与相互独立的关系，人具有相对社会的独立性，社会也具有相对人的整体性。因此，

---

① 刘远碧、税远友：《论人与社会的关系》，载《辽宁师范大学学报》2005 年第 6 期，第 13 页。

② 马新福：《法社会学导论》，长春：吉林人民出版社，1992 年版，第 37 页。

人既有从个体出发的权利，又有从整体出发的义务。同时，社会既有从整体出发的权利，又有从个体出发的责任。由此可见，人与社会始终处于同一个权利义务统一体之中，人与社会的权利义务关系是一切社会问题的根源。权利即是利益，人与社会和谐的实质就是人的利益与社会的利益的协调与统一。人的利益与社会的利益关系问题，就是人的发展与社会的发展关系问题，也就是人与社会和谐问题。因为，当忽视人的利益来实现社会的利益时，就会侵害人的利益，削弱人的内在发展动力，进而损害社会的利益。反之，当忽视社会利益来实现人的利益时，就会侵害社会利益，削弱社会的整体保障能力，终将阻碍人实现新的利益。只有人的利益与社会利益相统一，才能促进人与社会的和谐发展，而人与社会的和谐发展最终转化为实现人的利益与社会利益的最大化。

1.3.3 人与人的和谐

法律是人的行为规范，法律通过权利义务的行为规则将人与人联系起来。在法律调整的状态下，人与人之间的关系处于相互配合、恰当行为、利益对等的和谐之中。人的法定权利在行使过程不应当面临障碍，人的义务应当时刻保证权利行使。反之，义务履行人也享有对等的权利，其权利行使也应能够得到对等的保障。和谐是法律的价值追求，法律核心价值的权利、自由、平等的延伸是和谐。和谐是事物间在一定的条件下，具体、动态、相对、辩证的统一，它是不同事物之间相同相成、相辅相成、相反相成、互助合作、互利互惠、互促互补、共同发展的关系。法律的产生和发展，其目的就是为了建立事务间的有序化，而有序化是和谐的价值。

在社会实践中，人与人的和谐需要把社会的公平正义作为处理人与人之间关系的价值尺度，把诚信友爱作为处理人与人之间关系的基本准则，把充分激发每个人的活力作为奋斗目标，使全社会的创造力凝聚并得以充分发挥。

在我国，由于地域的环境差别、地理差别、资源差别、政策差别，地域间的生产力水平、物质生活水平、科技应用水平存在不平衡。这些自然环境和社会发展的根本因素，制约着人们的权利行使和权利保障，并由此产生地区差异和不公正现象。消除差异，保障权利，实现人与人之间的和谐，是我国社会一个长期的发展过程。同时国家通过一系列行之有效的政策措施，努力扭转社会发展中的失衡现象，不断推动社会进步与社会和谐。法律在促进人与人之间和谐的过程中发挥着举足轻重、不可替代的作用，法律生态化能够极大地促进人的生态权利的保障，使人与人的和谐状态从传统走向未来，从工业文明迈向生态文明。在未来的社会发展中，以生态化的法律确立人与人之间的全面平等关系，把法律的公平正义作为处理人与人之间关系的价值尺度，是未来经济发展和社会进步的重要原则。

人与人的和谐，解决的是现代社会的人文危机。在现代社会，高度发达的科学技术、无所不能的电脑系统、无与伦比的信息传递、跨越时空的商品交易、便利快捷的物流、安全可靠的社会保障，使人在任何时空条件下都能够获得生活需求满足。更多情况下，人类的发展没有将人与人之间的关系变得更加紧密，反而将人推向虚拟的时空社会。然而，随着人类文明的发展，人对社会的依赖性更强，人与人之间应该保持一种什么样的关系，一个人应该如何对待他人，怎样才能与他人和谐相处，就成为当代值得深入探讨的问题。因此，人与人的和谐是广泛且复杂的社会课题。譬如，人与人的利益关系和谐、人与人的精神关系和谐、人与人的社会关系和谐等。

人与人的和谐发展是与人类社会进步发展相伴相生的，人类的权利内容伴随人类社会的发展不断扩大，人类的权利保障伴随人类社会发展更加有效，人类社会的发展史就是从片面发展不断走向全面发展。在此过程中，人类和谐意识的觉醒，辅助以有效的法制约束、良好的社会秩序、强势的文化导向等因素的积极作用，正在促进并逐步达到人与人之间关系的协调与公正，以实现社会的全面进步和人的全面发展。

1.3.4 人自身的和谐

一般认为，人自身的和谐包括身体和谐、精神和谐。人的身体、精神作为自然界高等生物的完整组成要素，承载人的生命健康、思想认识的有机统一体，二者的独立发展及协调统一，构成人的身体健康和精神健康。法律通过保障人的生命权、健康权、教育权、政治自由权等，来维护人的生命健康和思想认识的全面发展。生命健康造就了身体与思想认识造就了精神，使人能够成为有活力、有理智的人。因此，人应当追求自身和谐，更应当借助法律完善自身和谐。自身和谐是人生意义的重要内容，也是构建和谐社会的重要基础。生态社会建设离不开人的自身和谐，没有人的自身和谐就没有人与人的和谐，也没有人与社会和谐，更没有人与自然和谐，也就不会有生态文明。法律生态化的最终目的是推动生态文明建设，但是作用起点应当落在调整人的自身和谐。

身体和谐与精神和谐是人的自身和谐的两个有机组成部分，身体是精神的载体，精神是身体的升华。没有身体，精神就如无皮之毛，无可附着，所以身体对于精神无比重要，不可缺少。身体和谐应当是生命健康，即具有人的完整的生理功能，生理缺陷有时会造成人的生活不便，但不能约束生命的绽放。精神对于身体也同样重要，甚至在人的自身和谐过程中会发挥更大的作用。①精神是身体的内在动力。一种观点认为，精神动力就是人的思想、理想、信念、道德、情感、意志等意识因素对所从事的活动的精神引导力量。还有观点认为，精神动力是人在社会实践过程中，由意识因素激发产生并以精神满足为直接目的，能够引导主体有目的行为的精神力量。综合上述观点，精神动力是依赖于人脑机能，产生于社会实践，表现为意识作用下的能动活动。人即便身体存在生理缺陷等不和谐状态，也能够掌握知识、认识事物、理性思维、树立理想、坚定意志，达到人的精神和谐及人的自身和谐。②精神和谐是自身和谐的核心。因为人的精神和谐，就会热爱生活、朝气蓬勃、勇往直前、百折不挠、渡过难关，就会自我发现、自我认识、自我表现、自我发展、自我完善。因此，精神和谐能够改变人的社会生存状态，在人的自身和谐过程中发挥核心作用。

具体到身体和谐问题上，就是要建立科学养生、保障健康的社会管理机制。就是通过法律的规范作用，在食品安全方面建立食品标准管理、食品卫生管理、食品标识管理、食品添加剂管理、食品质量检测管理、食品原产地管理、食物污染管理、食品生产许可证管理、食品强制检验管理、绿色食品标志管理等，同时对食品安全的违法犯罪及时、有效实施行政法、民法、刑法的惩罚。在医疗卫生方面，建立国家财政对医疗卫生支持扶持管理、社会医疗保险保障管理、商业保险的人身疾病保险管理、传染病防治管理、卫生检疫管理、职业病防治管理、公共场所卫生管理、医疗机构管理、突发公共卫生事件应急管理、人体器官移植管理等。在社会养老方面，建立城市养老管理、农村养老管理、家庭养老管理、社会养老管理、土地养老管理、以房养老管理、社区养老管理、居家养老管理、社会保险养老管理、消费养老管理、寄家养老管理、养老基金管理等。在全民健身方面，实施全民健身计划纲要、普及全民健身条例、丰富全民健身日、加强社会体育督导、开展群众体育、创新体育设施管理、落实体质测定制度标准、挖掘传统体育健身方法、加快体育科技成果转化、加快体育产业发展、促进体育消费升级等。

具体到精神和谐问题上，就是要倡导科学思考，理性认识的社会文化环境。就是通过法律的价值引导传播正能量，在心理健康方面，培养能正确做出自我评价的良好心态，能充分发挥自身潜能的理想人格，能妥善处理社会关系的真诚情感，达到身心的内在和谐或思想的通达谙练。在道德情操方面，充分吸纳传统民族文化的人文精华，努力寻求社会共同的理想信念，积极遵守社会的公共道德，自觉养成高尚的道德情操，不断提高自身的思想觉悟，自主摒弃拜金主义和享乐主义思潮，理智地扬弃世界文化遗产和思想文化。在科学文化教育方面，倡导学知识爱科学的社会文化氛围，通过自然科学认识自然生态环境，探讨人与自然生态环境的联系与作用，认识不同区域间民族文化的特质，树立全面学习、终身学习的教育理念。在社会实践方面，在认识自然规律的基础上参与社会生产创造财富，用生态理念改造人的生产目的和消费方式，以亲近自然的态度处理人与自然、人与社会、人与人之间的关系，从自然生态环境要求出发开展科学研究与实验。

第 2 章

生态文明与法律生态化

生态文明是人类为摆脱工业文明带来的环境污染、生态破坏、资源枯竭等弊端提出的一种新型社会文明形态，是伴随人类社会文明发展到新的历史阶段的产物。因此，生态文明是扬弃工业文明的文明形态，是具有高度物质文明，也是具有高度组织化的文明形态。生态文明的核心要义是和谐，人类通过遵循人、自然、社会和谐发展的规律，实现以人与自然、人与人、人与社会和谐共生、良性循环、全面发展、持续发展、绿色发展。现代工业文明的民主与法制成果必将充分反映在生态文明的社会发展形态之中，同时民主与法制的社会管理原则也必将成为生态文明建设的制度保障。

2.1 生态文明与社会主义法治

生态文明作为继采猎文明、农业文明、工业文明之后的社会经济形态，应当是一种以生态（绿色）生产方式为主要特征的人类文明形态。考察人类文明发展的历史，每一特定社会历史形态条件下，都存在与之相应的生态基础要素或生态结构要素，其表征着特定社会经济形态所处的生态状况，其并非是指向现代语境下，该种社会经济形态的生态文明程度与层级。简言之，采猎文明对应野蛮的围猎捕杀、农业文明对应野蛮的刀耕火种、工业文明对应野蛮的资源掠夺，充满着人类对自然生态的野蛮。因而，在野蛮的社会生产方式背景下不会有生态文明及其传承成果。

刘思华认为，按照生态马克思主义原理，“生态文明是指联合劳动者遵循自然、人、社会有机整体和谐协调发展的客观规律，在生态经济社会实践中取得的以人与自然、人与人、人与社会、人与自身和谐共生共荣为根本宗旨的伦理、规范、原则和方式及途径等成果的总和，是以实现生态经济社会有机整体全面和谐协调发展为基本内容的社会经济形态”。刘思华教授认为，“这个新界定鲜明地反映了从自然、人、社会有机整体上深刻认识生态文明的理论本质、科学内涵与实践主旨，恢复了生态文明本真形态的面貌，是个生态马克思主义经济学哲学的科学概念；准确地揭示了生态文明是扬弃、超越资本主义文明与工业文明的全新的社会主义文明形态与经济社会形态；如实地凸显了生态文明是社会主义的一个根本属性、内在本质与固有价值，是超越资本主义文明而构成社会主义文明的一种内在属性与社会主义本质的一个根本内容”。刘思华进一步明确指出，“生态文明、建设生态文明、生态文明建设必然是社会主义的，也只能是社会主义的，而不是别的什么主义的”。

生态文明的社会经济形态与社会主义社会形态具有高度的契合性，人类的物质文明演进是一个从原始文明、农业文明走向工业文明并进一步跃向生态文明的发展脉络，而人类的社会形态与其相伴相生从奴隶社会、封建社会走向资本主义社会并历史性必然地发展到社会主义社会。

资本主义社会的根本属性是资本占有财富和资源，资本主义制度通过资本参与商品生产和流通，使资本成为以追逐资本利得为唯一目标的工具。而社会主义社会的根本属性是共同富裕，社会主义制度通过解放生产力，发展生产力，满足人们日益增长的物质和文化需求。与资本主义的工业文明相比，社会主义的物质文明能够不断孕育生态文明的社会经济形态。刘思华指出，“同资本主义文明的发展逻辑在历史过程中具有高度同一性，使之在现实层面上工业文明与资本主义文明实为一体，只能是形成资本主义工业文明。同样，从工业文明走向生态文明的发展逻辑，同社会主义文明的发展逻辑在历史进程中具有高度同一性，使之在现实层面上生态文明与社会主义文明实为一体，只能是形成社会主义生态文明”。

2.1.1 人类发展诉求孕育生态文明观

德国自然科学家海克尔在 1866 年所著的《生物体普通形态学》一书中，最早提出“生态”的概念。他认为生态指的是生物群落的生存状态，包括一个生物群落与其他生物群落的关系，以及与生态环境的关系。至此，“生态”一词进入了人们的视野。1915 年，美国社会学家波尔克提出“人类生态学”的概念，他把生态学思想运用到人类聚落研究，开始形成生态社区思想。1935 年，英国学者坦斯勒提出“生态系统”的概念，开始从更宏观的角度认识自然生态环境。1943 年，芬兰学者萨里宁在《城市：它的发展、衰败和未来》一书中，将生态学原理运用到城市社区的规划及社会群体的产生、渗入、过滤等过程。1967 年，美国麦克哈格在《设计结合自然》一书中首次将生态价值观带入城市设计，强调了自然环境因素在社区土地规划中的重要作用。在过去 100 年间，人类在生存和发展过程中，通过对生物体本身的认识，到对生物群落及其相互关系的认识，再到对人类聚落生态环境的认识，更进一步到对人类与自然、社会组成的生态系统的认识，逐渐形成生态、生态价值、生态系统等观念，也开始认识到生态、生态价值、生态系统对人类生存所产生的积极影响和消极影响。

进入到 20 世纪 70 年代以后，有两个重要历史事件催生了人类社会发展的生态观。①美国系统思考大师梅多斯在《增长的极限》一书中，向人们展示了在一个有限的星球即地球上，无止境地追求增长所带来的后果，引发了人们对地球增长和承载极限的广泛深入的讨论。人类第一次发现地球及其生态资源的有限性和不可再生性，使人们逐渐认识并引入低碳经济和生态发展等观念与方式。②在瑞典首都斯德哥尔摩召开了具有划时代意义的盛会——联合国人类与环境会议，大会一致通过了《人类环境宣言》。第一次认识到在人类社会发展中迫切需要走生态发展和绿色发展的道路，开展环境保护与生态建设。由此开始，人类社会基于可持续发展和绿色发展诉求，孕育和形成了共同保护生态环境的理念。

1987 年，我国生态学家叶谦吉首次全面阐述生态文明概念，并从生态学和生态哲学角度揭示生态文明的内涵。他认为，生态文明是既获利于自然又还利于自然，既改造自然又保护自然，人与自然之间保持着和谐统一的关系。1995 年，美国著名作家、评论家罗伊·莫里森在其出版的《生态民主》一书中，也提出了现代意义上的生态文明的概念，把生态文明看作工业文明之后的文明形式——一种全新的社会形态。罗伊·莫里森在充分认识到现代工业文明发展的局限之后，为人类社会未来畅想一个可持续发展、绿色发展、生态发展的蓝图。他认为，生态文明将取代工业文明，成为人类下一个文明形态。

在罗伊·莫里森关于生态文明与可持续发展逻辑关系的论述中，生态文明代表着对超越正常生物限制的诸多力量和毁灭性结果的认识觉醒和理性选择。人类社会发展的未来将取决于人类自身的协同行为和共同努力，引导人类社会发展转向可持续发展、绿色发展、生态发展愿景。人类能将因增长带来的自我毁灭变成一种繁荣的全球性生态文明，这是人类社会在21世纪面临的不可回避的共同选择。

因此，人类可持续发展和绿色发展的诉求，成为孕育生态文明观的丰厚沃土。人类在不断探索永续发展的理性支配下，逐渐认识并形成生态文明理念——生态文明观和绿色发展观。据此，在生态文明观的语境下，生态文明使经济增长象征着生态改善、自然资本和金融资本的再生与增长，生态文明使经济增长的唯一终极目标是结束人类的贫困并通向繁荣与和平之路。

通向生态文明之路也是显而易见的，即实现自然过程的全球性净更新、修复和再生等量于生态污染、损耗、破坏的程度，以使人类对生态环境零污染和零排放。实现循环经济和绿色经济以将人类产品循环利用，并使其成为进一步加工的原料。实现人类生活方式、消费方式的根本改变，以使相互联系的自然生态和社会生态得以持续。实现人类生产目的的根本转变，以使社会生产的增长和变革摆脱对资本利润和物质财富的追求，而通向结束贫困和走向繁荣的持续发展道路。实现人类科学知识与技术进步的平衡发展和共同享有，以使可持续发展知识技术普惠所有人，最终实现构建在可持续发展经济基础之上的生态文明社会形态的上层建筑。①

社会主义社会发展生产力的根本任务是：以人为本，最大限度地满足整个社会不断增长的物质和文化需要，结束贫困，实现共同繁荣。这是社会主义社会区别于原始社会、奴隶社会、封建社会、资本主义社会的最根本属性，也是人类社会走向生态文明社会形态必备的核心条件。因此，只有社会主义社会才能够从全人类的视角出发，推动全社会的生态文明建设，实施循环经济与循环发展、低碳经济与低碳发展的产业政策变革，迈向可持续的绿色发展道路。

纵观社会主义社会之前的各个社会形态，主要是以私有制为主体的社会形态。其社会生产力发展的根本动力是追求财富积累或资本积累，并通过地租或利润摄取他人的劳动成果和资源利益。而且，在私有制背景下，人类的贪欲追求是永无止境的，同时对自然资源的开发与破坏也永无止境。因此，在私有制社会制度的社会中，没有生态文明和生态文明建设。在现代社会中，人们所能看到更多的是在资本私有

① 张孝德：《生态文明的战略地位：从基本国策到制度建设》，载《贵州日报》，2013年11月29日。

制度下，资本家为创造更加有利的投资牟利环境条件，而采取的改善环境、保护生态、循环利用资源、研发再生资源技术等措施及手段。但是，资本牟利的本质属性不会改变，资本家通过产业输出转移、垃圾出口转移、资源开发转移、环境破坏转移等途径，寻求将生态环境污染和破坏进行转移。虽然一些有限措施对生态环境资源保护产生了积极的作用和影响，在客观上对现有生态环境资源危机起到了有限的缓解和改善作用，但不会以此自然地形成生态文明观。

2007 年，中国共产党在建设现代社会主义社会国家根本任务引导下，第一次将生态文明写入党建文献，并将生态文明确定为中国特色社会主义现代化建设的有机组成部分，以及实现全面小康社会的重要战略目标。这是中国共产党对科学发展、和谐发展理念的一次升华，也是中国共产党在吸收和借鉴世界各国在生态学和生态社会学等学科的理论研究和社会实践成果的基础上，孕育和提出了有中国特色社会主义生态文明。

中国的社会学家、生态学家、环境保护专家等理论专家和实务部门，对生态文明理论与实务进行了深入的理论研究和广泛的社会实践，深化了对生态文明的理解和认识。原环境保护部副部长潘岳就提出，生态文明是“人类遵循人、自然、社会和谐发展这一客观规律而取得的物质与精神成果的总和，是以人与自然、人与人、人与社会和谐共生、良性循环、全面发展、持续繁荣为基本宗旨的文化伦理形态”。①这种认识着重强调生态文明产生于人、自然、社会之间的和谐发展，是围绕着三者之间关系产生的物质与精神总和。环境保护学者俞可平也认为，“生态文明就是人类在改造自然以造福自身的过程中为实现人与自然之间的和谐所做的全部努力和所取得的全部成果，它表征着人与自然相互关系的进步状态”。②这种认识主要强调生态文明是在人与自然之间产生的所有成果，而且是一种更新的、更高的文明形态。叶谦吉从哲学的高度阐释生态文明的本质属性，认为“……生态文明就是人类既获利于自然，又还利于自然，在改造自然的同时又保护自然，人与自然之间保持着和谐统一的关系”。③

目前，理论界普遍达成共识，认为生态文明是人类设想的更高级的社会文明形

① 潘岳：《论社会主义生态文明》，载《思想前沿》2006 年第 12 期，第 16 页。

② 俞可平：《科学发展观与生态文明》，载《马克思主义与现实》2005 年第 4 期，第 4 页。

③ 刘思华：《对建设社会主义生态文明论的若干回忆》，载《中国地质大学学报（社会科学版）》第 2008 年第 4 期，第 18、30 页。

态，其内涵已不限于某种类型的生产工具、生产力水平或者生产方式等要素的生态化发展，而是涵盖人类、自然、社会及宇宙的相互关系和相互和谐的问题。因此，基于人类现有的认识还无法对生态文明做出全面、普遍、终极的认识与界定。但是，从马克思主义社会发展理论观点的逻辑推断，生态文明的社会形态即后工业文明的社会形态，是与社会主义的社会形态即后资本主义的社会形态相对应的。所以，生态文明即将孕育和萌芽于资本主义工业文明的社会形态背景下，却将蓬勃发展和形成于后资本主义社会——社会主义社会——的发展过程中。

生态文明是继工业文明之后的社会文明形态，是对农业文明与工业文明成果的继承发展之上的文明。生态文明不可能是工业文明倒退的原生态农业文明，而是全面吸收工业化先进成果的现代农业、生态农业、绿色农业的物质及精神文明。生态文明应是不断高速发展的工业文明，以全面满足人与自然的可持续发展依存关系的社会文明形态。只有具备高度的工业文明，才能具有高度组织化的、高度智能化的、高度有效性的商品生产和商品流通体系，才能组织起高效率的资源使用体系、资源再生体系、资源恢复体系，生态保护和环境保护才能具备基本的物质条件。生态文明的开创以第四次工业革命即绿色工业革命为标志，是生产构成要素从以自然要素投入为特征，到以绿色要素投入为特征的跃迁，并涵盖整个人类社会。绿色要素的内涵丰富，是超越自然要素的人类、自然、社会各要素辩证统一，并共存于相互平衡、相互协调、相互和谐的有机体系之中。

2.1.2　社会主义法治支撑生态文明建设

在中国共产党第十七次全国代表大会的报告中，胡锦涛总书记首次提出要建设生态文明，这是继物质文明建设、精神文明建设、政治文明建设之后，中国共产党提出的又一个全新的观点。生态文明建设的提出，将人与自然的关系纳入到社会发展目标中统筹考虑，使得建设小康社会的目标越来越清晰，内涵越来越丰富。生态文明建设是中国共产党对子孙后代和世界负责的庄重承诺，也是未来我国社会发展的基本国策。

2.1.2.1　变革社会主义法治顺应生态文明建设诉求

《中共中央关于全面推进依法治国若干重大问题的决定》指出，“目前，中国特色社会主义法律体系已经形成，法治政府建设稳步推进，司法体制不断完善，全社会法治观念明显增强”。然而，中国社会正处在社会主义初级阶段，社会主义社会建设事业方兴未艾，全面建成小康社会进入决定性阶段，同时资源匮乏、环境污染、生态系统退化等因素也严重制约着社会的持续发展。面对我国社会发展的特定历史阶段以及新的形势和任务，迫切需要在生态文明建设过程中，通过变革现有的法治机制或体系，更好地发挥法治在统筹社会力量、平衡社会利益、调节社会关系、规范社会行为等方面可不替代的作用，形成符合生态文明社会发展规律的有中国特色社会主义法治体系。

生态文明建设，在社会经济增长方面就是要转变经济发展方式，提高经济发展质量，增加经济发展效益。在国家政治生活方面就是要坚持以人为本，促进社会和谐。在社会文化思想方面就是要弘扬生态价值和生态理念，倡导绿色生活，培育社会生态文化。在社会秩序管理方面就是要运用工业化、信息化、系统化等现代化手段全面建设生态功能区，实现人与自然、人与社会、人与人之间的和谐与统一。生态文明建设的核心就是将生态建设融入经济建设、政治建设、文化建设、社会建设各方面和全过程，建立健全具有社会主义法治特征的生态文明制度体系。

《中共中央　国务院关于加快推进生态文明建设的意见》（中发〔2015〕12 号）阐释了新时期我国生态文明建设的指导思想，明确了我国生态文明建设的主要目标，制定了我国生态文明建设的基本原则，厘清了我国生态文明建设的基本路径，并将我国生态文明建设的重点放在以下方面：①强化主体功能定位，优化国土空间开发格局；②推动技术创新和结构调整，提高发展质量和效益；③全面促进资源节约循环高效使用，推动利用方式根本转变；④加大自然生态系统和环境保护力度，切实改善生态环境质量；⑤健全生态文明制度体系；⑥加强生态文明建设统计监测和执法监督；⑦加快形成推进生态文明建设的良好社会风尚；⑧切实加强组织领导。

其中，健全生态文明制度体系是我国生态文明建设的核心内容。①健全生态文明制度体系是顺应确认生态文明建设的社会实践要求；②建设生态文明制度体系是推进生态文明建设的社会法治保障；③建设生态文明制度体系是创新生态文明建设的社会成果展示。总之，社会主义法治建设是社会主义建设实践的经验、成果、预期的制度化、规范化、意识化过程，也是生态文明建设过程的经验、成果、预期的制度化、规范化、意识化过程。因此，生态文明的社会主义法治建设是全面建设社会主义生态文明国家并跨越生态文明社会历史进程不可或缺的最重要的组成部分，是将社会主义生态文明建设的经验成果惠及后代社会并使之历久弥新的唯一有效法方法。

《中共中央　国务院关于加快推进生态文明建设的意见》指出："加快建立系统完整的生态文明制度体系，引导、规范和约束各类开发、利用、保护自然资源的行为，用制度保护生态环境。"该意见用列举的方式在健全法律法规、统一技术标准、实施资源产权管理、开展环境监测、严守资源环境红线、完善经济政策管理、推进环境市场机制、建立生态补偿机制，以及改革政绩考核和责任追究制度等方面，提出了生态文明法治建设的近期、中期、远期目标。引述如下：

（1）在健全法律法规方面。"全面清理现行法律法规中与加快推进生态文明建设不相适应的内容，加强法律法规间的衔接。研究制定节能评估审查、节水、应对气候变化、生态补偿、湿地保护、生物多样性保护、土壤环境保护等方面的法律法规，修订土地管理法、大气污染防治法、水污染防治法、节约能源法、循环经济促进法、矿产资源法、森林法、草原法、野生动物保护法等"。

（2）在完善标准体系方面。"加快制定修订一批能耗、水耗、地耗、污染物排放、环境质量等方面的标准，实施能效和排污强度'领跑者'制度，加快标准升级步伐。提高建筑物、道路、桥梁等建设标准。对环境容量较小、生态环境脆弱、环境风险高的地区，要执行污染物特别排放限值。鼓励各地区依法制定更加严格的地方标准。建立与国际接轨、适应我国国情的能效和环保标识认证制度"。

（3）在健全自然资源资产产权制度和用途管制制度方面。"对水流、森林、山岭、草原、荒地、滩涂等自然生态空间进行统一确权登记，明确国土空间的自然资源资产所有者、监管者及其责任。完善自然资源资产用途管制制度，明确各类国土空间开发、利用、保护边界，实现能源、水资源、矿产资源按质量分级、梯级利用。严格节能评估审查、水资源论证和取水许可制度。坚持并完善最严格的耕地保护和节约用地制度，强化土地利用总体规划和年度计划管控，加强土地用途转用许可管理。完善矿产资源规划制度，强化矿产开发准入管理。有序推进国家自然资源资产管理体制改革"。

（4）在完善生态环境监管制度方面。"建立严格监管所有污染物排放的环境保护管理制度。完善污染物排放许可证制度，禁止无证排污和超标准、超总量排污。违法排放污染物、造成或可能造成严重污染的，要依法查封扣押排放污染物的设施设备。对严重污染环境的工艺、设备和产品实行淘汰制度。实行企事业单位污染物排放总量控制制度，适时调整主要污染物指标种类，纳入约束性指标。健全环境影响评价、清洁生产审核、环境信息公开等制度。建立生态保护修复和污染防治区域联动机制”。

（5）在严守资源环境生态红线方面。“树立底线思维，设定并严守资源消耗上限、环境质量底线、生态保护红线，将各类开发活动限制在资源环境承载能力之内。合理设定资源消耗‘天花板’，加强能源、水、土地等战略性资源管控，强化能源消耗强度控制，做好能源消费总量管理。继续实施水资源开发利用控制、用水效率控制、水功能区限制纳污三条红线管理。划定永久基本农田，严格实施永久保护，对新增建设用地占用耕地规模实行总量控制，落实耕地占补平衡，确保耕地数量不下降、质量不降低。严守环境质量底线，将大气、水、土壤等环境质量‘只能更好、不能变坏’作为地方各级政府环保责任红线，相应确定污染物排放总量限值和环境风险防控措施。在重点生态功能区、生态环境敏感区和脆弱区等区域划定生态红线，确保生态功能不降低、面积不减少、性质不改变；科学划定森林、草原、湿地、海洋等领域生态红线，严格自然生态空间征（占）用管理，有效遏制生态系统退化的趋势。探索建立资源环境承载能力监测预警机制，对资源消耗和环境容量接近或超过承载能力的地区，及时采取区域限批等限制性措施”。

（6）在完善经济政策方面。“健全价格、财税、金融等政策，激励、引导各类主体积极投身生态文明建设。深化自然资源及其产品价格改革，凡是能由市场形成价格的都交给市场，政府定价要体现基本需求与非基本需求以及资源利用效率高低的差异，体现生态环境损害成本和修复效益。进一步深化矿产资源有偿使用制度改革，调整矿业权使用费征收标准。加大财政资金投入，统筹有关资金，对资源节约和循环利用、新能源和可再生能源开发利用、环境基础设施建设、生态修复与建设、先进适用技术研发示范等给予支持。将高耗能、高污染产品纳入消费税征收范围。推动环境保护费改税。加快资源税从价计征改革，清理取消相关收费基金，逐步将资源税征收范围扩展到占用各种自然生态空间。完善节能环保、新能源、生态建设的税收优惠政策。推广绿色信贷，支持符合条件的项目通过资本市场融资。探索排污权抵押等融资模式。深化环境污染责任保险试点，研究建立巨灾保险制度”。

（7）在推行市场化机制方面。“加快推行合同能源管理、节能低碳产品和有机产品认证、能效标识管理等机制。推进节能发电调度，优先调度可再生能源发电资源，按机组能耗和污染物排放水平依次调用化石类能源发电资源。建立节能量、碳排放权交易制度，深化交易试点，推动建立全国碳排放权交易市场。加快水权交易试点，培育和规范水权市场。全面推进矿业权市场建设。扩大排污权有偿使用和交易试点范围，发展排污权交易市场。积极推进环境污染第三方治理，引入社会力量投入环境污染治理”。

（8）在健全生态保护补偿机制方面。“科学界定生态保护者与受益者权利义务，加快形成生态损害者赔偿、受益者付费、保护者得到合理补偿的运行机制。结合深化财税体制改革，完善转移支付制度，归并和规范现有生态保护补偿渠道，加大对重点生态功能区的转移支付力度，逐步提高其基本公共服务水平。建立地区间横向生态保护补偿机制，引导生态受益地区与保护地区之间、流域上游与下游之间，通过资金补助、产业转移、人才培训、共建园区等方式实施补偿。建立独立公正的生态环境损害评估制度”。

（9）在健全政绩考核制度方面。“建立体现生态文明要求的目标体系、考核办法、奖惩机制。把资源消耗、环境损害、生态效益等指标纳入经济社会发展综合评价体系，大幅增加考核权重，强化指标约束，不唯经济增长论英雄。完善政绩考核办法，根据区域主体功能定位，实行差别化的考核制度。对限制开发区域、禁止开发区域和生态脆弱的国家扶贫开发工作重点县，取消地区生产总值考核；对农产品主产区和重点生态功能区，分别实行农业优先和生态保护优先的绩效评价；对禁止开发的重点生态功能区，重点评价其自然文化资源的原真性、完整性。根据考核评价结果，对生态文明建设成绩突出的地区、单位和个人给予表彰奖励。探索编制自然资源资产负债表，对领导干部实行自然资源资产和环境责任离任审计”。

（10）在完善责任追究制度方面。“建立领导干部任期生态文明建设责任制，完善节能减排目标责任考核及问责制度。严格责任追究，对违背科学发展要求、造成资源环境生态严重破坏的要记录在案，实行终身追责，不得转任重要职务或提拔使用，已经调离的也要问责。对推动生态文明建设工作不力的，要及时诫勉谈话；对不顾资源和生态环境盲目决策、造成严重后果的，要严肃追究有关人员的领导责任；对履职不力、监管不严、失职渎职的，要依纪依法追究有关人员的监管责任”。

2.1.2.2 健全社会主义法治推进生态文明建设进程

《中国共产党第十七次全国代表大会报告》提出，建设生态文明以来，中国社会建设发展的十年就是贯穿生态社会建设发展的十年，也是展示生态文明法治建设发展的十年。在此过程中，对生态文明建设的认识经历了逐步的、深入的认识过程，是对可持续发展问题、生态保护问题、环境污染问题、资源短缺问题的长期观察、思考和实践。这些认识的理论概括和经验总结，既与时俱进地把握了全球性可持续发展和生态化发展趋势，也勇立潮头地应对我国当代社会的经济发展、制度建设、社会管理、国际合作等各领域的瓶颈效应问题。

（1）国家通过加强立法，健全社会主义生态文明法治，推进生态文明建设进程。例如，我国 2007 年制定、颁布和实施《中华人民共和国城乡规划法》（简称《城乡规划法》），用以取代《中华人民共和国城市规划法》（1989 年颁布）和《城市规划条例》（1984 年颁布）。新颁布的规划法律法规与以往的相关法律法规相比，全面增加了对生态、环境、资源保护的法律规定，将规划法立法目的从原有的“以国家领导和管理城市建设为目标”或“以实现城市的经济和社会发展为目标”，发展成为“以协调城乡空间布局，改善人居环境，促进城乡经济社会全面协调可持续发展为目标”。新颁布的《城乡规划法》提出了“协调空间布局”“改善人居环境”“促进可持续发展”“集约利用土地”“综合利用和保护自然资源”“保护生态环境”“遵守资源和环境保护法律”等生态环境资源保护措施，在规划法的立法创制过程中全面融合生态文明建设的精神内涵。2007 年，江泽民指出：“在现代化建设中，必须把实现可持续发展作为一个重大战略。要把控制人口、节约资源、保护环境放到重要位置，使人口增长与社会生产力的发展相适应，使经济建设与资源、环境相协调，实现良性循环。”

（2）国家通过及时调整经济管理政策、社会管理政策，用政策指导完善社会主义法治，推动生态文明建设。党的代表大会在各历史时期针对党的主要任务都提出了重要的路线、方针、政策，对特定历史阶段完成社会主义建设事业起着非常重要的政策指导作用，党的路线、方针、政策是我国社会主义法治极其重要的组成部分。党在生态文明建设上的政策指导，是针对当今我国社会发展所反映的可持续发展问题、生态保护问题、环境污染问题、资源短缺问题等，适时提出、解决问题的方式方法，及时指明我国生态文明建设的工作方向，前瞻性地弥补和解决相关法律法规立法滞后带来的众多问题。党的生态文明建设政策能够快速把握全球性可持续发展和生态化发展趋势，是对解决我国当代社会发展阶段经济增长与资源短缺之间瓶颈效应所引发的深刻社会矛盾的最有效的法治化建设的补充。连续考察党在生态文明建设问题上的认识发展，是充分认识全球性可持续发展趋势及其规律的过程，也是我国社会主义法治不断健全和完善的过程。

党的十四届五中全会提出，“加强环境、生态、资源保护。坚持经济建设、城乡建设与环境建设同步规划、同步实施、同步发展。所有建设项目都要有环境保护规划和要求，特别要加强工业污染控制和治理。搞好环境保护宣传教育，增强全民环保意识。大力发展生态农业，保护农业生态环境。加快水土流失地区的综合治理和防护林体系建设。提高森林覆盖率，增加城镇绿地面积。依法保护并合理开发利用土地、水、森林、草原、矿产和其他自然资源。城乡建设都要合理规划，严格控制用地。完善自然资源有偿使用制度和价格体系，逐步建立资源更新的经济补偿机制。加强灾害性天气、气候和地震监测预报，减少自然灾害损失。到 21 世纪末，力争环境污染和生态破坏加剧趋势得到基本控制，部分城市和地区环境质量有所改善。2010 年基本改变生态环境恶化的状况，城乡环境有比较明显改善”。江泽民在闭幕词中指出，“在现代化建设中，必须把实现可持续发展作为一个重大战略。要把控制人口、节约资源、保护环境放到重要位置，使人口增长与社会生产力的发展相适应，使经济建设与资源、环境相协调，实现良性循环”。至此，正式把可持续发展作为国家重大发展战略提了出来。

党的十五大报告指出：“我国是人口众多、资源相对不足的国家，在现代化建设中必须实施可持续发展战略。坚持计划生育和保护环境的基本国策，正确处理经济发展同人口、资源、环境的关系。资源开发和节约并举，把节约放在首位，提高资源利用效率。统筹规划国土资源开发和整治，严格执行土地、水、森林、矿产、海洋等资源管理和保护的法律。实施资源有偿使用制度。加强对环境污染的治理，植树种草，搞好水土保持，防治荒漠化，改善生态环境。”

党的十六大报告提出：“可持续发展能力不断增强，生态环境得到改善，资源利用效率显著提高，促进人与自然的和谐，推动整个社会走上生产发展、生活富裕、生态良好的文明发展道路。”十六届三中全会进一步提出：“坚持以人为本，树立全面、协调、可持续的发展观，促进经济社会和人的全面发展。”十六届六中全会提出：“加强环境治理保护，促进人与自然相和谐。以解决危害群众健康和影响可持续发展的环境问题为重点，加快建设资源节约型、环境友好型社会。优化产业结构，发展循环经济，推广清洁生产，节约能源资源，依法淘汰落后工艺技术和生产能力，从源头上控制环境污染。实施重大生态建设和环境整治工程，有效遏制生态环境恶化趋势。统筹城乡环境建设，加强城市环境综合治理，改善农村生活环境和村容村貌。加快环境科技创新，加强污染专项整治，强化污染物排放总量控制，重点搞好水、大气、土壤等污染防治。完善有利于环境保护的产业政策、财税政策、价格政策，建立生态环境评价体系和补偿机制，强化企业和全社会节约资源、保护环境的责任。完善环境保护法律法规和管理体系，严格环境执法，加强环境监测，定期公布环境状况信息，严肃处罚违法行为。”

党的十七大提出：“建设生态文明，基本形成节约能源资源和保护生态环境的产业结构、增长方式、消费模式。循环经济形成较大规模，可再生能源比重显著上升。主要污染物排放得到有效控制，生态环境质量明显改善。生态文明观念在全社会牢固树立。”

党的十八大提出：“要大力推进生态文明建设，树立尊重自然、顺应自然、保护自然的生态文明理念，把生态文明建设融入经济建设、政治建设、文化建设、社会建设各方面和全过程，加大自然生态系统和环境保护力度，努力建设美丽中国，实现中华民族永续发展。”

从党的十四大到十八大，从提出可持续发展作为国家发展的重大战略到建设生态文明，党的政策在生态文明建设的理论发展和社会实践过程中逐步全面，逐步深化，逐步细致，也逐步从政策化指导转化为到制度化、法律化的社会主义法治建设过程。

2.1.2.3 实施社会主义法治 确认生态文明建设成果

生态与法治分属于物质与精神两个界域，按照马克思辩证唯物主义原理，社会主义法治建设是社会主义生态文明建设的客观物质反映，法治能够正确反映生态文明建设的内在规律，并通过概念、定义等辩证思维过程，对其内在规律进行抽象描述。同时，社会主义法治能够反作用于社会主义生态文明建设，推动生态文明建设在符合其内在规律的进程中健康发展。在我国社会主义生态文明建设的历史进程中，社会主义法治时时刻刻追寻着生态文明建设的发展脚步，并将生态文明建设成果用法律和制度的形式确定下来，这些既体现在国内法领域，也体现在国际法领域。

在国内法方面，我国宪法从环境保护的国家地位及制度建设等根本方面对生态文明建设作出规定，《宪法》规定“国家保护和改善生活环境和生态环境，防治污染和其他公害”，这些宪法规定为我国环境保护法制建设提供了最重要的宪法依据。

我国刑事法律、民事法律、行政法律等基本法律制度，在保障社会主义生态文明建设过程中全面及时地吸收生态、环境、资源保护的社会认识和实践成果，加强我国基本法律制度对生态、环境、资源的刑事法律保护、民事法律保护和行政法律保护。

在刑事法律制度方面，新修订的《刑法》将破坏环境资源保护罪确定为“个人或单位故意违反环境保护法律，污染或破坏环境资源，造成或可能造成公私、财产重大损失或人身伤亡的严重后果，触犯刑法并应受刑事惩罚的行为”。《刑法》规定的破坏环境资源保护罪侵犯的客体是国家对环境资源保护的管理制度，犯罪行为特征主要通过我国生态、环境、资源类行政法律法规加以规定。例如，《水污染防治法》《固体废物污染环境防治法》《大气污染防治法》《放射性污染防治法》，以及《矿产资源法》《水法》《环境影响评价法》《环境保护法》《海洋环境保护法》《清洁生产法》《野生动物保护法》《可再生能源法》等法律通过附属刑法条款，将破坏生态、环境、资源的违法行为规定为犯罪予以惩治。

在民事法律制度方面，以我国正在草拟的《中国民法典》为例，初次审议的《民法总则》草案中拟规定一项重要且崭新的民法原则，即“民事主体从事民事活动，应当保护环境、节约资源，促进人与自然和谐发展”。由此可以看出，未来的《民法典》拟通过民事立法，确立保护环境的原则、节约资源的原则、人与自然和谐发展的原则等。这是我国民事立法的一次伟大跨越，标志着我国长期以来对生态文明建设的认识和实践成果全面融入民事法律，为我国在新的历史时期应用执法和司法处理、解决民事法律问题，提供充分体现生态环境资源保护内涵价值的法律原则。这一跨越，使我国的民事立法观从传统的人类本位迈向人与自然和谐发展的方向。再以我国正在建立的生态环境损害赔偿制度为例，生态环境损害赔偿制度是国家提出的政策性规定。

法理学认为，政策是观念中的法，在观念法向现实法的演化过程中，成熟的政策会通过立法程序以法律形式表现。因此，政策是法律的灵魂，法律是政策的具体化、条文化、固定化。

党和国家应充分发挥政策的灵活性和适应性特点，运用政策引导提高人们的认识和实践，并逐步通过立法建立健全其制度体系和法治体系。运用政策先行建立我国的生态环境损害赔偿制度，是现阶段我国生态文明法治建设背景下的必然选择。在我国，基于民事法律制度及理论建立的侵权赔偿法律制度分散存在于多个法律文件之中。例如，《民法通则》规定了基于侵犯人身权或财产权的侵权赔偿制度，《产品质量法》规定了产品质量损害的侵权赔偿制度，《消费者权益保护法》全面规定了消费商品和服务的侵权赔偿制度，《大气污染防治法》规定了排放大气污染物的侵权赔偿制度，《固体废物污染环境防治法》规定了受到固体废物污染损害的侵权赔偿制度，《水污染防治法》规定了受到水污染损害的侵权赔偿制度等。因此，为强化生态文明建设的法治化进程，以生态、环境、资源等权益为民事权利载体，将生态环境侵权赔偿中的侵权行为主体、侵权行为特征、侵权行为客体、侵权行为对象、侵权损害结果、损害赔偿计量等要素进行体系化就成为必然选择。

在行政法律制度方面，我国不仅建立起完善健全的生态环境资源保护法律体系，在强化生态环境资源法律的执法、司法方面，我国建立了完整的行政法规体系，涵盖技术规程、管理规定、管理条例、管理办法等。我国完善健全的生态环境资源管理行政规范体系，增强了宪法、部门法、单行法等法律的操作性和适应性，弥补了成文法在认定具体侵权违法行为中的弱点。

总之，我国通过生态环境资源立法，对改善和保护生活环境与生态环境，防治污染与其他公害，建立健全生态环境资源保护法律体系，促进社会主义生态文明法治建设，都发挥了重大的影响和作用。

2.2 生态文明与法的关系

在我国，生态文明在初期是通过党的路线、方针、政策，进入人们的经济、政治和社会生活中的，以政策的权威性和规范性对社会各个领域发生影响和作用，并逐渐影响立法及其程序，转化成法律和法律规范。

“人与自然的关系需要法律调整，生态文明的成果需要法律确认和保护；法律能够有效调整人与自然的关系，促进人与自然的和谐互动，能够保证可持续发展模式的贯彻。应当说，这是法与生态文明的一般关系。这里我们说的法，既包含国内法，也包含国际法，因为人与自然的关系问题，既是一个国家内部人们与环境的关系问题，也是一个全人类与自然的关系问题”。①

2.2.1 调整生态问题中的利益关系

在解决生态问题方面，需要法律来调整和平衡各种利益关系。竞争经济的发展，恶化了人与自然的关系。因为，竞争刺激了人类对资源利益掠夺的贪婪性，而对利

① 张文显：《法理学》，北京：高等教育出版社，2003 年版，第 497 页。

益的追逐又是竞争驱动力的内在源泉。因此，调整竞争中的利益关系，调整各竞争主体与自然的关系，是解决生态问题的基本途径。直到今天，联合国提出的可持续发展模式还难以贯彻，其中一个非常关键的原因就是：发达国家不愿改变已享有的高耗费资源的生活方式，也不愿履行协助发展中国家通过发展摆脱贫困和保护环境的义务。而发展中国家为谋求发展的权利，在不利的发展和竞争压力下，不得不以牺牲环境与生态为代价获得眼前的发展。中国也存在着区域间经济、文化、资源、生产力、科学技术的发展水平不平衡，也存在着区域间的不平等竞争。这种发展不平衡和利益不平衡的关系需要法律调整，而不能简单依赖某些政策手段或行政措施来实现利益调整和分配。由此，无论是在发达与不发达的国家间或地区间，既需要法律规定普遍的生态保护标准和责任义务，也需要法律确定发达国家和地区对保护生态的特殊责任义务。

2.2.2 确认保护生态文明的发展成果

人类在长期认识和改造自然的过程中，对自然界的发展与演化规律，以及相应知识和技能，都已积累了丰富的科学研究成果和社会实践经验。人们对自然规律的认识成果，以及在处理人与自然关系中的社会实践经验，还有人们创造出的治理环境危害的有效方法，都是生态文明发展的伟大成果。要使这些人类文明成果能够有效发挥保护生态的作用，就需要用法律将其规范化，并用以指导人类具体实践活动。因此，应当用法律确认已被公认的处理人与自然关系的原则，确认重要的环境保护的技术标准和操作程序，确认特定的生态、环境保护的范围。发挥法律调整利益的作用，激励环境保护和环境建设的创造与创新。总之，要用法律手段确认人类已经获得的生态文明成果，使其能够通过法律的引导、示范、处罚等功能作用，促进生态文明发展，强化对自然资源保护，使生态和环境得到治理和建设。

2.2.3 防止科技异化对生态文明破坏

科学是指“反映自然、社会、思维等的客观规律的分科的知识体系”。[①]技术是

① 汉语大词典编辑委员会：《汉语大词典》，北京：商务印书馆，2003 年版，第 602 页。

指“有关劳动的经验和知识，也泛指操作方面的技巧”。①

科学技术的本质是发现或发明事物之间的联系。科学解决理论问题，是通过发现自然界中确凿的事实与现象之间的关系，并建立理论把事实与现象联系起来。技术解决实际问题，是把科学的成果应用到实际问题中去。

法律是关于人的社会行为规范，法与科学技术有着非常紧密的关系。一方面，法律本身是科学的研究对象，是社会科学的重要组成部分，技术应用推动立法、司法、执法以及法律优化。另一方面，法律的行为规范作用对科学研究和技术应用的行为进行不间断的调整，保证科学技术成果对人类社会发展具有积极的推动作用。

人类科学技术的发展历史表明，科学技术作为生产力要素的重要组成部分，既能对人类社会进步起积极推动作用，也能成为人类自我毁灭的破坏力量。在全球工业化高度发达的现实状况下，人类借助较高的科学技术发展水平，已经可以极大地摆脱自然的束缚，在各个领域对自然资源和自然环境进行开发利用。人类正在利用科学技术创造的设施和手段，努力获得生存和发展的物质生活资料。人类的这些活动，在使社会经济利益快速增长、物质生活消费不断增加的同时，也能造成物质资源枯竭、生态系统破坏、自然环境污染等危机使人类毁灭。还有人类科学技术研究涉及的生命科学、遗传科学、基因科学、核能科学等发生科学技术行为异化，也将带给人类的自我毁灭。因此，人类必须用法律规范科学技术成果的运用，针对特定领域或特定范围的科学技术活动进行依法规范管理，防止科技异化对生态文明破坏。

2.3 建设符合生态文明要求的法律制度

坚持依法治国、建设社会主义法治国家，是治理国家的基本方略。建设生态文明已成为中国特色社会主义发展道路的必然选择，摆脱资源约束、环境污染、生态退化这些严重制约我国社会发展的不利因素，已经成为国家治理必须面对的重大课题。因此，必须大力加强生态文明的法制建设，积极有效地使保护生态环境、保持生态文明的发展始终沿着法制的轨道前进。

---

① 汉语大词典编辑委员会：《汉语大词典》，北京：商务印书馆，2003 年版，第 485 页。

2.3.1 明确生态文明相关立法目的

回顾法律的形成与发展，无论处在何种社会形态，法律制定都是特定经济、政治条件下的有目的的活动，即便是具体一项法律规则的产生也有其针对性，并且随着社会条件的改变而演化。现阶段，我国保护生态和环境的法律在生态文明建设中发挥着重要的作用。但是，现有法律还没有充分体现对生态文明建设的关注。这种关注，不仅应当表现在《环境保护法》之中，还应反映在环境保护类的法律之中，也应当体现在宪法、刑法、民法、诉讼法，以及经济法、行政法、国际法中。因此，生态文明立法应当结合自然资源产权制度、国土空间开发保护制度、空间规划体系、资源总量管理和全面节约制度、资源有偿使用和生态补偿制度、生态治理体系、环境治理和生态保护市场体系、生态文明绩效评价考核和责任追究制度等生态文明制度体系目标，开展相关立法和完善法律。

目前，现行法律需要及时地追寻生态文明建设的进程不断发展，即法律需要与建设生态文明的新形势、新要求相适应进行生态化改造，促进法律的自我完善和自我发展。在此过程中，尤其要与科学发展观以及生态文明理念相适应，这也是生态文明建设的内在要求。

2.3.2 以法律保障公民参与生态建设

推进生态文明建设，必须发挥人民群众的主体作用。没有人民群众的积极参与，生态文明建设就会举步维艰。生态环境利益关系到每一个人的利益，保护环境是全民族、全人类的事业。世界许多发达国家通过立法推动环境知识教育和提高环境意识，取得了有目共睹的成功经验，使人们对环境保护责任和义务达成了普遍的共识。我国已经将建设生态文明作为国家发展的基本战略，应把生态文明教育贯穿于学校教育和社会教育的全过程，加快出台相关法规，鼓励和引导人民群众积极参与建设生态文明，通过法律实施保障公民在生态文明建设方面的知情权、参与权和监督权，使每个社会成员能够从生态文明建设中，深切体会和明确认识自己的利益所在和义务责任，激发公民积极参与生态文明建设的热情。

2.3.3 健全生态危机管理与应急机制

发生各种生态危机事件直接反映一个社会生态文明建设的程度和质量，也影响着这个社会生态文明建设的历史进程，是一个国家管理职能是否有效运行的重要标志之一。在高度工业化发展的今天，人类面临着各种各样突发的生态危机事件，自然灾害类、资源开发类、人为破坏类的生态危机事件不胜枚举。人类面对生态危机事件，既要保持高度的警觉意识和危机意识，也要通过建立健全制度机制与协调机制进行生态危机事件的风险管理与应急处理。运行良好、行之有效的生态危机管理与应急机制，是对保护生态环境具有根本性、全局性、稳定性、长期性的制度保障。

当前，我国正处于工业化快速发展期，大量基础性工业还处在结构调整和产业升级阶段，许多产业还没有走出资源消耗型发展模式，人们的生态意识和环境意识还比较淡漠，整个社会面临着生态和环境危机事故的高发期。因此，全社会都应当从发生生态破坏、环境污染的重大事件中吸取教训，认真做好生态和环境危机事件的应急管理工作。目前，我国还没有一部完整的生态环境危机事件应急管理的专门法律法规，也没有健全完善的生态环境危机事件应急管理的制度体系。所以，迫切需要国家相关部门研究制定环境应急管理条例，建立包括生态环境风险界定、风险识别、风险评估、风险监督、环境应急响应、环境应急救援、环境应急处置和损害评估、责任追究等内容的风险管理和应急救援体制机制。

2.3.4 围绕生态环境恢复建立补偿机制

环境损害是指人为活动造成的人类生存和发展所依赖的生态环境性能的重大退化。环境损害一旦出现，修复的成本将非常高昂。若肇事者不承担责任，最后环境损害的后果就不得不由全社会来承担。党的十八大报告指出，要加强环境监管，健全生态环境保护责任追究制度和环境损害赔偿制度。目前，我国仅《海洋环境保护法》规定了海洋生态损害的赔偿制度，在其他领域不同程度地存在环境损害赔偿主体不明确、赔偿范围和赔偿程序缺失等问题。应尽快研究建立环境损害赔偿制度，严格追究环境损害赔偿责任，落实谁污染、谁治理的原则，减少环境损害行为，切实保护生态环境。

第3章

依法治国与法律生态化

法治是人类文明发展的产物，现代社会法治已经成为一个国家社会管理发展水平的重要标志。对法治的直观理解就是依据法律治理国家，即法律必须保护公民的权利以给公民最充分的自由，同时法律必须限制政府的权力以给政府最有效的约束。其中，法律的阶级性决定公民的权利与政府的权力的性质和内容，进而也决定着法治的性质和内容。在现代中国，法治作为国家管理和社会建设的基本框架，表现为依法治国、依法执政、依法行政等社会管理的全面进步。因此，国家的生态文明建设依存于法律的生态化进程，而法律生态化依托于国家的法治化发展水平。

3.1 依法治国的概念

依法治国是指“以体现社会主体意志与利益的法律作为治理国家最高依据的治国方略，是一个由特定的主宰者、受治者与治理对象所组成的有机统一体，反映了以法定内容为范围的治理与被治者之间的理性法律关系”。[①]我国是中国共产党领导下的无产阶级专政的社会主义国家，依法治国就是广大人民群众在党的领导下，依照宪法和法律规定，通过各种途径和形式管理国家事务，管理经济文化事业，管理社会事务，保证国家各项工作依法进行，逐步实现社会主义民主的制度化、规范化、

① 罗崇敏：《中国发展战略概论》，昆明：云南人民出版社，2007年版，第378页。

程序化，使这种制度和法律不因领导人的改变而改变，不因领导人看法和注意力的改变而改变。依法治国就是坚持法治，摒弃人治。

1999 年《〈宪法〉修正案》第十三条规定："中华人民共和国实行依法治国，建设社会主义法治国家。"由此，开启了治国方略向依法治国的重大转变。

《中共中央关于全面推进依法治国若干重大问题的决定》指出，依法治国体现在生态文明建设上，就是用严格的法律制度保护生态环境，加快建立有效约束开发行为和促进绿色发展、循环发展、低碳发展的生态文明法律制度，强化生产者环境保护的法律责任，大幅度提高违法成本。建立健全自然资源产权法律制度，完善国土空间开发保护方面的法律制度，制定完善生态补偿和土壤、水、大气污染防治及海洋生态环境保护等法律法规，促进生态文明建设。

用严格的法律制度保护生态环境，就是要加强生态环境资源保护的相关立法，制定反映 21 世纪生态环境资源保护的意志和利益、确认和保护有利于人与自然和谐和可持续发展的法律法规，保证与生态环境资源相关的社会实践有法可依。只有这样，才能使全社会的生态环境资源社会关系制度化、法律化，使人们在解决生态环境资源问题时有章可循、有法可依。

加快建立健全具有普遍约束力的生态文明法律制度环境，就是要加强生态环境资源保护的相关法律法规的宣传普及和严格执法，使生态环境资源保护的法律法规在社会生活中得到有效实施。我国清末法学家沈家本说："法立而不行，与无法等，世未有无法之国而长治久安也。"通过普及生态环境资源的法律法规，使国家机关、公职人员、社会团体及全体公民充分认识和遵守生态环境资源保护的权利和义务，积极行使权利保护生态环境资源，自觉履行不破坏生态环境资源的义务。通过严格执行生态环境资源法律法规，使国家的执法机关和执法人员依法严格履行执法义务，实现国家机关对社会管理的法定职能，克服当前普遍存在的有法不依、执法不严等社会管理职能缺失的社会现象。

由于生态环境资源问题经常反映在社会经济活动过程中，具有特定的社会需要性和社会利益性，存在侵害行为认定的复杂性，更易造成执法机关和执法人员产生执法惰性，疏于执法、回避执法、包庇执法的社会现象在生态环境资源管理中大量和长期地存在。因此，有法必依、执法必严，是充分发挥良好生态环境资源管理制度体系社会职能作用的重要保障。

强化环境保护法律责任和提高违法成本，就是要全面、深入、细致地贯彻执行生态环境资源法律的强制性规范，对任何人的任何侵害生态环境资源法律法规的违法行为依法追究民事责任和刑事责任，切实做到对侵害生态环境资源的违法行为及时追究、准确审判、强力执行。党和国家是全体人民利益的忠实代表，既是维护国家生态环境资源利益的当事人，也是接受全体人民委托依法保护国家生态环境资源利益的义务人，应当担负起管理和维护国家生态环境资源的社会职能，责无旁贷地承担起生态环境资源的公益诉讼法律责任，无条件地接受人民代表机关、群众团体、社会舆论、广大人民群众的监督，及时、完整、真实地向公众履行报告义务。

3.2 生态公平与生态民主是法治的本质属性

“公平是一个社会性评价概念。它是主体在社会交往过程中对自己的投入和产出平衡所作出的一个主观评价”。①

“民主是指在人类社会发展的各个历史阶段，不同的阶级、组织或个人围绕着国家政治权力所生发的有关社会各领域平等、自由、权利、正义、公平等的认识、理念、机制和制度的总和”。②

公平和民主是法治社会的基石。考察人类历史发展的各个阶段，奴隶社会是建立在人身依附关系基础之上的人身关系和财产关系，虽然奴隶社会阶段的法律已自成体系，但是其法律没有公平和民主，所以用现代社会学观点衡量其不能被称为法治社会。封建社会也是如此，封建社会是建立在土地依附关系上的人身关系和财产关系，整个社会依然是一个没有公平和民主的社会，也不能称为法治社会。有了公平和民主，法治社会才得以建立。一旦抽掉公平和民主这块基石，法治的大厦将不复存在。公平和民主这个法治社会的基石，其根本是依赖于宪法来确立和维护的。宪法之所以在国家的法律体系中占据至高无上的地位，被称为法律中的法律，是因为宪法从根本上确立和保障着人民在国家生活中的主人翁地位，捍卫着人民当家做主的权利。

“生态公平是社会公平的推进”。当“人们认识到人类社会只是生态社会的一个组成部分，从时间维度上，人类社会有着过去社会、当代社会和后代社会的不同阶段；从空间维度上，人类与其他物种共同生存于一个生态世界中。忽视当代人与后

① 夏文斌、魏敏：《生态公平的当代意义》，载《中国特色社会主义研究》2008 年第 2 期。

② 高桐杰：《生态民主主义思想述评》，载《理论导刊》2013 年第 7 期。

代人在分享环境与资源的公平（平均、平等和平衡），人类社会就无法发展；忽视人类与包括其他物种在内的生态世界组成成员之间的公平（平均、平等和平衡），生态危机将毁灭人类的生存空间”。[①]由此，人类将对公平的认识拓展到代际的公平，以及种际的公平的新视域——生态公平。生态公平是人类对生态价值认识立足点的提高和视野的开拓，是公平原则在生态文明建设阶段的飞跃性发展。

在社会主义制度下，“生态民主就是在健康的政治共同体中，政府、个人与社会中介组织、非政府组织，或者民间组织以及企业，将生态利益作为最高诉求，通过多元参与，在对话、沟通、交流中，形成关于生态利益的共识，做出符合大多数人利益的合法的决策。这种多元参与、良性互动、诉诸公共利益的治理形式，就是生态民主治理”。[②]“生态民主是对公民人权中的环境权的基本诉求，使公民的环境权能够在政治生活中得到体现，在现实生活中得到伸张，这是有巨大意义的。要推进生态民主进程，强调人人拥有生态环境的知情权、监督权和参与权，享有消费清洁的空气、洁净的水和所有绿色福利的权利，并把生态补偿机制引入人权概念之中。在生态文明社会，人人享有生态民主、生态福利、生态公正、生态正义和生态义务”。[③]“生态民主的精髓在于生态思维对传统民主在时间和空间上的超越，在人与自然、自然物种、人际代际间实现生态公正、社会公正和社会正义”。[④]

生态文明主张，人与自然、人与社会、人们之间的和谐相处、共生共长，但是人与自然关系的实质还是其背后所体现的人与人的关系。因为，人与自然没有基于人类价值判断的公平关系。虽然，人类对生态环境资源的开发利用，在获得经济利益的同时会对自然造成干扰和破坏，并会受到来自自然的报复。但是，排除人以外的自然及其组成要素都不具有社会主体的主观认识和比较能力，也不能做出人与自然交互作用是否公平的评价和诉求。生态公平应当是对社会主体利用生态环境资源过程中的损益进行的评价，占用较多的生态环境资源者应当付出更多补偿投入以保护生态环境资源，同时充分考虑人类代际可持续发展需求并保持生态环境资源利益和价值。

生态公平和生态民主需要法律来保障。①生态公平和生态民主需要通过立法规

---

① 黄辉：《公平原则的演进催生生态法律责任》，2014年版，第785页。

② 高建中：《生态思维与生态民主》，载《北京林业大学学报（社会科学版）》2010年第1期，第118页。

③ 高建中：《生态思维与生态民主》，载《北京林业大学学报（社会科学版）》2010年第1期，第120页。

④ 王婷鹤：《生态民主：科学内涵、时代价值与实践选择》，载《求实》2014年第10期，第71页。

定成为社会成员应当普遍遵守的行为规范准则；②生态公平和生态民主还需国家机关通过执行法律转化为全体社会成员的价值取向和行为取向；③生态公平和生态民主依托于司法审理和裁判保障社会法律责任的认定和执行，可以认识到社会公平的历史演进都伴随法律责任的发展与变化。

由于对生态环境资源的占用通常都会反映在短期的经济利益上，并以此遮掩这种行为造成的远期生态失衡和环境破坏，进而带来生态的不公平或生态的不民主。因此，以法律形式构建起生态公平和生态民主的行为规则和运行机制，就能够保证在法治的状态下，推进生态公平和生态民主的不断完善和进步。

在法治原则的指导下，生态公平和生态民主的框架：①全面体现社会主体共同享有生态的公平权和民主权，以及相应的义务和责任；②构建与政治经济体制相适应的生态公平与生态民主法制体系；③建立全面、系统、严谨的环境监测、危害评估、生态补充的管理机制；④立法保障生态科技创新和环保产业发展，鼓励节能减排和循环经济等长效发展机制。

公平和民主是公民的基本政治诉求，也是法治国家的标志。生态公平和生态民主从全方位拓展了公民的诉求，这种诉求从公民环境权的基本诉求出发，并体现在公民的社会经济活动和政治生活之中。

3.3 依法治国是法律生态化的途径

法律生态化是为适应 21 世纪人类生态化发展的要求，在依法治国理念和生态发展理念的推动下的法律演化和发展。可以说，如果没有健全完善的依法治国的现代法治国家管理基础，生态发展理念就不可能全面融入国家管理的制度体系之中，也就无法实现法律的生态化演进。所以，依法治国是实现法律生态化的唯一有效途径。

3.3.1 全面推进依法治国是法律生态化的基础和条件

全面推进依法治国，就是要努力做到科学立法、严格执法、公正司法、全民守法，保证有法可依、有法必依、执法必严、违法必究。在生态环境资源保护方面，就是要完善中国特色社会主义生态环境资源管理的法律体系。在立法方面，充分认识生态环境资源法律制度和体系建设的紧迫性，解决生态环境资源的立法空白问题、立法冲突问题。在执法方面，应当坦诚面对生态失衡、环境污染、资源稀缺的生态环境资源损毁现状，反省生态环境资源保护的执行实效与其立法预期大相径庭的深层社会原因，将执法不严作为破解生态环境资源管理瓶颈的突破口，在法律执行、法律监督、法律制裁等环节形成监督制约机制。

在生态环境资源保护立法方面，20世纪80年代国家实行改革开放以来就提出以生态环境资源保护作为发展的基本国策，90年代又大力实施了可持续发展战略，进入21世纪进一步提出以科学发展观为指导，加快转变经济发展方式，建设生态文明国家。在此背景下，我国先后修改了《宪法》《民法通则》《刑法》，制定了《物权法》《侵权责任法》等基本法律。通过修改和制定这些基本法律，初步构建我国生态环境资源利用和保护的基本法律规范体系。如在《民法通则》和《物权法》中对自然资源的所有权和用益物作了全面完整规范，在《侵权责任法》中规定了环境污染损害的侵权责任，在《刑法》中规定了破坏环境资源保护罪，为保护生态环境，推进资源合理利用，制定和完善了一系列的基本法律规范。在此期间，我国还制定了《清洁生产促进法》《循环经济促进法》和《城乡规划法》等有关推进产业及能源绿色转型和国土空间规划的法律，为经济发展转型和国土空间合理规划奠定了相应的法律基础。我国还制定了《土地管理法》《矿产资源法》《海域使用管理法》《煤炭法》《节能法》《可再生能源法》《森林法》《水法》《草原法》《渔业法》《环境保护法》《海洋环境保护法》《水污染防治法》《大气污染防治法》《固体废物污染环境防治法》《环境噪声污染防治法》《放射性污染防治法》《环境影响评价法》《野生动物保护法》《水土保持法》《防沙治沙法》和《海岛保护法》等部门和专门法，初步形成涵盖生态环境资源利用、管理、保护、防治等生态环境资源保护的制度体系。

到目前为止，我国虽然已经形成了以资源利用、环境保护法律为核心的生态环境资源保护法律体系，但是在《宪法》《民商法》《行政法》《经济法》《刑法》《诉讼法》等法律规范中还欠缺对生态环境资源保护理念的深度行使和融合。表现在：①重行政管理机制和方法，轻民法与刑法追责；②重资源产权保护，轻生态法益保护；③重生态环境资源开发利用，轻生态环境资源再生恢复；④重生态环境资源破坏末端治理，轻生态环境资源破坏前置预防等。全面推进依法治国，加快制定和修订生态环境资源管理与保护的法律法规，能够从根本上弥补现行法律体系的欠缺与不足，实现法律的生态化发展。

在生态环境资源保护执法方面，随着我国持续 30 多年的经济高速增长，以环境损毁换经济发展造成的生态环境资源破坏状况触目惊心，相比生态环境资源立法的进步和发展，生态环境资源保护执法的疾患更重，使生态环境资源管理执法背负历史积累的沉重包袱艰难前行，甚至在某一地域、某一期间的生态环境资源保护执法力度和执法水平出现削弱和倒退的社会现象。一些生态环境资源破坏重大事件，反映出执法者有法不依、执法不严、违法不究，玩忽职守、视而不见、避重就轻、以权代法等执法的顽疾依然持续存在，严重阻碍了依法治国的社会发展进程。

《环境保护法》的颁布实施，标志着生态环境资源保护工作进入了一个崭新的历史阶段，生态环境资源法益在一定程度上得到法律确认，生态环境资源保护执法有了独立自主的基本法律，生态环境资源问题的预防和治理工作取得了突破性的发展。例如，取缔关停重污染企业，推广生态城市规划建设，树立生态国家发展战略，建立环境监测评估体系，开启公益诉讼司法实践，开展环境污染综合治理，发展环境技术和保护产业，促进能源结构调整与节能减排，全面履行国际生态环境条约义务，宣传普及环境保护理念等。但是，生态环境资源保护仍然存在侧重关注生态环境资源保护的规划设计与政策理念，忽视生态环境资源保护的依法行政和司法保障，使生态环境资源的权利和利益极度缺欠切实的保障和实现。国家机关在生态环境资源保护上严格执法才能达成立法预期价值，才能通过法律执行充分反映和实现生态环境资源保护带来的社会价值，才能引导民众形成生态环境资源保护能够积极促进经济发展的社会共识。

国家立法和执法的进步标志着国家法治的进步，也标志着国家依法治国体系的确立和完善，在法律生态化上就体现为法律伴随着人类生态文明的进步不断发展和成熟。①法律生态化要求生态环境资源保护法律在整个法律体系中占有举足轻重的地位；②法律生态化要使生态环境资源法律体系之中的基本法、部门法、专门法之间能够紧密衔接并相互配合，从多层次、多角度共同解决生态环境资源保护问题；③法律生态化要强化国家机关在依法管理生态环境资源的职能和责任，通过法律规范明确规定国家机关的强制义务及相应的处罚和制约措施，充分实现国家机关的行政管理职能价值。因此，全面推进依法治国的社会实践为法律生态化奠定了坚实的基础，也促使法律生态化在社会实践的检验中不断吐故纳新，走向成熟。

3.3.2 法律生态化是围绕建设生态国家依法治国

我国 1978 年修订的《宪法》规定：国家保护环境和自然资源，防治污染和其他公害。国家以宪法形式明确规定保护环境和资源，法治污染和公害，这标志着我国的法律生态化进入了一个新的历史阶段。1982 年进一步将保护和改善生活环境和生态环境引入《宪法》规定，自此从基本法的层次确立了生态权和环境权在法理上的权威性，也开启了依法建设社会主义生态国家的历史进程。

我国构建和完善生态环境保护立法体系走过了从无到有、从局部到整体的长期积累发展过程，是与国家政治经济的渐进发展进程相伴相生协调发展的，每一次生态环境资源立法进步都是对我国社会发展建设瓶颈的突破和飞跃。人类在自身的发展进程中已经完成了三次社会文明跃进，现在正蓄势待发寻求人类文明发展的第四次革命性进步——生态革命。而且，生态革命是人类以往历次文明变革的积累和总结，它跨越了过往历次产业革命的局限性，是人类从生产力、生产方式及生存理念的全面的文明和进步。

（1）充分认识以生态文明建设理念为核心，开展依法治国的历史发展趋势。生态国家建设是突破社会经济发展瓶颈的必由之路，世界上的发达工业国家在经历过生态环境问题阵痛后，痛定思痛开始关注并解决资源匮乏、环境污染、生态破坏等问题。生态国家建设是实现国家政治、经济、人文等全面现代化社会发展的理性选择，生态科技和生态产业必将通过兼收并蓄人类社会生产发展的积累成果，成为未来社会可持续发展的重要支柱。

（2）建设生态国家的过程是生态文明建设的实践过程，也是生态环境资源法律贯彻实施的实践过程。进一步将生态文明、生态法益等理念引入基本法、部门法、专门法、行政法、程序法，建立完整配套、相互衔接、有机配合的生态法律体系，促使法律生态化，就能够通过维护公民环境权益，促进可持续发展，实现生态国家建设的一大目标，就能够实现中华民族的伟大复兴。

（3）通过依法治国建设生态国家的广泛社会实践，从根本上摒弃生态保护与经济发展、社会发展相互对立的认识，在运用法律手段、行政手段、经济手段促进经济发展和国家发展的同时，实现生态国家建设目标。

3.3.3 建设生态国家应从依法治理走向依法预防生态环境危机

生态国家愿景是国家发展应当符合人与自然和谐的可持续发展。当今人类社会发展面临的主要生态环境危机是环境污染和生态失衡问题，突出反映在水环境污染问题、空气环境污染问题、土壤环境污染问题、海洋环境污染问题，以及土地沙漠化、自然资源枯竭、物种灭绝等方面。建设生态国家首先应当从全面依法治理环境污染着手，优先解决正在严重侵害人类生存和健康的迫在眉睫环境污染危机。

环境污染指自然的或人为的破坏，向环境中添加某种物质而超过环境的自净能力而产生危害的行为。或者指由于人为的因素，环境受到有害物质的污染，使生物的生长繁殖和人类的正常生活受到有害影响。或者指由于人为因素使环境的构成或状态发生变化，环境素质下降，从而扰乱和破坏了生态系统和人类的正常生产和生活条件的现象。

如何在环境污染治理过程中发挥法的作用？一是要加强监测预报；二是要健全环境污染应急预警处置机制；三是要建立环境污染依法治理联动机制；四是要强制保障公众的环境污染重大信息知情权；五是要普遍适用依法开展重大环境污染事件的科学技术调查、鉴定、研判和报告职能。

过去三十多年，我国环境污染治理走的是一边治理环境污染，一边发生环境污染的恶性循环治理之路。由于在环境污染治理中执法力度不强，法律规范的指引作用、评价作用、预测作用、强制作用、教育作用没能有效地发挥，中国社会现实存在的环境污染问题积患深重。如果不彻底改变先污染后治理的现状，在未来发展进程中，将因环境污染危机积重难返，造成发展的停滞或倒退，并直接产生国家生存危机。坚持依法治国，通过加强立法完善和强化执法力度，逐步依法确立边治理环境污染，边预防环境污染的新型国家发展道路，并随着环境污染治理成果的拓展，逐步将工作重心转向积极预防环境污染的正确发展道路。

推进环境污染预防工作，关键在完善生态环境资源立法，重点在依法履行行政管理职能。区域经济利益诱惑背景下的地方保护，是阻碍环境污染预防行政效能的至关重要的因素，分层次建立国家行政管理绿色增长核算体制，将环保管理执法效能、环境管理执法成果、生态环境质量等要素评价计入国家机关和公务人员政绩考核机制。跟进社会主义民主与法治发展脉络，制度化保障公众的知情权和监督权，疏通公众知情权、监督权的无障碍行使，有效保障公众行使行政申诉程序和司法诉讼程序，提高预防环境污染的公众参与意识和法律责任意识。

3.3.4 在依法建设生态文明中推进法律生态化

“生态文明是指人类遵循人、自然、社会和谐发展这一客观规律而取得的物质与精神成果的总和”。生态文明是以人与自然、人与人、人与社会和谐共生、良性循环、全面发展、持续繁荣为基本宗旨的文化伦理形态，生态文明将促进社会的全面发展。

依法建设生态文明是一个庞大、复杂的系统工程，被认为是囊括法律制度、行政执法、违法追诉、执法监督、公共监督、国民教育、自律守法等国家管理活动的全方位要素，其管理要素的有机组合与高效运行必须在已有的法律体系的框架内开展。因此，在依法治国原则下的国家管理活动应当有法可依，而且发展着的国家管理活动需要与时俱进的“活法”。反映在生态环境资源管理活动中，就是不断依赖法律的生态化发展激活现有法律。要做到这些，在立法上就是要制定修改与生态文明建设相关的法律法规，在执法上就是要恪尽职守与生态文明建设相关的法定职责，在司法上就是要秉公审判与生态文明建设相关的违法案件；在法律监督上就是绝不姑息、放任与生态文明建设相关的徇私枉法行为，在公共监督上就是要依法保障大众媒体、社会团体、人民群众对生态文明建设问题发表意见和建议的言论自由及信息反馈；在国民教育上就是要发挥政府的力量、调动社会的力量、激发民众的力量，普及生态科学知识、宣传生态文明理念，繁荣生态保护文化，在全社会树立可持续发展的生态文明观。

在全社会树立可持续发展的生态文明观，不仅包含生态文明建设要有法可依、有法必依、执法必严、违法必究，更包含广大社会成员自觉履行生态保护法律义务。例如，社会生产企业要在产业发展政策指导下，努力做好产业转型升级，大力发展低碳经济产业，积极投资生态环保产业，应用环保科技促进节能减排和资源循环利用。同时，也要具备社会责任意识，通过履行社会责任将企业经营所得回馈社会，全方位支持社会主义生态文明建设。作为社会公民应当学习和认识生态文明建设的科学知识，以主人公的社会责任感参与生态文明的建设，充分认识奢侈消费方式的危害性并自觉选择生态的消费方式，将生态的文化充分体现在日常生活之中，爱护身边一草一木，植树造林改善环境，摒弃攀比适度消费，厉行节约，杜绝浪费。

3.4 法律生态化在具体法治活动中的体现

“法治”一词包含许多层面的含义，形式意义上的法治是指依法办事。在现代法治社会，依法办事不仅要求普通社会成员要依法办事，国家机关及其工作人员也不能例外，人人依法办事是法治的要求和标志。

我国社会主义法治的要素是：有法可依、有法必依、执法必严、违法必究，其实质是依法办事。有法可依是依法办事的前提，执法必严是依法办事的中心环节，违法必究是依法办事的保障。有法可依、有法必依、执法必严、违法必究是依法办事的具体法治活动。法律生态化过程就是有法可依、有法必依、执法必严、违法必究的社会实践过程。

3.4.1 立法领域

立法活动是依法治国、建设法治国家的基础性活动。立法领域的法律生态化主要表现在：①在宪法、部门法、专门法的立法目的、立法原则方面，注重反映环境保护、生态平衡、人与自然的和谐，以及可持续发展等价值、理念，并以此检视现行法律，通过立、改、废的途径实现对现行法律的扬弃与完善；②在立法内容、立法体系、立法结构等方面，注重健全和完善有关生态、环境、资源等涉及可持续发展的法律、法规，加强保护自然资源和生态环境的法律、法规在国家整个法律体系中的权威地位和效力范围，使之与经济和社会发展的执法需求相适应。

在完善制度方面，进一步健全生态环境资源的生产、流通、消费、回收领域的行政许可制度，在环境保护源头的风险控制上，体现法治的权威和效力。在生态环境资源行政许可管理中，应在制度设立、制度实施、重大管理事件等特定时间节点依法强化对行政许可制度本身的必要性、效益性、公平性等进行社会听证和做出评价。重点加强对环境资源开发行政许可的经济效能、社会评价、环境影响等方面开展跟踪评价和定期评价，建立终身责任追究制度。坚决做到对生态环境资源危机从源头实现预防和控制，杜绝以牺牲环境为代价的利用生态环境资源的事件。加快推动国家赔偿机制、政府工作报告生态环境资源事项机制、严重危害生态环境行政行为责任追究机制、生态环境资源补偿机制、重大环境污染损害追责机制、生态环境资源保护行政优先权机制、生态环境资源保护问题专家决策机制等。

3.4.2 执法领域

执法也即法的执行，广义上的执法是指国家行政机关、司法机关及其公职人员依照法定程序实施法律的活动。执法领域的法律生态化包括行政执法生态化和司法生态化两个方面。

（1）行政执法生态化体现在执法理念、执法机构、执法行为、执法手段、执法技术等行政执法的各个环节。在执法理念上，行政执法要从传统注重保障经济法益、社会秩序法益转变为优先保障环境资源法益和生态平衡法益。在执法机构上，设置专门独立机构履行环境保护执法和执法监督，保障机构的执法权威性和执法独立性，建立具有环境保护专业知识和技术的执法人员队伍。在执法行为上，要从单一打击生态环境资源违法行为的末端治理，转向打击破坏环境规划设计等预防环境违法机制的行为犯或危险犯的前端治理。在执法手段与执法技术上，应适应保护环境和生态的需要，提高执法的及时性和时效性，树立执法技术的权威性和指导性。加强执法力度，应当优先加强和发挥生态环境资源的行政管理部门的监管权，加大生态环境资源管理执法力度和违法处罚力度，持续开展整治违法排污排废和跟踪管理整治成果，规范执法行为和行政监察，建立环境执法人员问责机制，追究相关人员环境违法责任。加快执法现代化，运用现代化手段实施生态监测和污染监测，建立应急指挥系统及时处理环境危机事件。

（2）司法生态化则体现在司法理念、司法裁判、司法程序、司法执行等司法的各个环节。在司法理念上，司法审判要在审理裁判人身关系、财产关系等传统法益的基础上，增加对生态法益、环境法益的审理和裁判。在司法裁判上，传统司法审判通常只是通过制裁违法行为和损害结果，保护当事人的人身权和财产权相关的合法权益和经济利益。在司法生态化的背景下，还应当扩大追究违法者破坏和侵害环境权益的违法事实和结果，强化对生态环境保护。在司法程序与司法执行上，注重司法的审理程序或执行程序是否可能造成对生态和环境产生破坏和损害及不利影响。审判机关应当加大对生态环境资源的公益诉讼案件的立案和审理，根据现行法律规定建立专门的环保诉讼机制，通过设立专门法庭、适用特别程序、完善证据制度，适应保护生态环境资源的需要。检察机关应当依职权积极主动追诉生态环境资源犯罪，设立专门的环保犯罪案件检察起诉机制，及时对生态环境资源犯罪案件采取司法措施，提高依法打击态环境资源犯罪行为。加强检察机关与环境执法机关紧密合作，健全行政执法与刑事司法衔接机制。加强检察机关对司法和执法的监督职能，及时纠正徇私枉法、营私舞弊等放纵破坏生态环境资源的犯罪行为。公安机关应当加强对生态环境资源犯罪案件的刑事立案、侦查破案和移送起诉工作，扩大对破坏环境犯罪的震慑作用和打击力度。公安交通管理方面，通过采取限行、严格检查等措施加大对违规排放的车辆管理，完善机动车安全、环保检测机构和营运车辆综合性能检测机构常态化监管机制等。

3.5 普及生态文明法治意识　夯实法律生态化人文基础

“法治意识是法律意识的最高级形态，是作为独立主体的社会成员在实践中所形成的关于法治的心态、观念、知识和思想体系的总称，是符合法治社会建设要求的法律意识，是人们对法律和法律现象的看法和对法律规范的认同的自觉程度最高的一种意识”。[①]

生态文明法治意识就是充分体现生态公平和生态民主的法治意识，是在生态文明建设的法治实践过程中逐步积累形成的。通过广泛的有组织的社会引导，能够极大地普及生态文明法治意识，逐步形成有利于法律生态化的人文基础。

3.5.1 加强生态文明法治建设宣传教育

生态文明法治建设的宣传教育是在新起点上开展的生态科学普及和法律知识普及，是需要全社会共同参与社会活动。首先，要健全党政机关和各级组织的领导和工作机制；其次，分工负责做好宣传教育计划并落实；最后，利用多种大众传播媒介开展形式多样的宣传教育，突出生态环境资源案例宣传教育方式。

① 柯卫：《法治与法治意识》，载《山东社会科学》2007 年第 4 期，第 97、100 页。

3.5.2 发挥公益社团组织保护环境积极作用

公益社团组织是生态环境资源保护的重要社会力量，具有较大的社会影响和社会代表性，也具备一定的环保专业技能。在建设生态文明过程中，积极鼓励和培育公益社会团体开展环保活动，既能够发挥公益社会团体的环保力量，也能够带动全社会参与环境保护，提高全社会自觉保护环境、遵守法律的社会意识。

3.5.3 加强环保执法监督与问责

人民代表大会的组织机构应当积极履行行政执法监督职能，通过对重大生态环境资源事项的执法检查、特征质询、报告审查等方式，对政府及其部门处理生态环境资源的限制权限、行政程序的合法性进行监督，纠正生态文明法治建设中存在的问题，促使环境执法工作制度化、规范化。加强行政执法内部制约的监督作用，对生态环境资源的行政权力集中部门和重要部门，实施分权与授权管理，借助行政复议的外部推力弥补执法缺陷。加强公、检、法等司法机关的内部监督和外部监督，依法落实办案责任制，健全报告、审批、考核、查处等制度，严肃办案纪律，维护司法公正。通过报纸、广播、电视、网络等媒介进行舆论监督，舆论监督反应速度快、传播范围广，具有很大影响力，在社会发展中发挥重要作用。充分发挥舆论监督作用，引起社会关注，推动生态文明法治建设。完善公众参与环保监督程序的完备性、公正性及可操作性。用法律保障公众监督的地位、权利，建立多渠道、全方位的监督体系。

第 4 章

宪法生态化

“宪法是国家的根本大法，具有最高的法律效力的法，是据以制定其他法的法律基础”。[①]在法律生态化发展趋势的背景下，宪法作为法律体系的基石，应当不失时机地汲取生态文化发展的有益因素，在生态、环境、资源的保护方面做出相应的调整，将生态环境资源保护纳入宪法调整的范围内，在宪法层面实现法律生态化。

宪法生态化问题的提出，起因于近现代社会伴随着生产力高速发展以及人类对自然界的干预影响不断增加，自然界的生态环境资源危机频发，臭氧层危机、空气污染危机、水污染危机、食品污染危机等已经严重危害到人类的生存环境和健康安全，迫使世界各国不断在法律上增加环境保护内容，强化宪法在环境法律保护的引领和指导功能。将环境权保护引入宪法已成为各国宪法发展的趋势，宪法生态化应运而生。

4.1　宪法生态化的概述

20 世纪以来，特别是第二次世界大战以后，人口膨胀、能源危机、环境污染、气候变暖等众多自然环境危机，无时无刻不在困扰着人类，将人类推向不可持续生存和发展的世界末日。“1962 年，美国女作家蕾切尔·卡逊所著《寂静的春天》问

① 《中国大百科全书》总编辑委员会：《中国大百科全书·法学》，北京：中国大百科全书出版社，1984 年版，第 638 页。

世，第一次较系统地就环境问题的严重性向人类敲响了警钟，被认为是一个新的生态学时代的开始”。[①]1972 年 6 月 5 日，联合国首次召开人类环境会议，通过了《人类环境宣言》，阐明了与会国家和国际组织所取得的七点共同看法和二十六项原则，以鼓舞和指导世界各国人民保护和改善人类环境，并将每年的 6 月 5 日定为世界环境日。1987 年 2 月，在日本东京召开的第八次世界环境与发展委员会上通过了《我们共同的未来》的报告。该报告以“持续发展”为基本纲领，以丰富而翔实的资料阐述了当今世界在环境与发展方面存在的问题，提出了处理这些问题的具体的和现实的行动建议。譬如，《我们共同的未来》的报告明确地指出，在全世界的范围内，国家和国际的法律往往落后于环境事态的发展。今天，步伐迅速加快和范围日益扩大的发展对环境基础的影响，将法律制度远远地抛在后面。人类的法律必须重新制定，以使人类的活动与自然界的永恒的普遍规律相协调。20 世纪的法律以经济增长和发展为基础，而 21 世纪要求从环境角度，尤其是从全球变暖、生物多样性退化以及污染等重大环境问题的角度重新评判所有的法律。《21 世纪议程》也指出，与可持续发展有关的立法是可持续发展战略和政策定型化、法制化的途径，与可持续发展有关的立法的实施是把可持续发展战略付诸实现的重要保障。在今后的可持续发展战略和重大行动中，有关立法和法律实施应当占重要地位。为了有效地将环境与发展纳入每个国家的政策和实践中，必须发展和执行综合的、可实施的、有效的并且是建立在周全的社会、生态、经济和科学原理基础上的法律和法规。《我们共同的未来》的报告正式使用了“环境安全”一词，阐明安全的定义除了对国家主权的政治和军事威胁外，环境问题已成为具有战略意义的问题之一。1991 年美国公布的《国家安全战略报告》首次提出环境安全是国家安全的主要内容，并将环境安全视为其国家利益组成部分，认为各种全球生态环境问题已在政治冲突中起作用，为消除来自环境安全的压力，保护美国国家利益，美国有义务督促世界各国共同承担责任。

环境保护关乎一国的可持续发展，环境安全关乎一国的国家利益，宪法应当充分反映环境保护和环境安全的法律需求，回应和解决因生态、环境、资源的危机带来的诸多问题。针对解决可持续发展问题、摆脱贫困问题、地缘资源问题、环境安全问题，加快环境宪法立法进程，促进宪法生态化，适应国际背景下的生态化发展

---

① 周生贤：《生态文明建设与可持续发展》，北京：人民出版社，2011 年版，第 2 页。

趋势。宪法作为根本大法，具备法的一般特征，需要伴随社会的发展变迁而不断进化，法律进化的过程是对过去的社会历程的总结，并对未来的社会发展做出预测。在保护生态环境方面，宪法需要通过环境保护和环境安全。充分表达国家的意志，将《人类环境宣言》《我们共同的未来》的生态化发展的思想理念以法的形式固定下来。

4.1.1 宪法生态化概念

宪法生态化是指为应对生态环境资源危机，在宪法中规定和体现生态环境资源保护，以及赋予公民基本环境权的内容，将生态环境资源的规律和可持续发展的理念注入宪法，引导人们的生产生活行为向尊重自然、顺应自然、保护自然的方向发展。宪法生态化是宪法在保护生态环境资源方面，随着应对生态危机的客观需要，在内容上从无到有及从简到繁，在效力上是从抽象到具体及从低效到高效的发展历程，在具体路径上就是将环境基本国策和环境基本人权引入宪法。

宪法是国家根本大法，是治国的总章程，在宪法中确立环境保护内容有如下作用：①规范作用，将可持续发展的理念和实践通过最高层次的法规范固定下来，有向全国人民，乃至全世界人民宣誓的作用。显示中国人民走和平发展的道路，走可持续发展和绿色发展道路的决心和信心。②指引作用，规定可持续发展的基本国策，有利于引导人们改变传统落后的生产方式和生活方式，走循环生产和低碳生活的绿色生存发展道路。引导人们树立绿水青山就是金山银山，生态环境蕴含人类生存价值。教导人们认识破坏环境求发展，换来的只能是荒山秃岭、水土流失、环境污染、生态灾难等，制造出癌症村、雾霾天、沙漠化等极端生态破坏现象。人们即使换来了金山银山的短暂富足与享乐，也会最终走向毁灭。在破坏和污染的环境面前，无论任何人都不能独善其身。③评价作用，通过将可持续发展写入宪法，评价政府及其他法律主体的行为，走可持续发展道路就是合法的行为，反之就是违法的行为。④预测作用，通过将环境权写入宪法，法律关系主体就能预测其权利义务关系，使其行为符合法律要求，享有主体权利，履行主体义务。

4.1.2　宪法生态化的发展历程

瑞士是最早将环境保护问题写进宪法的国家。1874 年颁布的《瑞士联邦宪法》，对水利资源和动物资源的保护比较完善和详尽。例如，《瑞士联邦宪法》第 24 条规定：（一）“联邦对堤坝和森林管理有监督权。联邦对水流的改道与修筑堤坝以及水流发源地的造林工程予以帮助。为了维修此类工程和保护现有森林，联邦可颁布必要的条例。”（二）“为了保证水力资源的合理利用与保护，并同水的有害行为做斗争，联邦可根据水力经济的全面情况，通过立法就下述问题颁布符合整体利益的原则：①水的保护与治理，特别是饮用水的供应以及地下水的补充；②对动力生产和冷却用水的使用；③地表和地下水之水位和流量的调节；使天然水流改道；灌溉与排涝；以及在水力领域的其他干预行动。”第 25 条（二）关于动物保护的立法属联邦职权范围。联邦立法特别对下述问题作出规定：“①动物的饲养与照料；②动物的使用与买卖；③动物的运输；④对活动物的手术和试验；⑤动物的屠宰或其他致死方式；⑥动物和动物制成品的进口。联邦规定的执行，除法律要求由联邦负责者外，其余概由各州负责。”

“二战”后，由于现代工业突飞猛进，世界人口急剧膨胀，资源消耗骤然上升，环境污染加剧，生态破坏泛滥，世界“八大公害事件”进一步暴露出生态危机已成为全球性灾难。为此，越来越多的国家把环境保护规定写入宪法，一些已有环境保护规定的国家则对宪法做了增补。

例如，1952 年颁布的《波兰人民共和国宪法》规定，全民财产，其中包括地下蕴藏、基本能源、国有土地、水、国有森林，应受国家和全体公民的特殊关心和保护。1971 年颁布的《保加利亚人民共和国宪法》也明文规定，保护自然和天然财富、水流、空气、地面以及文化古迹，保持其清洁，是国家机关和企业、合作社组织和社会团体的职责，是每一个公民的义务。1953 年和 1957 年分别对《瑞士联邦共和国宪法》第 24 条做了增补，规定联邦关于保护地面水和地下水避免污染有立法的权利，增加了保护自然与乡土保持以及主要景观、史迹及其他自然、文化的纪念物的规定，以及增加了联邦应当制定动物保护法律的规定。此外，捷克斯洛伐克、匈牙利等多国对本国宪法也做了类似的规定。到了 20 世纪 70 年代中期，日趋严重的生态危机迫切需要各国家加强对开发和利用生态环境资源的活动进行干预，把生态环境资源保护作为一项国家职责和基本国策在宪法中予以确认，已成为世界各国宪法发展的必然选择。

1982 年《中华人民共和国宪法》第 9 条、第 22 条、第 26 条分别对自然资源、珍贵动植物、名胜古迹和林木等生态环境资源要素做出法律保护规定，开启了我国宪法生态化的历史进程。

宪法生态化的发展历程，伴随着人类对生态保护认识和与实践的深化与进步，人们提出生态中心论，对自然体权利进行辨析，倡导可持续发展理念，追求代际公平和永续发展，引导生态科技进步，推动循环经济发展，建立全球化生态危机与灾难处置协调机制，并将生态发展理念转化为国家意志。

4.1.3 宪法生态化的具体路径

“环境基本人权和环境基本国策的入宪是宪法生态化的具体路径”。①

（1）在宪法中确认环境权。即在宪法中规定个人所享有的清洁、健康的环境的一般性权利，将其作为一项基本人权。例如，韩国宪法规定全体国民均享有在健康、舒适环境中生活的权利。西班牙宪法规定，所有人有权利享有适于人发展的环境，并有义务保护环境。值得关注的是，一些国家的宪法不仅规定了公民的环境权，同时还明确规定了公民对环境信息的知情权和相应的司法救济权利，使宪法环境权规定更趋于完整。最具代表性的国家是俄罗斯，《俄罗斯联邦宪法》规定，每个人都有享受良好环境、被通报关于环境状况的可靠信息的权利，都有要求赔偿因生态破坏所导致的公民健康损害和财产损失的权利。如此，公民不仅享有良好环境的权利，同时还享有获得关于环境状况的可靠信息的权利——环境知情权，及请求因生态破坏所导致的公民健康损害和财产损失的赔偿权利——司法救济权，从而为公民环境权提供了全方位的法律保障。

（2）将以可持续发展观为核心的环境保护，作为环境基本国策和国家的发展指针。在宪法中将环境保护作为基本国策，较为典型的国家有德国、印度等。印度宪法规定，国家应尽力保护和改善环境，保护国家森林和野生生物。德国基本法规定，国家在合宪秩序的范围内，通过立法，并依据法律与法透过行政与司法，保护自然

① 吴卫星：《生态危机的宪法回应》，载《法商研究》2006 年第 5 期，第 70 页。

的生命基础并同时向未来的世代负责。[①]

4.2 环境权的宪法规制

4.2.1 环境权入宪的产生发展

4.2.1.1 世界各国宪法中关于环境权历史发展进程

第二次世界大战以后，环境问题日趋严重，世界各国一方面致力于运用技术手段治理污染，另一方面也在努力寻求环境保护和管理的理论基础与法律依据。20 世纪 60 年代初，人们开始关注环境权的讨论和研究，西方工业发达国家展开了关于公民要求保护环境、要求在良好的环境中生活的法律依据的大讨论，引起世界瞩目。环境权为世界所接受，充分地表现在《人类环境宣言》的具体表述，人类有权在一种能够过尊严的和福利的生活环境中，享有自由、平等和充足的生活条件的基本权利，并且负有保证和改善这一代和世世代代的环境的庄严责任。在《人类环境宣言》的影响下，南斯拉夫、波兰、葡萄牙、智利、巴西等国在宪法及环境保护基本法中确认了环境权，日本和美国还广泛地受理了以保护环境权为案由的案件，开始了环境权的司法实践。

4.2.1.2 宪法环境权规定的典型模式

美国是一个全面高度发达的国家，在政治上以宪政联邦共和制与三权分立为政体，经济总量上居世界第一位，科学技术水平和科研成果转化全球领先。美国联邦宪法是近代世界史上出现的第一部成文宪法，它自 1787 年制定以来历经 27 次修正，均未涉及环境保护的规定。因此，现行美国联邦宪法并没有规定公民环境权。在宪政联邦体制下，美国各州为应对与日俱增的生态危机，在州宪法中规定相应的环境保护条款。其中，纽约、华盛顿、马萨诸塞、得克萨斯、弗吉尼亚、宾夕法尼亚和新墨西哥等州宪法对公民享有宪法保护的适宜环境的权利做了规定。例如，宾夕法尼亚州宪法规定，人民拥有对于清洁的空气、水和保存环境的自然的、风景的、历史的和美学的价值的权利。宾夕法尼亚州的公共自然资源是全体人民包括其后代的

---

① 陈海嵩：《从环境宪法到生态宪法》，载《云南行政学院学报》2012 年第 2 期。

共同财产。作为这些财产的受托管理人，州政府必须为全体人民的利益而保护和保持它们。美国联邦政府为从国家层面上对环境污染和生态破坏活动进行统一协调管理，于是通过适当解释和扩张宪法中原有的关于国家权力的规定进行环境保护。[①]

日本也是一个经济高度发达的资本主义国家，但是在生产原材料方面资源匮乏，依赖进口。由于受地理和资源制约，日本特别注重国家在环境保护和资源利用等方面的作用，日本的环境质量在世界上位居前列，其良好的环境源于严格而高效的社会管理和普遍养成的遵纪守法习惯。在日本，对将环境权引入宪法的根据问题进行了广泛的讨论。一种观点认为，环境权产生于宪法关于生存权的规定。宪法明确规定全体国民有享受最低限度的健康而文明的生活的权利，国家必须在生活的一切方面努力提高和增进社会福利、社会保障以及公共卫生的工作。从宪法推导出环境权，也就是将环境权作为生存权的一种。另一种观点认为，环境权产生于日本宪法关于幸福追求权的规定。宪法规定全体国民都作为个人而受到尊重。对于生命、自由和追求幸福的国民权利，只要不违反公共福利，在立法及其他国政上都必须受到最大限度的尊重。还有一种观点认为，应将上述两种观点结合起来解释环境权，此种观点认为采用双重根据论有利于在实务上扩大受益层的范围，随着时间的推移，单纯依据生存权或追求幸福权来解释环境权的人越来越少。双重根据论已成为日本宪法学界大多数学者的共同主张。

《俄罗斯联邦宪法》是俄罗斯联邦独立以后的第一部宪法，宪法明文规定俄罗斯联邦公民享有生态权利，从而使生态权获得了宪法性权利地位。20 世纪 60 年代开始，由于环境问题的严重化以及国际社会对环境问题的重视，苏联宪法已经包含了环境保护的有关法律内容。苏联宪法规定公民的环境义务，即保护自然和环境的义务，保护动物和植物的义务，保护历史和文化遗产的义务，保护历史、文化和自然纪念物的义务。无疑，苏联宪法已经认识到保护环境和合理利用自然资源的重要性，为《俄罗斯联邦宪法》确立公民环境权打下了基础。[②]

南非是非洲大陆经济快速发展的国家，具有优异的地理位置和丰富的矿产资源。然而，矿业过度开采也给当地生态环境带来严重问题，南非数千座废弃矿山的

---

① 林芳惠、苏祖鹏、肖剑鸣：《宪法中环境保护规定比较研究》，载《重庆工商大学学报（社会科学版）》2006 年第 1 期，第 93 页。

② 李艳岩：《基于宪法的中俄公民环境权比较研究》，载《俄罗斯中亚东欧研究》，2005 年第 3 期，第 18、22、95 页。

生态和环境问题已经成为南非政府的焦点。在结束了数十年种族隔离之后，1996年南非颁布了新的《南非共和国宪法》，新宪法庄严宣布了公民环境权利。宪法不仅将环境权利作为基本人权，而且规定了国家的环境职责。《南非共和国宪法》规定，每个人都有权利享有无害于其健康或幸福的环境，这一权利包含两方面的内容。第一部分是每个人都有权享有无害于他们健康的环境。空气污染、水污染和水处理厂选址等都可能造成严重的健康问题，健康就不言而喻的成为环境正义的一部分。这一规定意味着，如果空气污染或者处理厂的选址对健康产生危害，那么就可能构成违宪。第二部分更加重要，即享有无害于个人幸福的环境的权利。如果一个人的利益受到损害，就可以说他或她的幸福受到危害。如果个人利益因环境问题而受损，从而影响到了个人幸福，那么就可以诉诸宪法，这为环保主义者提供了一个有力武器。

4.2.2 我国宪法对环境权的保护及缺陷

改革开放以来，我国环境权基础理论研究已获得相当大的发展。但是到目前为止，我国宪法对公民环境权还未作明确规定，只是通过间接方式体现对环境权的宪法法律保护。这主要体现在《宪法》第二十六条的规定：国家保护和改善生活环境和生态环境，防治污染和其他公害。《宪法》第九条规定：国家保障自然资源的合理利用，保护珍贵的动物和植物；第十条规定：一切使用土地的组织和个人必须合理利用土地。《宪法》的这些关于生态、环境、资源的规定虽然在一定程度上涉及环境权的某些内容，但不具有实体权利性质，表现出环境权保护规定的缺失和滞后性，这主要体现在如下几个方面：

（1）宪法对公民环境权的间接保护，不利于保障公民的基本人权。公民环境权作为一项基本人权，被现代法治国家所普遍认同。在世界各国，公民环境权的宪法规定已经成为广泛的立法实践。作为一种新型的人权理念，公民环境权的正当性普遍为现代宪法学所接受。在实践中，公民环境权作为一项公民基本权利在一系列国际条约、公约之中已作出规定，《人类环境宣言》《进步和发展宣言》《内罗毕宣言》等都对公民环境权做了阐述。由此可见，我国宪法未对公民环境权做出明确法律规定，不利于对公民享有的生态环境资源权益进行充分保护，也不能充分体现我国社会主义国家民主法治的精神实质。

（2）宪法缺失对公民环境权确认，极大地削弱了对公民环境权的法律保障。宪法作为现代法治国家的法律基础，是其他法律的立法依据。因此，法律无法为一种尚未得到法律确认的权利提供法律救济。而宪法未对公民环境权明确规定的现状，势必影响其他部门法律对公民环境权的立法和司法，势必导致整个法律体系对公民环境权保护的缺失和滞后，无法实现对公民环境权的充分保护。

（3）宪法对公民环境权的间接确认，不适应我国当前经济和环境问题的发展现状。随着我国经济建设的持续发展，以及持续带来日益严重的环境问题，导致我国的生态环境不断恶化，环境污染不断加重，并呈现从城市向农村蔓延的趋势。传统的发展模式带来短暂的繁荣，却造成持久的环境污染和生态破坏。目前，全国生态环境资源质量呈逐步下降趋势。照此发展下去，我国的未来发展将难以为继，或将成为最大的污染国。严重的环境污染与生态破坏，已直接危及人民的生存与安全，宪法应当为环境保护和保护公民环境权发挥引领作用。

4.2.3 我国宪法环境权的构建

法学界认为，环境权是公民享有在良好适宜的环境中生活和工作的权利，具体体现为享有清洁空气权、清洁水权、宁静权、日照权、通风权等基本环境权，对环境状况享有知情权、参与权、监督权、索赔权、要求修复权、诉讼权、自卫权等派生环境权。

4.2.3.1 通过宪法条款生态化解读构建环境权

考察环境权入宪，一些国家力图通过宪法解释推导出环境权。具备此类典型特征的国家有美国、日本、德国等，这类国家修改宪法程序烦琐复杂，法定条件要求高，通过修改宪法增加公民环境权困难。为解决公民环境权的宪法保护问题，一般都力图通过宪法解释引申出公民环境权，并据此寻求宪法救济以维护公民环境权利。美国联邦宪法中没有规定环境权，拥护宪法解释者认为宪法的部分修正案的权利条款可以推导出环境权理念。但是在美国，以宪法解释方式主张环境权在司法实践中屡屡受挫，未能得到法院的支持。日本有些学者也希望通过宪法解释，从《宪法》的生存权和幸福追求权等条款推导出环境权，但也未得到实质性支持。德国学者则希望对基本法有关人类尊严保障权和自由发展人格权等条款的宪法解释推导出公民享有的环境权，其社会实践的效果也差强人意。可以看出，这种希望通过扩张宪法权利来进行环境保护的途径并不理想，不能直接进行环境权的司法救济。

4.2.3.2 通过宪法修改增加环境权立法

（1）我国有长期的环境保护社会实践经验积累，为环境权立法奠定了坚实的基础。我国社会发展的大规模工业化进程是从新中国成立后开始的，特别是改革开放以后，随着我国工业化进程日益加深，中国已发展成世界工厂，同时生态环境问题也日益突出。国家为应对环境问题，于 1973 年召开第一次全国环境保护会议，并成立环保领导小组及环境保护办公室等环境保护的组织管理机构，在全国范围开展环境治理和环保教育。随着对环境保护概念理解的深化，环境保护工作的重点开始从环境治理转向环境管理，进而转向自然环境保护。我国初期的环境治理还是建立在粗放型经济发展背景下，是先破坏后治理的环境保护模式。因此，全国范围内环境治理赶不上环境破坏，我国的整体生态环境资源状况加速恶化，环境污染与环境危机日益严重。时至今日，国家和谐发展和可持续发展呼唤环境保护的管理制度化和法律化，客观上要求加强环境权入宪立法。

（2）我国环境权立法具有广泛的部门法支撑，保障了环境权的可操作性和实效性。以我国第一部环境保护法规性文件《关于保护和改善环境的若干规定》为标志，我国已经制定了比较完整的生态环境资源保护的法律、法规和规章。例如，我国环境保护的法律法规有《大气污染防治法》《环境保护法》《循环经济促进法》《水污染防治法》《固体废物污染环境防治法》《放射性污染防治法》《环境影响评价法》《清洁生产促进法》《环境噪声污染防治法》《防沙治沙法》《水土保持法》；资源管理的法律法规有《节约能源法》《可再生能源法》《草原法》《水法》《渔业法》《煤炭法》《气象法》《农业法》《土地管理法》《矿产资源法》《森林法》《海洋环境保护法》《野生动物保护法》。我国现行的部门法和法规规章，从不同层面和不同角度阐释了环境权的内涵和外延，有助于宪法对环境权进行法律定义。

（3）我国已将保护环境和自然资源，防治污染和其他公害写入宪法，进一步将公民环境权引入宪法应是水到渠成的工作。1978 年《宪法》修正案规定，国家保护环境和自然资源，防治污染和其他公害的立法，第一次在宪法中对环境保护做出明确规定。

（4）环境权入宪能够进一步健全我国宪法的公民权利体系。现行宪法，将公民权利这一章放在国家机构之前，充分体现我国对公民权利的重视。同时，现行宪法比以往几部宪法赋予公民更多的权利。但是，从经济与权利的一般关系原理可以认识到，经济越发展社会主体对权利的要求便越多。在创制性法律立法背景下，法定权利必然滞后于社会现实发展阶段的权利要求，当经济发展到新的阶段，新的权利便要萌生，并寻求社会认可及立法确认。环境权是伴随社会经济发展到新的阶段，人们对生态环境资源问题的新型权利要求。将环境权引入宪法，有利于弥补公民实然权利与应然权利之间的差距，使宪法公民权利体系更加丰富。

（5）健全环境权立法有利于全面促进社会可持续发展。可持续发展理论是环境权保障体系的理论基石，是宪法环境权保障规范的核心内涵。可持续发展观是联合国世界环境与发展委员会在《我们共同的未来》中提出来的。为了确保人类的持续生存和发展，必须把环境保护与社会经济活动全面、有机地结合起来，把人类对环境资源的开发利用限制在其承载力以内，从而达到人与自然的共存共荣。经过世界各国 30 多年的社会发展实践，可持续发展已成为当代社会发展的最强音，是人类发展史的重要的里程碑。《中国 21 世纪议程》提出可持续发展，将可持续发展确立为指导国家经济社会发展的总体战略。因此，宪法规定环境权可以保障可持续发展的最终实现。

4.3 可持续发展与绿色发展的宪法规则

4.3.1 中国可持续发展战略到绿色发展战略

中国在社会主义初级阶段的全面建设过程中，经过 30 多年的改革开放，不断学习和借鉴发达国家的科学与技术，推进我国工业化的发展与超越。与此同时，我国的经济发展、社会治理、思想文化等方面都取得举世瞩目的发展成就。但是，伴随着人类工业文明的高度发展，人类不仅获得了高度发达的市场经济体系和无与伦比的商品生产能力，也与日俱增地感受到来自生态环境资源的生存危机。面临着日益频发的生态危机、环境破坏、资源匮乏等问题，人类社会发展已经到了无以为继的地步。不论是发达国家，还是发展中国家，都在共同寻求解决人类可持续发展问题。为此，世界各国齐聚一堂，召开了具有划时代重要意义的国际会议——联合国人类环境会议、联合国环境与发展会议和可持续发展世界首脑会议，标志着人类可持续发展理论的发展和形成。

可持续发展理论明确指出，人类的发展既要满足当代人的需求，又不对后代人满足其需求的能力构成危害。人类提出的可持续发展理论从根本上改变了人类的传统发展观和思维方式，已经在世界各国发展成为以国际法和国内法为依托的比较完整并具可操作性的行动准则。

中国政府于 1992 年向联合国环境与发展大会提交了《中华人民共和国环境与发展报告》，系统回顾了中国环境与发展的过程与状况，同时阐述了中国关于可持续发展的基本立场和观点。同年，中国政府制定了《中国环境与发展十大对策》，提出走可持续发展道路是中国当代以及未来的选择。为进一步健全中国可持续发展总体战略框架和各个领域主要目标，中国政府制定并批准了《中国 21 世纪议程——中国 21 世纪人口、环境与发展白皮书》。在此之后，国家批准通过《国民经济和社会发展“九五”计划和 2010 年远景目标纲要》，把可持续发展作为重要的指导方针和战略目标。

与此同时，中国全面加强可持续发展相关法律法规体系的建设，并重点强化生态环境资源行政管理体系建设。截止到 2015 年，国家制定和完善了人口与计划生育法律、环境保护法律、自然资源管理法律、防灾减灾法律等三十多部，制定人口、资源、环境、灾害方面的行政规章百余部。各级人大常委会专门设立环境与资源保护委员会，发挥立法机关在法律起草、监督实施等方面的重要作用。至此，中国已经形成比较完整的可持续发展战略体系和理论基础。

可持续发展与绿色发展之间的关系是发展目标与发展道路之间的关系，在可持续发展战略理论体系中，可持续发展是人类发展的愿景和目标，绿色发展是实现人类可持续发展的实践道路。生态经济学家刘思华在《当代中国的绿色道路》一书中阐明，“发展经济必须与发展生态同时并举，经济建设必须与生态建设同步进行，国民经济现代化必须与国民经济生态化协调发展”的绿色发展道路；其在《绿色经济论——经济发展理论变革与中国经济再造》一书中进一步指出，“绿色经济是可持续经济的实现形态和形象概况。它的本质是以生态经济协调发展为核心的可持续发展经济”。他把绿色发展表述为，“以生态和谐为价值取向，以生态承载力为基础，以有益于自然生态健康和人体生态健康为终极目的，旨在追求人与自然、人与人、人与社会、人与自身和谐发展为根本宗旨，以绿色创新为主要驱动力，以经济社会各个领域和全过程的全面生态化为实践路径，实现代价最小、成就最大的生态经济社会有机整体全面和谐协调可持续发展”。他认为，“从学理层面上说，绿色发展的理论本质是生态经济社会有机整体全面和谐协调可持续发展。从实践层面上看，绿色发展的实践主旨是实现生态经济社会有机整体全面和谐协调可持续发展”。可以说，刘思华“科学地揭示了生态经济与知识经济同可持续发展经济之间的本质联系及其发展规律，破解了三者之间的相互渗透于融合发展的绿色经济与绿色发展的内在奥秘”。

在以绿色发展为人类可持续发展时代特征的背景下，中国的绿色发展战略已逐步形成。党的十八届五中全会提出“创新、协调、绿色、开放、共享”五大发展理念，这标志着绿色发展已成为我国经济社会发展的基本理念，集中体现了党对未来中国社会经济发展规律的科学认识，绿色发展必将成为中国实现人民富裕、国家富强、美丽中国、自然和谐的重要发展战略。绿色发展战略应当涵盖以下要义：

- ☞ 推动社会发展观从人类本位的价值取向转向人与自然和谐的价值取向。
- ☞ 实现社会发展模式从现阶段的黑色工业化转向未来的绿色工业化。
- ☞ 将经济增长方式从资源消耗与污染排放型转向循环经济与低碳经济型。
- ☞ 在经济发展导向上突出体现效率、和谐、持续的目标。
- ☞ 实现人类社会不同地域、不同肤色、不同种族的全面、均衡发展。
- ☞ 普遍将人类活动的过程和结果绿色化。
- ☞ 负责任地参与应对人类面临的温室气体排放与气候变化等迫切问题。
- ☞ 通过持续不懈地努力，有效突破我国社会发展的资源环境瓶颈。
- ☞ 围绕绿色经济创新发展绿色产业，保持经济稳定增长与社会不断进步。
- ☞ 健全绿色发展法治，发挥产权机制、补偿机制、激励机制的绿色功能。
- ☞ 开展大规模全面环保治理工程，构建绿色建筑、绿色交通、绿色城市。
- ☞ 普及绿色文化，倡导绿色消费、适度消费、健康消费，抵制奢侈消费。
- ☞ 实现中国绿色现代化，将中国建设成为资源节约型、环境友好型社会。
- ☞ 通过加强国际合作，促进绿色技术开发与转让，推动全球绿色增长。

4.3.2 绿色发展观进入宪法，是宪法绿色化的根本标志

绿色发展观即以可持续发展为目标的科学发展观，是人类对自身历史发展过程的科学总结，也是人类不断寻求自身发展的宏伟愿景，同时也是马克思主义科学发展观的伟大社会实践。

4.3.2.1 绿色发展观入宪的必要性

在宪法中确立绿色发展观的法律地位，是国家对坚定实现绿色发展战略的历史承诺。

在 20 世纪之前的整个人类历史发展阶段，世界历史发展进程始终伴随“人类利益”为中心前行着。人类持续不断地、无休无止地、贪得无厌地向自然索取生存资源，并在生产、生活过程中对生态环境资源带来极大的改变与破坏。与此同时，人类也在不断地积累着自身赖以存在的生态、环境、资源危机，而人类对生态自然资源环境的反哺却极为有限，致使自然界正在逐渐地加速丧失其应有的恢复能力和再生能力。

从历史上看，人类的社会活动对自然界起能动的作用，总是带来两方面的重大影响。一方面，人类对自然和生态的改造，使环境与生态得到了有利于人类生存的变化和改造，形成了更适合人类生活的人化自然和人工自然环境与生态。例如，人类建立起大规模的人工生态系统，保证了人口衣、食、住、行等物质生活资料的来源，极大地拓宽了环境与生态的人口承载量，为经济发展和社会进步提供了更为广阔的前景。另一方面，人类对生态自然的改造，又以前所未有的规模和速度干扰和破坏地球生物圈的动态平衡，造成越来越沉重的环境与生态危机，并迫使当代人以及后代人为此付出生存代价，任其自行发展下去甚至会导致危及人类生存环境的彻底改变，直至人类自我毁灭。

无论是近代宪法的法理基础的个人主义，还是现代宪法的法理基础的团体主义，都建立在以“人类利益”为中心的基础之上，其根本宗旨体现人类对自身发展的无限追求。人类对自身发展的无限物质追求与地球生态系统能够供应的有限生态环境资源存在着矛盾对立，地球生态系统的恢复与再生制约着人类社会的物质生产与耗费。因此，地球生态系统复原能力与人类社会生态耗费需求之间保持动态平衡是人类可持续发展和永续生存的唯一保障。由此看来，以人类利益为中心的近现代传统宪法法律，囿于人类对自然环境在其生存和发展中价值和权利的漠视，日益制约和阻碍着人类获得自身的在未来能获得的巨大发展进步。

进入 21 世纪，全世界的国家与民族都无一例外地感受到来自生态、环境、资源的危机及与日俱增的生存压力，这迫使人类开始认真思考和寻求如何实现可持续发展和永续发展的道路。在当代，人类可持续发展和绿色发展的思想与精神已经渗透到各国社会发展的广阔领域，无论是发达国家或是发展中国家，都在不遗余力地推动可持续发展和绿色发展在本国政治、经济生活中发挥核心引领作用，可持续发展观和绿色发展观正在对人类的思维、政府的决策、社会的管理、人们的行为产生着广泛的影响。

人类要实现可持续发展的远大目标，离不开世界各国统一共同的行动。其中，在国家的基本法律制度的基石宪法法律制度中，贯穿可持续发展和绿色发展理念和精髓，确立可持续发展和绿色发展的法律地位，建立融合可持续发展和绿色发展的立法、执法、司法、守法基本法律制度体系，依法保障可持续发展和绿色发展的有效实施等就显得尤其重要且刻不容缓。然而，将可持续发展观和绿色发展观引入宪法，更需要广泛的国际共识与合作，具有前瞻性地将可持续发展和绿色发展的人类共识通过国内法予以确认和付诸行动。在宪法中确立可持续发展和绿色发展的法律地位，标志着一国政府勇于站在人类发展的历史责任高度，将传统“人类利益”为中心的社会发展理念转向兼顾生态利益与人类利益和谐统一的绿色发展理念。

我国向联合国做出了实行可持续发展战略的政治承诺，这既是对联合国也是对世界人民做出的负责任的政治承诺。为此，国家在联合国环境与发展委员会的《21世纪议程》基础上，制定并颁布了《中国21世纪议程》，以此表明中国政府实行可持续发展战略的决心和责任。据此，在宪法中确立可持续发展的法律地位就极具现实的必要。宪法中确立可持续发展的法律地位，能促使国家加速将可持续发展的政治承诺变为全社会的具体且现实的行动，通过在政治、经济、文化、环境等全方位践行可持续发展，不断改善我国各族人民的社会发展水平和发展质量，全面展现我国在国际舞台上的应有地位。

以宪法法律确立可持续发展战略和绿色发展道路，能够充分发挥宪法在建立生态法律体系的引领和支撑作用，把可持续发展观贯穿在国家的政治、经济、文化等各项制度之中，建设以可持续发展和绿色发展为核心的中国社会主义生态文明国家。

从国际社会关系视角出发，以国家宪法确立可持续发展观的法律定位，能够促进我国全面自主地参与国际社会的可持续发展理论的建立和维护，代表发展中国家争取发展的权利和公平的权利。表现在以下几个方面：

（1）在确立可持续发展观时，发达国家和发展中国家客观存在着历史的和现实的社会发展不平衡的根本问题，发达国家在以往的工业化过程中，比发展中国家耗费了更多的环境资源，也应当承担更多的环境资源补偿责任。

（2）对于人类整体来说，生态环境保护不应成为社会全面发展的制约前提。应当充分认识到，社会发展应当以环境保护为前提，环境保护应当以生态恢复为前提，生态恢复应当以资源再生为前提，资源再生应当以循环经济为前提。循环经济在横向上应当是全球范围内的广域的循环经济，在纵向上应当是涵盖时间纵轴的循环经济。由于发达国家消费着更多的来自跨域的生活必需品，也应当承担更多的环境资源补偿责任。

（3）如果发达国家一味强调环境问题或保护环境责任，以保护环境的责任义务束缚与限制发展中国家开发和利用本国资源的主权，利用资本控制、先进技术及市场优势挤压占世界多数的发展中国家的发展空间，发展中国家必须坚持共同但有区别的责任原则，运用法律武器坚决捍卫和维护自己的发展权。

（4）对于发展中国家而言，只有促进可持续发展并获得与发达国家相比的较高水平的社会发展，并同时解决发展中的环境问题，才能真正实现全球的可持续发展和绿色发展。

总之，国家在宪法中确立可持续发展和绿色发展的法律地位，能够体现一个主权国家从社会发展和人类生存的整体视角展现应有的国家责任。

4.3.2.2 绿色发展观入宪的必然性

人类社会艰难与曲折的发展经历向世人证明，在宪法中确立可持续发展观和绿色发展观是人类社会发展的历史必然。

自有人类以来，人类始终在不断探索获得自身的全面发展，以改造自然、改造环境而自豪，不断努力占有自然资源为己所用。但是，人类对生态基本规律认识的局限性，导致我们至今仍然只会不停地向自然索取和掠夺资源，而没有认识到地球承载人类生存的能力是有限的。当今世界，人类赖以生存的生态系统已经显现出人类历史前所未有的严重危机，人类已经切身感受到生态危机带来的不利生活影响。从全球来看，地球表面的气温升高将导致许多物种灭绝，海平面上升将淹没低地和低洼城市与国家，二氧化碳超标排放将产生酸雨致使植物枯死、森林毁灭、水生生物死亡，臭氧层破坏导致地球表面紫外线明显增加使人、牲畜癌症发病率急剧升高。从我国来看，草原超载放牧、土地资源过度开垦、森林资源乱砍滥伐、矿产资源乱采滥挖、环境资源开发不当等，都导致林草植被破坏、生态功能衰退、水土流失加剧、近海污染严重、近海渔业资源衰退、野生动植物栖息生长区域减少、珍稀野生动植物栖息环境恶化、珍贵药用野生植物数量锐减、生物资源总量下降、湖泊湿地日趋萎缩、江河断流、湖泊干枯，地下水位下降、洪涝灾害加剧、植被退化、土壤沙化等，全国范围内的各种地质灾害频繁发生。

正因如此，人类社会发展走到历史的转折点，必须从只关注“人类利益”转向关注“人类利益和生态利益”并重，这是人类获得全面发展、持续发展、绿色发展的唯一选择，是不以人的意志为转移的客观规律。宪法以成文法规范的形式客观记录和反映可持续发展观和绿色发展观，是宪法与时俱进不断发展完善的客观要求，宪法在此演化过程中也实现了绿色化。宪法作为我国社会整体状态的客观反映，必然充分反映我国当前社会正在发生、不断深化的生态文明建设和绿色经济发展的社会现象。

4.3.2.3 绿色发展观入宪是宪法绿色化的标志

陈泉生认为，近代宪法的法律精神是个人主义，现代宪法的法律精神是团体主义，当代宪法的法律精神是生态主义，前两种宪法注重的是“人类利益”，后一种宪法注重的是“生态利益”，这是从宪法发展的层面上来谈宪法的内容。在这一发展历程中，宪法内容所确立的政治、经济、文化等制度的发展是从“非持续发展模式”向“可持续发展和绿色发展模式”转变，这是宪法实质内容的飞跃，也标志着宪法本质向可持续发展和绿色发展跨越。

在非持续发展模式下的宪法，其宗旨是确保人与人之间、人与国家之间的权利义务的一致性。就自然而言，自然生态环境的存在是为了保证人类社会最大限度地享有自然的权利，自然生态环境只是为人类社会的自身发展而服务。因此，非持续发展模式下的宪法反映的是人类社会与自然生态环境的对立关系，由此调整的人类社会对待自然生态环境的行为方式是占有、掠夺、破坏，与此相应产生生态环境对人类生存的危机和侵害也在所难免。

在可持续发展和绿色发展模式下的宪法，可持续发展观和绿色发展观进入宪法，促使宪法实现绿色化发展。宪法不仅确认和保护人类社会的权利，同时需要确认和保护自然的权利、生态的权利、环境的权利、资源的权利。宪法作为国家和社会的法律体系和制度体系的基石，必将全面和及时反映人类社会的发展需求及人与自然相互约束和协调的关系。宪法的绿色化是人类社会对人类自身和自然生态环境及其相互关系不断认识和探索的结果，是人类发展过程中自我完善的必然结果，也是宪法自身发展的必然结果。

第 5 章

民法生态化

民事法律制度涵盖一国私法领域各项法律制度，国家通过民事法律赋予民事主体在法律框架内自主解决问题的权利。在现实生活中，民事法律调整着纷繁复杂的社会生活方面的法律关系，民事法律制度是法律体系中最重要的组成部分。生态环境问题起源于民事侵权及其赔偿问题，最初阶段仅局限于在民法框架内加以解决。但是，随着涉及生态环境问题的民事侵权法律行为及其侵权损害结果的外溢效应，此类侵权行为极大地侵害了社会的公共利益，并引发大量危害公共安全事件。在此情况下，民事法律制度对调整涉及生态环境问题的局限性不断地显现，民法之外的其他部门法对公共利益保护的职能优势也开始凸显出来，以环境法、资源法等行政法为代表的公法领域法律制度成为解决生态环境问题的主要法律制度。然而，人们在进一步深入认识生态环境问题之后，深感在公法框架内也无法圆满解决现实存在的环境污染问题、生态破坏问题、资源枯竭问题等，特别是不能充分调动民事主体参与治理生态环境问题的内在积极性和主观能动性。人们开始思考并创新性引入生态环境治理成本补偿机制，由此发展出排污权交易、碳排放权交易、用能权交易、用水权交易等市场调节机制，借助市场经济手段提升民事主体解决生态环境问题的效率，民法生态化应运而生。

5.1 民法生态化概述

环境问题的产生与民法的理念与制度有着密不可分的联系。一方面，民法的理念与制度本身就建立在传统的价值观之上，私法自治的思想基础保障了民事主体的充分自由，也排斥了国家的干预，这会造成许多有害于社会公共利益的负效应。另一方面，环境问题恰恰就是民事主体在日常生产生活和交易活动中产生的，没有民事行为就不会有环境问题，这说明民法不可能抛开环境问题而独善其身。①我国民法必须实现生态化变革、创新，其重点在于调整对象的生态化、基本原则的生态化、基本制度的生态化。在人格权立法中增设环境人格权规则，在物权立法中增设环境容量用益物权规则，在合同法立法中增设环境合同规则，在侵权责任立法中细化环境侵权责任规则，设定民事主体必要的环境权利、环境义务以及环境责任。②

5.1.1 民法生态化的概念

改革开放以来，我国国内生产总值年均增长 9.6%，经济总量跃居世界第二位，增长速度、引进外资、外汇储备居世界第一位。我国的煤炭、石油、钢铁等资源类物质消耗量居世界第一位，单位 GDP 能耗是发达国家的 8～10 倍。

同时在我国，江河水系 70%受到污染，40%严重污染，流经城市的河段普遍受到污染。城市垃圾无害化处理率不足 20%，工业危险废物、化学物品处理率不足 30%。环境污染与环境破坏造成全国 3 亿多农民喝不到干净的水，4 亿多城市人口呼吸不到清新的空气。因为城市空气严重污染，我国有 1 500 万人因空气污染而患上各种呼吸道疾病。据不完全统计，世界空气污染最严重的 20 个城市中，16 个是中国的城市。③

目前，我国的生态环境非常脆弱，是世界上土地荒漠化最严重的国家之一，全国 1/3 国土面积受到水土流失的侵蚀，90%的天然草原不同程度地退化。

我国社会的经济发展与环境危机总是相伴相随的。回顾中国社会过去 30 多年

---

① 梅献中：《环境问题与民法的生态化》，载《重庆社会科学》2007 年第 7 期。

② 方印：《生态市民社会建设与民法生态化课题研究论纲》，载《贵州法学》2014 年第 9 期。

③ 陈伟：《没有青山绿水的发展可以休矣》，载《中国绿色时报》，2014 年 8 月 22 日。

的改革开放带来的社会财富增长过程，靠的是牺牲环境换取的经济增长。传统的发展模式没有发生根本性转变，简易、粗放的生产方式带来了巨大的环境污染和生态破坏，并不断形成长期累积效应，国家环境安全已经成为社会持续健康发展的重大威胁。长期以来，我国经济增长方式粗放，产业结构不合理。生产性企业的高投入、高消耗、高排放，过快地消耗了大量资源和宝贵的环境容量。生产企业污染物排放超过环境承载能力、生态系统功能加速退化、资源保障能力严重不足等问题已成为经济社会可持续发展的硬约束。

解决当前环境危机的途径，是从根本上改变整个社会的生活方式和生产方式，建设生态文明制度体系。因为，法律制度是规范社会关系的工具，法律的生命来自社会经验，社会关系的产生和变革必将导致法律的产生和变革。①

民法作为调整平等主体之间财产关系与人身关系的法律规范的总和，必然会随着社会关系的变革而变革，生态文明社会必然需要产生生态文明的民法。民法应顺应时代的要求发生变革，并催生了民法生态化理念。

所谓民法生态化，是指民法为了顺应 21 世纪生态文明建设时代的要求，将生态原理引入民法立法、执法、司法等领域，促进民法体系的修正与完善，从而对现行民法的研究方法、价值理念以及制度设计等进行全方位的反思、调整、改进或创新，使人类的民事法律行为既能充分发挥人的主观能动性，也更加符合自然生态规律的要求。②

民法作为权利法，是赋予法律自然人从出生到死亡的人身权和财产权的规范。当今国际社会提出的环境问题，普遍是指基于人类的生产和生活行为造成的环境污染与环境破坏。以学界对“癌症村”现象的调查研究为例，经济发展了，癌症村出现了。环境污染和生态破坏使人类社会发展不可持续，自然人的财产权也无法获得根本的保障，进而延伸到自然人的健康权及人身权无法保障。充分发挥民法保护自然人的固有民事权利，并延伸至对自然人生存环境的保护，能够从法律上帮助自然人回归到良好的生态环境中，习近平讲：“绿水青山就是金山银山”。反之，没有了绿水青山，就是有了金山银山，人类也无法生存。因此，对民法固有制度进行生态化的解读及调整是非常必要的。

---

① 柯华庆：《法律变革的逻辑——社科法学与教义法学的较量》，载《桂海论丛》2014 年第 4 期。

② 方印：《论民法生态化的概念及基本特征》，载《湖北社会科学》2012 年第 2 期。

5.1.2 民法生态化的基本特征

民法的生态性要求民法解释、民法基本原则、民法内容都要符合生态规律可持续发展的要求，就是要遵循生态规律，正确处理人与自然的关系，倡导人与自然和平相处与永续发展。

生态系统是建立在自然界内在规律的基础上的超人类系统，其演进与变化要遵循生态系统运行的内在规律，人们称这种规律为生态规律。人类作为生物物种之一生存于生物圈内，是生态环境内的要素之一，其行为必然受制于生态规律，必须遵循生态规律的要求开展活动。生态规律是自然界不以人们的意志为转移的客观规律。人们可以认识它并利用它为人类服务，但是，人类不能违背生态规律恣意妄为，否则就要受到大自然的惩罚。

5.1.2.1 生态系统的内在规律性

（1）物物相关律。生态系统的各个组成部分之间存在着相互联系、相互制约、彼此依存的关系。改变其中的一个部分，必然会对其他部分产生直接或间接的影响。这就是物物相关律。根据这一规律，为了保持生态平衡，人类在制定有关环境的法律时，应当充分考虑生态系统中各组成部分之间的这种关系，做好统筹规划。

（2）相生相克律。生态系统中的每种生物都占有一定的位置，它们相互依赖，协同进化，使整个生态系统成为一个协调的整体。任意去除或者引进一种生物，都可能使生态系统的物质循环和能量流动发生紊乱，从而危害生态系统的平衡。这就是相生相克律。根据这一规律，人们在环境法中做出了保护生物多样性、保护野生动植物以及建设野生动植物检疫制度等等规定。

（3）能流物复律。在物质循环和能量流动的过程中，自然界和人类社会中的各种物质和能量有一部分会逸散出去。而物质一旦进入环境，便会在环境中不断地循环。尤其是那些生物难以降解和不可降解的物质，还会通过生物浓缩、生物放大和生物积累等过程在生物体内累积。这就是能流物复律。根据这一规律，为了保护环境和维护生态平衡，人们在制定有关法律时，必须尽可能充分地利用现在的物质和能量，特别是要尽可能地防止那些生物难以降解和不可降解的物质进入生态系统和人类的生活环境。这也就是环境法规定鼓励综合开发、综合利用、废物回收和对危险化学品、危险废物进行严格管理的原因。

（4）负载有额律。一个生态系统只能供养一定的生物量和承纳一定的污染物。当生态系统供养的生物量超过其承载能力时，它就会失衡并最终解体；当向生态系统排放的污染物超过其自净能力时，生态系统就会被污染；当对生态系统施加的外界冲击的周期短于它的自我恢复周期时，生态系统也将因不能自我恢复而崩溃，这就是负载有额律。根据这一规律，为了维护生态平衡，保护环境，必须使生态系统供养的生物数量不超过其生物生产能力，必须确保排入生态系统的污染物不超过生态系统的自净能力，还必须使生态系统的冲击周期长于其自我恢复周期，这也就是人们在法律中规定禁猎期、禁渔期和不得过量放牧、控制林木采伐量、控制污染物排放量的原因。

（5）协调稳定律。该规律是指，当生态系统中的生物多样性和生态系统的结构、功能相对协调时，生态平衡才不容易被破坏。对于一个生态系统来说，系统的组成成分越多样、能量流动和物质循环的途径越复杂，其自我调节的能力也就越强，生态系统也就越稳定。因此为了维护生态平衡，必须保护生物物种的多样化，鼓励人们去创造复杂多样的人工生态系统。这也就是人们保护生物多样性、建立自然保护区的原因。人类改造自然的活动只有顺应生态规律，才能维护生态平衡，才能够使环境朝着有利于人类生存和发展的方向变化。从根本上说，一种能促进社会可持续发展的法律，会通过将人们开发利用环境的行为控制、限制在符合生态规律的范围内，来达到协调人类与环境关系的目的。

民法生态化就是要建立符合并遵循生态规律的民事法律，这是生态规律在民法体系中的必然反映。为了适应可持续发展对传统法律的挑战，人类在制定法律时必须引入生态学规律，推动民事法律生态化，并以此调整人与环境的关系，从而实现可持续发展。

5.1.2.2 生态化发展的趋势性

趋势是指事物或局势发展的动向。民法生态化的趋势性是指民法生态化是一个动态的发展过程，是民法向保护生态环境的方向发展的必然性，生态规律的要求、经济规律的推动是其发展变化的动力。民法生态化的趋势性反应民法的原则、理念及各组成部分向保护生态环境的方向发展，从无到有、由少积多、由偏到全、由粗到精的过程。这种趋势性体现在物权法里，就是在物的概念上，将传统民法上被人所控制的物的范围，扩大到将环境容量也纳入物的范围，并赋予其物权。在合同法中体现为一个新的合同形式即环境合同，并将碳排放权交易和排污权交易用环境合同制度加以实现。在侵权行为法中，将环境侵权行为的责任追究制度，从过错责任制度向有限的无过错责任制度转变，在法律结果上从恢复性赔偿制度向惩罚性赔偿制度转化等。

5.1.2.3 民法固有的私法性

民法生态化是指在社会生态文明发展的时代背景下，并与市场经济发展相适应的条件下，具有生态文明内涵的社会经济生活规律在民法制度上的体现。民法生态化使传统民法的演进更加符合现代生态文明的要求，满足了社会经济持续发展的要求。民法的生态化是对传统民法的价值理念的再建和重塑，是对传统民法功能在全新的生态文明社会的延伸，并以此提高民法的生命活力。民法的生态化显示出了传统的民法在生态保护方面的价值，这一价值同时也是对传统民法价值理念的修正和补充，也进一步完善了传统民法的社会性内涵。

但是，生态化民法亦具有传统民法的私法属性，其基本原则与核心价值依然被扬弃地继承下来。民法生态化对传统民法进行的生态化意义的必要性修正，使民法能够更好地适应时代的发展要求。因此，在民法的生态化过程中，不能因为关注处理和解决环境问题而改变其民法的私法属性，不能将民法的私权本位转变为社会本位。民法在本质上体现出了私人的自由意志，对个人强制附加生态环保的规定也是基于私人的利益，是个体利益的具体表现。民法生态化使传统的人的形象变得更加具有时代特征，同时也更能适应现代社会的发展要求。[①]

5.1.3 民法基本原则解释的生态化

民法的基本原则是民事立法、民事行为和民事司法的基本准则，高度体现了民法精神，具有指导民事立法、民事司法及民事活动的基本功能。我国民法基本原则包括：平等原则，自愿原则，公平原则，诚实信用原则，禁止权利滥用原则。

5.1.3.1 平等原则的生态化

民法中的平等，是指主体的身份平等。身份平等是特权的对立物，是指无论其自然条件和社会处境如何，其法律资格亦即权利能力一律平等。《民法通则》规定：当事人在民事活动中地位平等。任何自然人、法人在民事法律关系中平等

① 吴愔愔：《民法生态化的基本特征及具体落实》，载《法制博览》2014 年第 7 期。

地享有权利，其权利平等地受到保护。在民法生态化理念下，民法平等原则就是要求任何主体，无论是自然人、法人、抑或国家在进行民事活动时，各类型主体都平等地享有环境性权益，平等地履行环境性义务，平等地承担环境权益损害责任。[①]民事环境权的突出特征是其本身具有独特的代际公平的内在要求，包括对环境公共产品的保护和使用的平等。习近平曾指出，良好的生态环境是最公平的公共产品，是为子孙后代留下可持续发展的绿色银行。由此，平等原则体现在生态民法上的创新制度，便是自然资源产权制度、排污权交易制度及生态损害赔偿制度。

5.1.3.2 自愿原则的生态化

自愿原则，即当事人可以根据自身的判断从事民事活动，在合法范围内国家不干预当事人的自由意志，充分尊重当事人的选择。自愿原则的内容应该体现在自身行为和自身责任两个方面。自身行为，即当事人可以根据自身的意愿决定是否参与民事活动，以及参与的内容、行为方式等。自身责任，即民事主体要对自身参与民事活动所导致的结果负担责任。

在现代社会，民法上的自愿原则有时受到更为广泛的限制，有时又获得更为广泛的扩张。这种动态变化，实际上反映了民法对当事人自愿判断标准的变化，在普遍认可形式自愿的前提下加入更多的实质自愿的判断内容。在生态文明建设与环境保护理念下，自愿原则体现的是限制，如所有权的使用、处分，合同自愿的内容必须符合环境保护的要求。与此同时，自愿原则也可引导人们的行为符合生态文明的要求，而不作强制性的规定。例如，垃圾抛弃是所有权人的所有权处分行为，但垃圾分类则对所有权处分指明了方向。

5.1.3.3 公平原则的生态化

公平原则，它要求当事人在民事活动中应以社会正义、社会公平的观念指导自身的行为，平衡各方的利益。要求以社会正义、社会公平的观念来处理当事人之间的纠纷，承担法律上的责任。

市场经济中的公平原则，更注重对任何经营者都只能以市场交易规则为准则，并享有公平合理对待的权利。既不享有任何特权，也不履行任何不公平的义务，权利与义务相一致。

---

① 方印：《论民法基本原则生态化的价值理念与技术路径》，载《贵州警官职业学院学报》2012 年第 1 期。

民法作为商品经济的法，设计之初只考虑调整平等主体的财产关系和人身关系，并没有考虑人与自然的关系。因此，传统民法只承认物的价值及物的稀缺性，不承认生态的价值和生态产品的稀缺性。在生态文明与可持续发展的理念下，在强调主体权利义务公平的同时，还要重视保护环境，赋予环境以应有的环境权。民事主体在生态文明的市场经济背景下从事民事活动，应当树立环境友好与资源节约为本位的法律观念，自觉遵守国家环境资源保护法律法规，以及党和政府发布的有关政策规定，切实自觉履行自身的生态环保义务，最大限度地做到尊重他人必需的环境权益，维护社会必需的生态环境公共利益。[①]

例如，根据公平原则设计排污权制度。排污权交易是一种平等主体之间的民事法律行为。在人类发展过程中，应当树立绿水青山就是金山银山，既要金山银山，又要绿水青山的人类发展理念。绿水青山是有价值的，环境容量是有限的公共资源。向天空、陆地、江河、湖海中排放污染物需要占用地球有限的环境容量，同时也占用了社会的公共资源，并以占用公共资源获得了相应的利益，其中包含了巨大的经济利益。因此，对于所有的人为排污行为都应当承担相应的民事义务，向环境容量的权利主体交纳费用即排污费。排污费不应是权利人的经济收益，而应当是为恢复地球环境容量、保持环境恢复能力的投资建设基金。

排污权交易的行为体系，包括行政行为、中介行为和买卖行为。其中，买卖行为是排污权交易的主要法律行为，决定排污权交易的法律性质是一种民事行为，也是排污权交易与其他环境保护手段的重要区别之一。排污权交易应遵循所有民事交易行为的基本准则，即自愿、协商、公平、有偿的原则。中介机构是市场经济发展成熟化的产物，排污权交易中介机构能为交易提供排污指标的供需信息，为交易创造和提供便利条件，是交易成功的有力助手。由于排污权的特殊性，其交易离不开政府的参与。政府的行政行为表现为：为保证交易的目的合法而进行行政指导、对交易行为及交易过程进行行政审核、开展交易后的监测监督等。排污权交易制度的公平，体现为政府定价的公平及市场交易的公平。

5.1.3.4 诚实信用原则的生态化

诚实信用原则是民法的基本原则，要求人们在民事活动中应当诚实、守信，正当行使权利和履行义务。诚实信用原则既是传统市场经济活动中的基本道德准则，

---

① 方印：《论民法基本原则生态化的价值理念与技术路径》，载《贵州警官职业学院学报》2012 年第 1 期。

也是现代法治社会的基本法律规则。因此，诚实信用原则是一个具有道德内涵的法律原则。诚实信用原则也是合同法的一项基本原则，合同法规定当事人行使权利、履行义务应当遵循诚实信用原则。

诚实信用原则的基本含义是指当事人在市场活动中，应当讲求信用、恪守诺言、童叟无欺，在追求自身利益的同时不损害他人和社会利益，在民事活动中维持双方的利益及与社会利益的平衡。诚实信用原则作为民事立法的价值追求，是通过创设法律规范的权利、义务、责任、结果条款充分体现出来的。诚实信用原则本身不直接涉及民事主体具体的权利义务，其立法含义具有高度的抽象性，在司法实践中更多依靠行为心证的方式体现出来。虽然，诚实信用原则因没有具体行为描述的法律规范，并由此会产生模糊性，但是诚实信用原则的内涵和外延的边界存在法律的限度性。

在生态文明和可持续发展理念下，诚信原则要求民事行为在涉及个人利益与环境公共利益冲突时，应当诚实守信、不欺不诈，在保护自身利益的同时，将社会公共环境利益纳入重要法律义务。

5.1.3.5 禁止权利滥用原则的生态化

权利滥用是指权利人在行使权利时，超出权利本身的正当界限，损害社会公共利益和他人利益的行为。

禁止权利滥用原则是指一切民事权利的行使均不得超过其正当界限，否则即构成权利的滥用，应当承担责任。权利的行使，原则上应当依照权利人的自由意思，不受他人干涉。但是，任何权利的行使都应当有一定程度和范围。如果权利的行使完全无视他人和社会利益，则违反了权利存在的宗旨。权利滥用的特征在于行为人依法享有该权利，行使该权利是正当、合法行为。但在行使权利时，行为人有意超越权利的目的和社会所容许的界限，对社会公共利益和他人权利造成损害，应当为法律禁止。在现代社会，尊重他人的环境权益以及维护社会公共环境利益，是民事主体在行使民事权利时必须遵守的一个前提条件。由此，民事主体行使权利时，就负有不得危害他人健康安全的环境权益，避免可能导致各种严重环境污染与破坏的行为结果。否则，就可以依据禁止权利滥用原则认定其应承担民事责任，这是禁止权利滥用原则应有的生态化拓展解释内涵。[①]

---

① 方印：《论民法基本原则生态化的价值理念与技术路径》，载《贵州警官职业学院学报》2012 年第 1 期。

5.1.4 民法内容的生态化

民事法律关系是民法的核心内容，民法生态化通过民事法律关系展现出来。

5.1.4.1 民事主体的生态化

民事主体，即民事法律关系的主体。根据我国现行法律规定，民事主体包括公民、法人及其他组织，在特别情形下的国家及其机关也可以成为民事主体。能否成为民事主体需满足以下条件：

（1）名义独立。自然人和法人能以自身的名义为民事行为，与第三人发生法律关系。对组织体意味着能够用组织的名称与第三人为民事法律行为，而不是以法定代表人或其他组织成员的名义。

（2）意志独立。按照自身的意愿，通过自身的选择来活动。自然人能通过自身的自由意志为民事法律行为，不受他人的非法干涉。对于法人而言，应该是其共同意志，而不是其成员的个人意志的简单相加。

（3）财产独立，即民事主体必须拥有作为一个实体独立的财产。自然人对其拥有的财产享有完全的、排他性的占有、使用、收益、处分的权利。法人的财产独立于其成员的财产，为法人的共同利益所支配。

（4）责任独立，即要求民事主体具有责任能力。民事主体的生态化体现在两个方面：一是环境的污染及生态破坏是人的行为造成的。所以，需要通过法律教育改变人的思维习惯和行为模式，使自然人在成长过程中，成为具有环境保护意识的民事主体。二是民事主体在进行民事行为时，不得违反法律和道德，损害环境。

在民事主体生态化的讨论中，后代人及一些非人类存在物能否成为民事法律关系的主体问题被一些学者提出。肯定者观点认为，根据代际公平理论，传统法律追求当代人的利益而忽视对后代人的公平，当代人对生态环境的过度利用损害了后代人的利益。为实现资源在代际公平地配置，有必要将后代人作为法律关系的主体确定下来。后代人能否成为民事主体，取决于立法者的价值选择。在环境保护的理念日益深入人心的今天，后代人完全有成为民事主体的必要。[①]根据非人类中心理论，

① 周小桃：《论民事主体制度的生态化拓展》，载《湘潭大学学报（哲学社会科学版）》2009 年第 6 期。

人类的发展使生态环境遭到破坏，危及非人类存在物的生存空间。保护生态环境在很大程度上体现了保护非人类存在物的利益，法律应尊重和保护非人类存在物的利益，赋予一些非人类存在物的法律主体地位。这种观点对于保护后代人的利益，保护人类可持续发展的环境是可借鉴的。

但是，非人类中心理论的权利论在民法理论上无法成立。①后代人及一些非人类存在物具有抽象性，没有独立的名称，法律无法赋予后代人及一些非人类存在物以名称上的独立性。②缺乏相应的独立的意志。后代人及一些非人类存在物是无法通过自身的意志，选择自身的行为以享有权利和承担义务。有些讨论者引用民法上的无行为能力人和限制行为能力人的权利制度，可以通过法定代理或委托代理的制度解决权利的独立意志问题。但是，无行为能力人和限制行为能力人和他们的监护人有伦理关系，并由此形成法定代理法律关系。后代人及非人类存在物无法通过这种伦理关系找到他们的代理人或委托代理人。③不存在独立的财产权。后代人基于非现实存在，无法享有现实的财产。非人类存在物基于它的财产属性和生态属性虽拥有独立的财产价值，却无法将其财产价值转化为财产权利。④不具有责任独立。后代人及一些非人类存在物的无意识性，当然没有独立承担民事责任的能力。

5.1.4.2 物权的生态化

重视物的经济价值的同时重视其生态价值，实质是对传统所有权绝对属性进行必要的限制。①对物权主体进行资格限制。需要具备保护、恢复环境条件和能力才能获得其相应权利能力。②限制物权客体。通过环境影响评价后，物体才被开发利用，并在利用过程中承担保护义务。③对权利义务进行限制。物权主体在行使权利、履行义务时必须做好环境保护措施，否则将承担民事或其他法律责任。④拓展物权的延伸生态化权利。生态环境相邻权应当体现财产性与人格性，即对物的利用是为了满足人类生存的基本需要，而不应追求利用物的价值和环境的价值去创造满足人类贪欲的财富积累。

之所以采取环境容量使用权保护，是为了保持环境资源的再生或更新能力。在环境容量限额内允许主体进行交易，能够实现资源的合理配置并保障环境安全。

5.1.4.3 合同制度的生态化

合同法应当考虑生态利益与经济利益的协调。合同制度的生态化应该将环境公平纳入到社会公平的价值判断之中，以人的生态理性为基础，建立资源的生态价值评价体系。意思自治是合同的核心与灵魂，为防止当事人忽视经济活动的生态价值，有条件地限制当事人的过度自由。在意思自治中纳入生态理性，使民事合同中能够蕴含环境保护义务，并建立公平的判断标准，将个体公平转变为社会公平。

5.1.4.4 人格权的生态化

人格权事关人存在的价值和尊严，人的最基本的人格权是人应当在适宜的生态环境中生活，即享有环境人格权。

（1）环境人格利益更多地体现为人的精神利益方面，因而只有自然人才能享有环境人格权，其权利主体一般只能是自然人。但任何主体都可能对生态环境造成侵害，所以义务主体应包括自然人、法人和非法人组织等。

（2）环境人格利益是人所固有的非财产性利益，人享有多大程度的利益才算正当、在多大程度上才会造成利益侵害，并应承担多大责任？这些问题必须依赖一定技术标准加以评判。任何人在享有环境利益的同时，都负有为保护环境安全而不为某些行为的义务。因此，如果人的行为造成环境危害，则应承担民事及其他责任，其中也包括精神损害赔偿责任。环境人格利益通过身心健康来实现，健康的标准应是环境卫生标准，应该高于生活中环境卫生要求的标准。

5.1.4.5 知识产权的生态化

生态文明需要知识产权制度的生态化，其任务是在知识产权保护的过程中，增加知识产权的生态环境价值评估，设立知识产权的生态环保义务责任标准。

（1）加入环保的授权标准。科学技术的发明创造，如不考虑生态环境保护需要，如不承担生态环境保护义务，如不遵循生态环境保护规律，则其新技术将对生态环境造成巨大的破坏。因此，对于不合乎生态环境要求标准、不承担相应生态环境保护义务的知识产权申请不应当对其授权保护。

（2）实施和转让的环境评价。在知识产权成果的实施及转让过程的前、中、后阶段，进行不间断的生态环境影响定性和定量的分析、预测和评估，根除环境损害影响的所有不确定因素，对可能造成生态环境破坏的项目坚决取缔。

（3）依法保障生态专利的共享和强制许可。拥有有利生态环境保护专利的知识产权人，在一定条件下应与他人共享专利成果，避免因技术竞争产生妨碍对生态环境保护的不利局面。生态专利共享需要建立相应的利益补偿机制，通过生态环境保护基金等公共利益保护机制寻求对生态专利研发和生态专利共享的激励。为了生态环境保护，必要时授予知识产权强制许可使用。

5.1.4.6 侵权责任的生态化

环境侵害具有复杂性、综合性、长期性和潜伏性等诸多特征，已超出传统侵权责任法的法理及制度架构，有必要对侵权责任法进行生态化拓展。

（1）环境侵权制度应当区别于传统侵权制度，不能再以危害结果为环境侵权构成要件，只要有证据表明环境污染、环境破坏等行为即将严重威胁他人的人身、财产安全时，就可要求加害人承担环境侵权责任。环境侵权制度应当认定，生态环境侵权行为的行为责任和危险责任。

（2）环境侵权即将造成的损害结果，在现实中具有极大的不可预见性。现行立法难以明确预设环境污染和环境破坏结果的法律规范，由于破坏和污染环境的行为具有造成受害人健康损害、财产损失的潜在危害，即使尚未有现实存在的损失结果，也应当承担赔偿责任。

（3）对于环境侵权案件，应用普通侵权损害赔偿原则裁定的是损害赔偿额度，可能造成对受害者救济严重不足的状况，加害者很可能不采取任何措施以避免再次侵权。对加害者施以惩罚性赔偿制度，以促使加害者努力避免再次实施侵权行为。

5.2 物权法生态化

5.2.1 物权法生态化的概念

传统民法上所说的物，是指民事权利主体能够实际控制或支配的具有一定经济价值的财产。可以说，除人们个人身体以外的、凡能满足社会生活需要的，并且有可能为人们所支配或控制的一切自然物和劳动创造的物，均可成为民事法律关系的客体。物有 5 个特征：

（1）必须存在于人身之外。民法上的物只能是存在于人身之外的物，而不能是人身。现代法上人只能为主体，而不能为客体。不仅人身不能成为客体，人身上的某一部分包括各种器官在未与人体脱离前也不能成为物。以人身上的某一器官为交易对象的，不受法律保护，法院不能强制执行。人身的组成部分只有在与人体脱离后才可成为物。人死亡后已无生命，不为主体，因而尸体可成为物。

（2）必须能够为人力所实际控制或支配。只有能够为人力所支配和控制的物，才为民法上的物。因为只有这样的物，才能满足主体的个体需要，才能用于交易。随着生产力的发展，人类支配自然的能力增强，物的范围也不断扩大。例如，电、热、声、光、气等自然力，在不能为人实际控制和支配时不为物，而能够为人力控制和支配后则成为物。

（3）必须能满足人们的社会生活需要。民法上的物必须具有可使用性，具有价值和使用价值。因为只有能够满足人们的生产或生活需要，才可为主体所有，才可用于交换。不能满足人们生产或生活的实际需要的物，在法律上没有意义。

（4）必须为独成一体的有体物。民法上的物一般仅指有体物。所谓有体，是指具有一定的形体，能够为人的感官感触到。民法上的物还应能够独成一体，即能够单独满足人们的需要。如不能独成一体，则不能单独用于交易，不为民法上的物。

（5）物必须具有稀缺性。并非一切能满足人的需要的物都必然能成为民法中的物。阳光和空气能满足人的需要，在通常情况下却不能成为民法中的物，原因在于它们是无限地供给的，不具有稀缺性。要成为民法中的物，既要具备效用性，还须具有稀缺性。传统民法物的概念，把空气、水等自然资源排除在物的范围之外。正是这种对物的认识观念的局限性，导致人们对待自然界的资源如空气、水、环境等进行无偿性、无序性、掠夺性利用，使当代的环境污染和环境破坏等问题愈演愈烈。

"物权"一词是由中世纪的注释法学派首先提出来的。他们在解释罗马法时，以对物之诉为基础，创立了具有近代意义的物权学说。1811 年的《奥地利民法典》率先在立法上使用了物权的概念。1896 年《德国民法典》以物权为该法第三编的编名，其后这种以物权为独立篇章进行民事立法的方式普遍为大陆法系国家所接受。

物权是指权利人依法对特定的物享有直接支配和排他的权利，包括所有权和他物权即用益物权和担保物权。

传统民法上物权只关注物的财产价值，而不关注物的生态价值，赋予物权人对物具有排他的支配权。这种支配权导致了环境污染和生态破坏，如人类弃物的无序抛弃、土地上化肥农药的过度使用等各种现象，期望依靠传统民法物权制度理论进行解决是束手无策的。可持续发展战略及生态文明制度建设的理论，为传统物权理论的发展提供了新的认识工具和理论基石。

物权法是确定和调整人与人之间因对物的归属和利用而产生的财产关系的法律规范的总称。传统物权法为顺应环境保护和可持续发展的要求，应当与时俱进地不断发展演化。具体表现在：法律规定的物的内涵的扩大和生态化解读，以及限制物权行使以符合生态文明和可持续发展的要求。

所谓物权法生态化就是对物的经济价值、生态价值和社会价值进行整合，通过赋予物权法律制度以应有的生态观、环境观、发展观，将环境权利和环境义务纳入物、物权、物权法的法律规定之中。它包括拓展物的概念、更新物权制度等。[①]

5.2.2 物权法发展变化的趋势性

5.2.2.1 将生态产品纳入物的范围

生态产品是指维系生态安全、保障生态调节功能、提供良好人居环境的自然要素，包括清新的空气、清洁的水源和宜人的气候等。

传统的物权法将清新的空气、清洁的水源和宜人的气候等生态产品视为可以自由使用、不必支付报酬的公共财产。在空气污染、环境破坏、资源枯竭的今天，这种观念已经受到现实的严峻挑战。为保护人类社会的生存环境，有必要扩大物权客体的范围，将生态产品涵盖在物权法保护的物的范围之内。通过将自然资源纳入物权客体，构建对自然资源进行完整保护的产权制度。在现代生活方式下，阳光、空气、水源、排污权、空间等生态产品，作为人类生存不可缺少的生活物质，与传统物的范围内的一般财产一样，充分显示了其稀缺性、价值性、独立性、功能可控性、可交易性、特定性等特点，某些已经被纳入物权客体范围，并赋予其生态保护功能。生态产品对人类生存和发展具有极其重要的影响，现代的物权法已经逐步摒弃传统的物权法的束缚，普遍提高对环境价值、自然资源价值的认识。清新的空气、清洁的水源和宜人的气候等生态产品，不仅因其形体可控，更是因其环境利益才进入物权法领域。由此，新型物权法制度将产生阳光权、通风权、清洁空气权等生态环境权，以弥补传统民法相邻关系法律制度在解决上述生态环境权纠纷案件时的局限性。

当然，法律关系的客体作为人们权利义务指向的对象并非是阳光、空气等生态产品本身，而是人们享受的阳光利益、清洁空气利益等。

---

① 朱一泓、欧志文：《物权生态化探析》，载《邵阳学院学报》2005 年第 2 期。

5.2.2.2 对物权的限制与拓展

传统民法中所有权绝对的思想，从 20 世纪以来，基于公共利益的理论已有所松动，即行使物权不得违反公共利益、权利不得滥用等制度对物权加以限制。尽管如此，公共利益抽象、原则、指代不明，假借行使物权手段侵犯环境利益的案例比比皆是，已经严重地限制了民法对生态环境及其权益的保护。因此，有必要对物权加以生态保护方向的限制，使绝对性物权向限制性物权转化，物权的这种限制性源于对物权行使的生态环境保护要求。这是因为，基于客体物的物权和同样基于客体物的生态权益之间是此消彼长的关系，实现一种权利就要限制另一种权利的实现。为了解决个人利益和公共利益的冲突，法律应当赋予物权人在行使物权的过程中，承担相应的法定义务，从而对可以实现的个人利益加以限制。所以，为调和基于客体物的不同利益的冲突，物权人在享有私益性的权利、追求私法利益的同时，应履行公益性的义务，如保护生态环境。物权人以外的其他人，在履行不侵犯物权人私益性权利的义务同时，应享有公益性的权利或利益，生态利益就是这样一种利益。①

同时，民法中的用益物权制度、相邻关系制度也应进行生态化拓展。用益物权是指非所有人对他人之物所享有的占有、使用、收益的排他性的权利，如土地承包经营权、建设用地使用权、宅基地使用权、地役权、自然资源使用权。用益物权作为物权分类的一种，主要着眼于财产的使用价值。物权生态化的理念要求，用益物权人在使用他人的物时，负有保护生态环境、促使其持续发展义务。相邻关系是指两个或两个以上相互毗邻不动产的所有人或使用人，在行使占有、使用、收益、处分的权利时发生的权利义务关系，即与所有人或使用人在占有、使用、收益、处分权利时发生矛盾的，应依照法律规定使他们有权从相邻方得到必要的便益，或者防止来自相邻方的危险和危害。同时，对各自所有权的行使也应有所节制，不能损害相邻方的合法权益。因此，相邻关系实际上是在斟酌相邻各方的利益和公共秩序后，对行使所有权的一种限制或节制。

5.2.3 生态化在《物权法》中的体现

依据以人为本和全面协调可持续的科学发展观的要求，我国立法机关在制定和

① 楚道文：《物权的生态化研究》，载《政法论丛》2008 年第 1 期。

完善《物权法》时，不仅要从生产要素的视角鼓励发挥物的效用，还应从社会发展视角注重揭示物的生态。使生态化的《物权法》，做出有利于环境和资源保护的规定，促进人与自然的和谐相处。

5.2.3.1 在物权基本原则中的体现

《物权法》的第七条规定："物权的取得和行使，应当遵守法律，尊重社会公德，不得损害公共利益和他人合法权益。"物权基本原则的规定就体现了物权生态化理念，对物权的取得和行使进行限制，对公共利益加以保留，充分体现了物权不得滥用的理念。

5.2.3.2 在相邻权中的体现

《物权法》的第八十九条规定："建造建筑物，不得违反国家有关工程建设标准，妨碍相邻建筑物的通风、采光和日照。"第九十条规定："不动产权利人不得违反国家规定弃置固体废物，排放大气污染物、水污染物、噪声、光、电磁波辐射等有害物质。"上述规定是对公共利益的保护，为解决相邻权利人之间的环境纠纷提供了法律依据，有效保障相邻权人在通风、采光、免受污染等环境方面的权益，平衡了相邻各方的利益，体现了环境保护的要求。

5.2.3.3 在用益物权中的体现

用益物权是权利人对他人所有的财产享有占有、使用和收益的权利。由于用益物权人并不享有物的所有权，只是在一定的时间期限内使用他人之物来获得收益的物上的权利。所以，用益物权人在乎的只是如何在权利期间获得最大的利润，而不会关注对财产上其他物权的保护。所以，如果是在土地或者各类自然资源上设定用益物权，那么用益物权人可能不会注重对资源和环境的保护，进而加剧生态破坏。因此，《物权法》要求用益物权人行使权利，应当遵守法律有关保护和合理开发利用资源的规定。这主要体现在土地承包经营权和建设用地使用权的保护和限制上。

《物权法》第四十三条规定："国家对耕地实行特殊保护，严格限制农用地转为建设用地，控制建设用地总量。不得违反法律规定的权限和程序征收集体所有的土地。"耕地是关系到国计民生的重要资源，耕地的减少，不仅会影响全国人民的温饱问题，甚至会对子孙后代的发展产生影响。物权法的这一规定对土地承包经营权进行了限制，保持了耕地的数量，在耕地的生态化保护上能起到积极的作用。同时《物权法》第一百二十六条规定："耕地的承包期为三十年。草地的承包期为三十年至五十年。林地的承包期为三十年至七十年；特殊林木的林地承包期，经国务院林业行政主管部门批准可以延长。前款规定的承包期届满，由土地承包经营权人按照国家有关规定继续承包。”根据此规定，承包人在承包期届满之后仍然可以继续承包，这样，享有稳定和长期的使用权的承包人，就不会对土地进行掠夺式的经营和开发，相反，他们会更加爱惜土地，对土地进行合理的使用，甚至加大对土地的投资，以期获得更丰厚的回报。所以，通过立法这一对耕地生态化保护的规定，达到了经济效益与生态效益的统一，实现了个人利益与社会利益的统一。

《物权法》第一百四十条规定：“建设用地使用权人应当合理使用土地，不得改变土地用途；需要改变土地用途的，应当依法经有关行政主管部门批准。”这对建设用地使用权的限制，不仅要求使用权人必须符合法律法规和合同的规定使用建设用地，而且要求使用权人不得滥用权力损害他人利益。同时，在使用过程中还必须注重对周边环境的保护，维持良好的生态环境。

5.2.3.4 在损害赔偿请求权中的体现

《物权法》第三十五条规定：“妨害物权或可能妨害物权的，权利人可以请求排除妨害或者消除危险。”可能妨害物权的情况不同于对物的本身的妨害，只是存在实际损害的危险。权利人借此就可行使请求消除危险的权利，既有保护公益性又有保护私益性的利益取向。这是物权的预期扩张，即在还没有实际妨害，而只是存在妨害的可能的时候，就要预防实际妨害的发生。

《物权法》第三十七条规定：“侵害物权，造成权利人损害的，权利人可以请求损害赔偿，也可以请求承担其他民事责任。”赔偿方式包括金钱赔偿、代物赔偿、返还原物、折价赔偿、请求确认权属、请求停止侵害、排除妨碍、赔礼道歉等。请求权人不限于物权人，对于物权保护请求权保护中的某些种类，可适用于对物权人以外的其他占有人的保护。

5.2.4 我国物权法的生态化路径

5.2.4.1 在总则中明确宣誓物权的行使不得损害生态利益

虽然《物权法》立法体现了一些生态化的理念，但通观《物权法》的全文，其并未对生态环境保护做出明确宣示，只是在总则中概括地表述为依法保护公共利益。在《物权法》起草的过程中，由于对公共利益的概念界定，以及类型列举未能取得足够的共识，立法机关最终决定暂不就公共利益问题作进一步的规定，公共利益概念也因此内容具有不确定性。同时，在具体的条文规定中，《物权法》立法也并没有旗帜鲜明地将环境保护凸显出来，只能在司法实践中进行法理和文理推测。

5.2.4.2 对物的范围进行扩大解释

将生态产品如空气、阳光、水等纳入物的范围，并建立与之相应的自然资源产权制度。

5.2.4.3 对物权进行生态化解释

不能局限于有形的物权，还包括无形的物权如环境容量使用权等。国际社会创设碳的排放权是环境容量使用权之一，通过碳排放交易制度将环境容量等纳入物权客体范畴，对人类的碳排放以总量控制下自由买卖的市场化方式，通过物及物权的供需调节达到生态环境保护的目的。

在人类不断追求永续发展，不断追求环境权代内公平与代际公平，不断追求环境正义与环境文明的时代背景下，对已有成熟的传统物权制度的运行应当循序渐进地全面引入环境保护理念，促使生态化的所有权制度能够成为尊重和保护自然资源，克服随心所欲、不受限制地行使物权的绝对物权观。

在物权相邻关系制度中，要基于物的环境权将不动产相邻关系拓展到环境相邻关系。用益物权制度中土地承包经营权、建设用地使用权、宅基地使用权等牵涉到土地权使用的情况下，要满足环境权利人能够依照法定权利做好环境保护的工作。因为，传统用益物权以用至上，对于行为结果的环境影响往往忽略放任。所以，对于土地使用权在保护环境生态上的有效限制必须加强，并以此推动物权法的生态化发展。对物权制度的担保物权也需要进行生态化考量，贯彻环境保护的义务。

5.2.5 建立健全自然资源产权制度

《中共中央关于全面深化改革若干重大问题的决定》提出，健全自然资源资产产权制度和用途管制制度，实现健全国家自然资源资产管理体制，统一行使全民所有自然资源资产所有者职责。

5.2.5.1 自然资源资产产权的概念

传统产权理论认为，能够拥有资产产权的自然资源是指：自然界中与人类社会发展有关的，能够被人类所利用，能够产生使用价值，并影响人类劳动生产率的自然资源要素，包括土地、水体、动植物、矿产和无形的光、热等。

在可持续发展观理念下，享有资产产权的自然资源不仅应当包含传统意义上能够投入经济活动的部分，如矿藏、森林、草原等，还应当包括组成生态系统及其环境的自然资源，如空气、水体、湿地等。

自然资源资产产权内涵的拓展，使得资产产权法律制度所保护的对象更加丰富和合理，进而为综合运用市场、法律、行政、技术等多种手段保护和修复生态环境增加行动空间。依据联合国环境规划署的定义，所谓自然资源是指在一定的时间、地点条件下，能够产生经济价值以提高人类当前和未来福利的自然环境因素和条件的总称。可见，自然资源既有经济价值又有生态价值。自然资源应有的特征有：

（1）可用性。自然资源可以被人们所利用，这是其基本属性。自然资源通常具有多种用途，也就是多功能性。自然资源的可用性与稀缺性有极密切的关系。

（2）整体性。各种自然资源不是孤立存在的，而是相互联系、相互影响、相互制约的复杂系统。在这个系统中，每种资源又都以其个性彼此相对独立存在。

（3）空间分布的不均匀性和严格的区域性。不同区域的资源组合和匹配特性都不一样，因此自然资源利用的一项基本原则就是要因地制宜。

除了上述特点外，各类自然资源还有各自的特征。例如，生物资源的可再生性，水资源的可循环性和可流动性，土地资源的生产能力和位置的固定性，气候资源的明显的季节性，矿产资源的不可更新性和隐含性。

自然资源产权制度是指自然资源的所有、使用等法律制度的总称。主要包括自然资源所有权制度、自然资源的使用权制度等。

自然资源所有权是所有人依法独占自然资源，并享有占有、使用、收益、处分4种权能。按照宪法规定，我国自然资源所有权分为国家所有权和集体所有权。

自然资源使用权是使用人依法对国家所有的或者集体所有的自然资源，按照自然资源的性能和用途对其加以利用并取得相应利益的权利，以满足生活、生产需要的权能。

自然资源使用权与所有权有本质的区别，在实体权利行使过程中不应产生异议或误解。任何混淆自然资源使用权与所有权的区别的解释和行为，都将严重破坏自然资源产权制度和生态环境资源的有效保护。①使用权的主体比所有权的主体广泛，自然资源所有权主体限定的范围很小，而使用权的主体十分广泛，几乎任何社会主体都可以成为自然资源使用权的主体；②使用权内容受所有权和环境保护及生态规律的制约，而不是无限制地使用。

5.2.5.2 我国自然资源产权制度瑕玷

（1）自然资源产权制度中的产权主体虚置。这是我国自然资源利用中短期行为严重并伴随资源滥用的重要根源。根据我国现行自然资源法律规定，所有的自然资源均归国家和集体所有，但由于缺乏具体的自然资源产权主体代表，在法律上没有明确界定中央政府、地方政府及其部门间的直接权能与职权范围。因此，国家和集体所有权在实体权利上，已被归属于中央机关部门所有，或者地方政府所有，或者社团所有，或者个人所有等。这种非法定形式的自然资源所有权体系使各种利益主体都争夺自然资源开发利用权益，而不顾自然资源的可持续利用。

（2）自然资源有偿使用制度、价格制度和核算制度存在严重缺失。我国现行的自然资源法律，其中部分法律在一定范围内建立了自然资源有偿使用制度，如《矿产资源法》《土地管理法》等。但是，面对着社会的经济发展和体制变革，与自然资源的更新补偿相关的配套法律法规和管理机制仍处于空白或不完善状态。现实生活中，我国大量的自然资源存在盗采盗挖的现象，有许多自然资源仍存在无价和无偿开采使用等缺失监管的局面。在地大物博的传统资源观念的误导下，我国的自然资源应有的稀缺性价值未被得到真正全面的反映，资源低价、原料低价等价格扭曲现象相当突出。

（3）自然资源产权流转制度不完善。根据我国现行法律规定，自然资源所有权归属国家和集体所有，因而疏于对自然资源产权中的使用权流转制度的建立与完善，是我国自然资源产权配置效益低下的重要原因。我国《土地管理法》《矿产资源法》等少数法律虽然对相关的产权制度做出原则的规定，却没有对自然资源的使用权的占有、使用、收益权益等作进一步的具体规定。

5.2.5.3 我国自然资源产权制度完善

（1）明确环境、生态等公共自然资源的权属主体，实现其经济效益、生态效益和社会效益最佳配置。自然资源产权归属关系不清晰的直接后果，就是资源的掠夺性使用。近年来，我国部分地区大气污染、雾霾围城的情景不断出现，就是因为人们将空气及空间作为无主资源过度利用。健全自然资源资产产权制度和用途管理制度，就是要明确环境、生态等公共自然资源系统的所有权人，赋予其保护自然资源的权利与义务，以激发其管理自然资源资产的动力。促使所有权人在使用自然资源权益的同时，承担起保护自然资源的责任。通过解决公共资源的过度使用问题，实现空气等资源的最佳配置和使用。

我国已经开始建立自然资源用途管制制度，这是国家对国土空间内的自然资源按照生活空间、生产空间、生态空间等用途或功能进行监管，表明一定国土空间里自然资源无论所有者是谁，都要按照用途管制规则进行开发，不能随意改变用途，诸如耕地用途、生态公益林、自然保护区等管制。国家自然资源用途或功能管理的主要目标就是：保障生态环境安全的森林、草地、水体、湿地、滩涂等生态空间不缩小，甚至扩大生态空间面积。

（2）正确评估核算自然资源资产价值。对自然资源资产价值的估算，可从自然资源资产和其所提供的资源产品等两个层面进行核算。由于自然资源资产的生态价值和社会价值具有历史性和未来性，单纯依靠市场交易价格无法体现自然资源资产价值，也无法通过市场机制对其进行有效管理，这些导致了全社会对自然资源的掠夺性消费和对环境的无节制破坏。为此，完善自然资源资产价值核算机制，实行自然资源资产的生态价值评估机制，就可以进一步推动自然资源的可持续利用。因此，自然资源资产产权明晰后，还需要对其进行涵盖生态价值的资产定价。同时，自然资源资产价值的正确评估，能够进一步推动生态服务市场交易制度、生态转移支付制度、生态补偿制度和环境污染责任保险制度等的全面发展。

自然资源资产核算的主要对象是自然资源资产实物存量，记录核算期内变化，包括自然资源资产数量和质量变化。在资产实物量核算基础上，利用价值评估方法对自然资源资产的实物存量进行货币化价值评估，反映自然资源资本总值。

（3）建立自然资源用途管制度。自然资源用途管制是对一定国土空间里的自然资源按照自然资源属性、使用用途和环境功能采取相应方式的监管。用途管理实质上就是功能管理，必须通过国土空间的功能区划和环境功能来划定和落实。国土空间的功能区划就是把国土空间划分为生产空间、生活空间和生态空间三大类，这也是主体功能区规划的目标。环境功能区划就是根据生存生态安全和聚居环境安全的两大环境功能划定国土空间，本质上与主体功能区是统一的，是主体功能区的环境空间落地。环境功能区可进一步划分为自然生态保留区、生态功能保育区、食物环境安全保障区、聚居环境维护区和资源开发环境引导区等亚功能区。其中，自然生态保留区和生态功能保育区，构成国家生态安全战略格局，为国民经济的健康持续发展提供基本生态安全保障。食物环境安全保障区、聚居环境维护区和资源开发环境引导区是承载我国主要人口分布和经济社会活动的区域，重点保障区域人居环境健康。结合环境功能区按照要求，禁止开发、限制开发、重点开发、优化开发区域实行不同的用途管制，按照不同用途和功能采用各有侧重的生态绩效评价和政绩考核标准。在工业开发区和城镇化区域，重点考核国民生产与自然资源的效率，在重点开发区域重点考核工业和服务产品价值，在限制开发区域尤其是重点生态功能区和禁止开发区域主要核算生态产品价值，淡化甚至取消社会发展指标考核。

5.2.5.4 现行管理体制有哪些不足

在现有市场定价机制中，自然资源既没有完善的产权确认机制，也没有与之相适应的资源定价机制。

从宏观上看，我国在环境要素综合保护与自然生态系统管理的关系还缺乏系统性立法，自然资源产权制度还没有全面确立。对既有的自然资源产权制度的执法与行政缺乏强制性与权威性，执法不严、违法不究的社会管理问题已经严重影响自然资源管理和生态环境保护。现有的法律法规对产权主体在自然资源利用和生态环境保护的权利、义务、责任等规定不明晰，对自然资源和生态环境的行政管理部门的职责不清、分工不明，造成部门间协同差、合作效率低。从微观上看，在现有市场定价机制下，由于很多自然资源没有完成产权确定，更谈不上对这些资源进行合理定价，导致许多企业不计成本地滥用和过度开采资源。更有甚者，对一些无法纳入市场定价的生态资源，如清洁空气、清洁土壤、良好生态环境等进行无节制、无约束、破坏性开发使用。

5.3 合同法生态化

所谓合同制度的生态化，就是以可持续发展和绿色发展观为指导，将环境保护的权利义务理念纳入合同法制度，用生态环境保护的理念对契约自由和意思自治等原则加以限制，将环境保护与生态环境安全相关公共利益作为确认合同成立和生效的法定预设条件。

考察合同的变革历程，合同有过多种表现形式，如契约、协定、协议、合约、借条，以及条约、公约等。合同出现早期，建立合同的目的是固定合同双方商议的结果，通常合同确定双方的交易结果及其履行，作为日后合同双方对交易结果与交易履行发生异议的评断依据。在一般情况下，合同对象应当是自有物或自有权利，合同约定的必定是自有物或自有权利的处置行为，合同只需要满足当事人的意思表示出于自愿和一致。现代合同法律制度体系发展得非常完备，合同标的范围已经无限地扩大。在意思表示上，既有单务合同，也有双务合同。在后头对象上，既有私权利，也有公权利，还有公益权利。不断扩大的合同标的范围对国家管理活动影响变化巨大。例如，合同标的从货币借贷、商品买卖、货物租赁、劳动雇佣等，扩展到土地买卖、房屋买卖等重要财产交易，也扩大到税收罚款、损害赔偿等政府行政债权给付，更扩大到碳交易、碳源碳汇交易、排污权交易、污染许可证、虚拟水交易等创新交易。这些不断推陈出新的合同现象，都加大了国家对合同制度干预的必要性。因此，合同制度也就从个人意思自治发展到国家意志与个人意志相互融合的制度形式。合同制度发展到现代，合同以合法性为成立和生效要件。随着人们认识的深化，合同的公益性合法正在成为确认合同合法性的必备要件。我国《合同法》就明确规定，损害社会公共利益的合同无效。因此，现行《合同法》是具有保护生态环境职能的。合同法生态化就是将社会全体公民的生态环境安全利益作为社会公共利益标准，确认和判别合同的法律效力，并借助合同制度解决环境资源的公共利益性与合同标的利益的私人利益性的矛盾。

对合同法生态化的认识，应当严格区分一般合同的生态化与环境合同的生态化的不同本质，重点突出环境合同法律制度的生态化意义。环境合同指专门调整生态性资源的流转以及相关关系的合同，是调整生态环境法律关系的主要对象。环境合同调整自然资源、生态资源、环境资源法律关系，具有极强的公共利益属性与社会化属性。因此，环境合同的生效及实施将对社会生活产生重大的影响。所以，在环境合同法律制度中更应当集中体现国家管理自然资源、生态资源、环境资源的意志及职能。本节将以环境合同为主线讨论合同法律制度的生态化问题。

5.3.1 合同主体的生态化

合同主体指参加合同法律关系，享受合同权利或承担合同义务的当事人。在我国，自然人、法人、社会组织依照法律规定都能成为合同的主体，具有签订合同并处分的权利与承担义务的主体资格。《合同法》规定，一般意义上只要具备完全民事行为能力和民事责任能力的自然人、企业法人、机关法人、事业单位法人和社会团体法人，就能够实施合同行为。

但是，对环境合同，合同法应当规定更加严格合同主体行为能力和责任能力。例如，国家或集体代表在行使自然资源、生态资源、环境资源所有权职能时，应当具备法定授权职能，即环境权职能。如果环境合同当事人不具备相应的环境权的法定职能授权，则环境合同应当认定无效，并承担相应的法律责任。即便是依据环境合同受让环境权法益，也应当具备特定环境权实施能力的认证资格。例如，要在基本草原或其他草原上开展经营性旅游活动，就需要取得经营性旅游活动许可证。由草原资源监督管理行政机构，根据当事人提供的使用草原可行性报告、草原植被恢复方案、草原恢复补偿、补助协议等资料，经过初审、复审、审核、现场检验及批准等审批程序获得许可证。合同主体的生态旅游资源经营权，需具备与环境资源开发、利用程度相匹配的环境资源保护能力。这是因为，对于个人、法人和社会组织等环境合同主体，获得环境合同的目的在于利用环境资源牟取相应的利益，其利用环境资源的行为必定对环境资源形成外部介入，并造成生态环境某种程度改变与相应损害。国家行政管理要达到对利用环境资源行为的有效控制，必须掌握和控制行为主体在特定情况下的认知能力与行为责任能力，就有必要对这类环境合同的主体资格进行限制。《行政许可法》规定，直接涉及生态环境保护的特定活动，需要按照法定条件予以批准。

所以，通过在法律上对环境合同主体资格进行环境权认证，确保环境合同主体具备应有的环境保护和环境保育的能力，并能在经济利益与环境利益发生冲突的情况下，经济利益服从环境利益，私人利益服从公共利益。目前，我国生态环境资源行政管理部门对使用土地、矿藏、水体、森林、草原等资源进行必要的资格限定，赋予具备保护环境资源、恢复环境再生能力的主体依法开发和利用生态环境资源的权利。

《土地管理法》规定：国有土地和集体所有的土地，可以依法确定给单位或者个人使用。使用土地的单位和个人，有保护、管理和合理利用土地的义务。《水法》规定：各单位应当加强水污染防治工作，保护和改善水质，任何单位和个人引水、蓄水、排水，不得损害公共利益和他人的合法权益。《矿产资源法》规定：开采矿产资源，必须遵守有关环境保护的法律规定，防止污染和破坏环境，矿产资源主管部门依法向符合规定条件的单位或者个人发放的允许其开采矿产资源的证明文件，凡是在中华人民共和国领域或管辖海域开采矿产资源的单位和个人，必须经过审查批准，方能取得采矿许可证。《森林法》规定：采伐林木必须申请采伐许可证，按许可证的规定采伐，并按照采伐许可证规定的面积、株数、树种、期限完成更新造林任务。

5.3.2 合同客体的生态化

法律关系的客体是指法律关系主体之间权利和义务所指向的对象，是一定合同利益的法律表现形式。合同法律关系的客体是指合同当事人享有的权利和承担的义务所指向的对象。一般认为合同关系的客体，是物、行为、智力成果。环境合同因存在环境保护的内容，其客体应当是复合客体——生态资源和生态行为。

环境资源包括土地、森林、综合性的自然生态景观、清洁的空气、不受噪声污染的环境等自然物及其构成物。环境资源作为环境合同的客体具有以下属性：

（1）环境资源具有客观性。环境资源能够满足合同主体特定的物质利益和精神需要。

（2）环境资源具有稀缺性。环境资源作为稀缺资源需要在人类社会内部进行配置，环境合同是配置环境资源权利和义务的恰当形式，从而成为环境合同法律关系的客体。

（3）环境资源具有特定性。环境资源具有内在物理特性和外在占有空间，是环境合同预定权利义务的物质载体，并能够成为或可被转移，或可被管理，或可被保护的对象。

（4）环境资源具有计量性。以环境容量为例，环境容量源于生态学，表明在人类生存和自然的状态不受危害的前提下，特定环境所能容纳的某种污染物的最大负荷量，并由环境容量推导出排污权、碳排放权等。当代生态学将其形象地描述为水体、空气的自净能力，森林、草原吸收二氧化碳与净化空气的能力等。因此，通过对环境容量进行量化和计量，使环境容量作为有偿使用物权进行分配使用和市场化交易。

（5）生态资源具有物化性。自然景观区、风景名胜区等是非经济社会价值，但在物化成为生态旅游资源的条件下，就能通过其物质化存在给当事人相应的物质利益和精神得益。

（6）环境资源具有不可交付性。与传统民事合同相比，环境资源在许多情况下不能交付。其原因在于：①环境资源的公共性使其所有权不能成为私权；②在通常情况下环境资源如碳排放权、排污权等作为一个整体具有不可分割的属性；③环境资源如自净能力是无法实际占有和支配的但却可以有偿使用。

生态行为作为合同的客体，已为现行法律制度所普遍认可。生态行为指的是生态合同的权利主体的权利和义务所共同指向的作为和不作为，保护环境行为、开发环境资源行为、防治环境污染行为等是生态行为的表现。作为是积极行为，环境合同要求当事人做出某项活动的行为，如污染治理合同中的企业采取措施治理污染的行为。不作为是消极行为，环境合同要求当事人不得做出某项活动的行为，如在污染治理合同中的污染企业不得拒绝治理污染的行为。在环境保护领域，人们以开发、利用、保护、改善和管理生态环境资源为核心，进行的各种各样行为和活动，都应当以环境合同的形式设定当事人的权利与义务，对各种履行环境合同的行为和活动进行鼓励、保护、限制、禁止等。

5.3.3 合同权利义务的生态化

合同当事人的权利和义务，一般表现为法定权利义务和约定权利义务。约定权利义务是指合同当事人可以在法律不禁止或不违反法律的情况下，通过合同条款确定该合同特有，并对双方当事人具有约束力的权利和义务。环境合同的权利义务内容的约定，必须遵守民法和合同法的有关规定。体现为，合同当事人在约定环境合同的权利义务的内容时，必须遵守合同法有关条款的规定。例如。根据合同法平等原则，合同约定不能表现为一方将自己的意愿强加给对方，如果是强加于当事人的意思表示，即便是合同约定也是无效合同或无效条款。再如，根据合同法公平原则，当事人应当遵循公平原则确定合同各方的权利和义务，如果合同约定存在显失公平的内容或条款，则合同约定是无效合同或无效条款。我国合同法还规定了自愿订立合同原则，以及遵守公序良俗原则和不得损害社会公共利益原则等重要合同原则。

将公共利益原则做扩大性解读，生态环境利益是社会公共利益的最主要、最重要的组成部分。因此，环境合同当事人在约定合同权利义务时，其合同约定必须符合合同法保护公共利益的原则。同时，在合同法生态化发展要求下，环境合同约定内容还必须特别包含保护生态环境的法定义务。这些法定义务体现在：遵守宪法生态原则、刑法生态原则、民法生态原则、生态环境资源类相关法律原则及其法律规定。在环境合同约定中，通过权利义务条款体现对环境资源全面保护。列举环境合同生态资源保护约定应当包含如下内容：

（1）限制环境污染与生态破坏的约定条款，环境污染与生态破坏的防治与补偿条款。包括但不限于遵守国家和地方规定的环境影响评价、环境检测与记录、排污申报、污染物排放浓度与总量制度、设备与工艺的限期淘汰制度等。

(2)要求环境合同当事人承诺从严遵守环境保护的法律法规的环境保护义务和环境保护标准。

(3)要求环境合同义务方无条件承担环境污染和生态破坏的防治与补偿的经济责任，即合同的各方当事人在应遵守的法定义务之外，约定对环境污染与生态破坏承担更多的道义上和经济上的责任。

通过加强环境合同中法定权利义务和约定权利义务互补作用，引导和鼓励当事人充分利用环境合同的法定形式有效保护生态环境。

5.3.4 合同履行的生态化

合同的履行是指合同当事人自愿按照合同的约定和法律规定，完成合同义务的行为。环境合同的履行就是环境合同当事人全面、适当地完成合同的法定义务和约定义务，实现合同权利人的权利，以及合同确定的环境资源保护、环境管理目标的行为。赋有环境保护义务的环境合同的履行，不仅应当严格遵循一般合同的履行原则，而且要更加严格地履行环境合同所赋予的法定义务和约定义务，并侧重保障环境保护强制性法律法规的规定义务。遵从履行法定义务优于履行约定义务，履行生态环境义务优于获取合同利益。在此前提下，实现全面履行原则、诚信履行原则、情势变更原则和协作履行原则的相关法律要求。

全面履行原则又称为全面适当履行原则，是合同效力的集中体现。根据这一原则，合同当事人应当按照约定全面履行合同义务，体现合同当事人必须按照合同约定的履行主体、标的、质量、数量、方法、时间、地点、方式，全面、完整地实际履行其合同义务。由于环境合同义务包含公共利益的特殊性，任何不履行环境合同义务的情况，都将造成环境利益损害和公共利益侵权的社会危害结果。所以，对于环境合同履行的生态保护义务，就更应当注重强调全面履行原则的落实和体现，并建立健全严格的违约惩罚与赔偿补偿制度。在环境合同履行的过程中，应当特别注重对合同当事人之外的公共利益和第三方环境利益保护义务的全面适当履行。严格禁止在环境合同履行中，以支付违约金和赔偿损失等方式代替合同的履行。

诚信履行原则是合同履行的核心原则，是民事法律中诚实信用原则在合同履行法律行为中的充分反映。诚实信用原则要求合同当事人在履行合同时，不规避法律和合同义务，不滥用合同权利，自觉自愿地全面履行合同义务。诚信履行的核心，就是要求合同当事人不但应当诚实履行合同明文规定的所有义务内容，还应当诚实履行合同法定附随义务。所谓附随义务是指合同当事人依据诚实信用原则所产生的，根据合同的性质、目的和交易习惯，所应当承担的通知、协助、保密等义务。附随义务是附随于主合同义务产生的一种附随义务，并不基于当事人约定产生，在特定条件下附随义务会直接影响主合同义务的全面履行。附随义务的内容并非在任何合同中都是相同的，不同合同中的附随义务的内容，依据合同的性质、目的和交易习惯具体确定。而且，附随义务随着主给付义务的履行进程会不断变化内容。

在现实社会背景下，环境保护问题已日益成为社会生活的重要问题。环境保护已经成为社会生产生活中的迫切要求和行为准则。环境保护既是人们社会行为的基本准则，也应当是环境合同的法定义务及附随义务。因此，应当将环境保护纳入环境合同的附随义务中并以立法规定。作为一种新的附随义务，对强化全社会的环境保护将会起到重要的推动作用。随着社会发展，附随义务在平衡当事人利益的同时，也能够间接地平衡社会各利益阶层的利益。附随义务是源于诚实信用原则而产生的间接法定义务，体现国家强制调整个人利益与社会利益。因此，环境保护和环境道德等内容以附随义务纳入合同制度，是合同制度生态化的最重要体现。

情势变更原则是指合同依法成立后，不可归责于双方当事人的原因发生了不可预见的情势变更，致使履行合同的基础动摇或丧失，若继续维持合同原有效力则显失公平，允许变更或解除合同的原则。情势变更原则体现的是契约正义的要求，限制了当事人的意志自由。在合同成立后，履行过程中，客观环境发生改变或不复存在，则原来约定的权利义务与新形成的客观环境不适应，合同约定不再公平合理。在此情况下，只有将合同约定加以改变乃至解除，才符合诚实信用原则的要求，实现合同权利义务实质公平。在环境合同履行中，面对环境问题的复杂性及环境保护技术的多样性，环境合同履行不能刻板教条，应以保护环境资源和公共利益为目标，依据情势变更原则适时调整合同履行的具体事项。如果当合同的履行的客观条件发生变化，继续履行将不利于环境保护目标的实现或对环境造成巨大压力的，应当对合同进行变更或解除合同。就变更而言，可以允许在履行中使用环保替代方案和替代技术。例如，在污染治理合同中规定某企业防治水污染的方案是自身净化污水，但随着大型污水处理厂的建成，应允许将污水排入污水处理厂作为替代方案。[①]

协作履行原则是指不仅要求当事人适当履行自身的合同义务，而且基于诚实信用原则也要求权利人协助义务人履行义务的履行原则。它是环境合同中特别重要的履行原则，因为在环境合同中，履行内容是具有公益性的权利义务，为促使达成环境合同的义务履行条件，调动义务方履行合同义务的积极性，应当为环境合同当事人履行义务创造条件和提供方便，以使环境合同保护的公共利益得到实现。

5.4 侵权行为责任法生态化

侵权行为是民事主体违反民事义务，侵害他人合法权益，依法应当承担民事责任的行为。民法是调整平等主体的财产关系和人身关系基本法律，侵权行为法是民法的重要组成部分，其基本功能就是保护民事主体的财产权和人身权。近代以来，随着科学技术的发展和生产力水平的提高，人类认识自然、改造自然的能力不断增强，社会实践的范围的也不断扩大，人类在征服和利用自然取得巨大成果的同时，对自然均衡状态的破坏也达到了相当严重的程度。空气污染、水源污染、土地污染等环境污染和环境破坏的问题，已经严重地影响了人类社会的可持续发展，降低了人类的生活质量，损害了人类的生命健康。面对日益严重的环境侵权行为，为满足全面保护生态环境资源的社会需要，亟待完善侵权行为法，使其在保护财产价值和人身价值的同时，保护生态环境价值。为此，有必要促使侵权行为法的生态化演化，以有效遏制生态环境资源领域的侵权行为。

侵权行为法生态化就是指把保护生态环境的理念引入侵权行为法，把侵权法对侵权制裁和侵权赔偿的法律适用扩展至环境侵权行为，并对不能直接通过权利恢复机制救济的环境损害，采用加重侵权人责任的方式，使侵权法在制裁侵权行为、弥补侵权损失的同时，实现环境保护的功能。[②]

我国的《侵权责任法》《最高人民法院关于审理环境侵权责任纠纷案件适用法律若干问题的解释》和《生态环境损害赔偿制度改革试点方案》，从法律和政策面对环境侵权做出了相应的规定，推动了侵权责任法的生态化发展趋势。

① 郑方荣：《环境保护与合同制度生态化》，济南：山东师范大学，2008 年。

② 余耀军：《侵权行为法应有“生态化”的价值取向》，载《法学》2003 年第 1 期。

5.4.1 主体由不平等向平等方向转化

在环境侵权中，侵权事实的当事人的主体地位往往是不平等的，这种不平等反映在经济层面和社会层面等方面。在以往大量环境侵权纠纷中，环境侵权方多为具有经济实力、技术优势的企业法人或事业法人。而侵权受害方多为处于弱势地位，缺少经济支持、社会影响，缺乏自我保护能力的自然人和社会群体。由于侵权纠纷双方的经济地位和社会地位相差悬殊，《侵权责任法》在解决纠纷中无法发挥应有作用。

为了解决此问题，《民事诉讼法》明确规定环境侵权不仅适用于环境私益诉讼，而且适用于环境公益诉讼。环境公益诉讼原告可以是检察机关和有关社会组织，以平衡与被告的经济地位与技术优势的差距。

5.4.2 法定侵权行为内涵演变

《侵权责任法》规定了环境污染责任。《最高人民法院关于审理环境侵权责任纠纷案件适用法律若干问题的解释》规定：本解释适用于审理因污染环境、破坏生态造成损害的民事案件。此规定将侵权行为的范围由污染环境的行为扩展到破坏生态的行为。《生态环境损害赔偿制度改革试点方案》明确指出，本方案所称生态环境损害，是指因污染环境、破坏生态造成大气、地表水、地下水、土壤等环境要素和植物、动物、微生物等生物要素的不利改变，及上述要素构成的生态系统功能的退化。进一步明确了生态环境损害是由污染环境和破坏生态行为造成的。

污染环境的行为是指加害人向环境中添加的某种物质超过环境的自净能力而产生危害的行为。由于人为的因素，环境受到有害物质的污染，使生物的生长繁殖和人类的正常生活受到有害影响。

破坏生态的行为是指人类不合理地开发、利用自然资源和兴建工程项目，引起的生态环境的退化，以及由此而衍生的有关环境效应，从而对人类的生存环境产生不利影响的现象。

5.4.3 无过错责任的适用

传统民法理论认为，过错责任原则是构成侵权行为理论的基石，行为人主观过错是其承担民事责任的基本条件。按过错责任原则，行为人仅在有主观过错的情况下，才为其行为承担民事责任。没有主观过错，就不承担民事责任。我国《民法通则》也规定，公民、法人由于过错侵害国家的、集体的，侵犯他人财产、人身的，应当承担民事责任。可见，在法律没有特别规定的情况下，侵权行为都适用过错责任原则。随着社会认识的发展，以及社会责任的扩大，民事侵权无过错责任原则在法定情况下，被适用于侵权责任追究认定。

无过错责任原则也称严格责任原则，是指无论行为人有无过错，法律规定应当承担民事责任的，行为人应当对其行为所造成的损害承担民事责任。在无过错责任原则下，法律对行为人是否存在主观过错做出特别规定。适用无过错责任原则时，侵权责任的构成要件中，只需包括侵害行为、侵害行为与损害结果间的因果关系两项要件。由于无过错责任原则能够保护处于弱势地位的受害人的利益，很快为各国法律所采用，但仅在特殊领域适用，即在法定情形下适用无过错责任原则。

《最高人民法院关于审理环境侵权责任纠纷案件适用法律若干问题的解释》规定，因污染环境造成损害，无论污染者有无过错，污染者都应当承担侵权责任。污染者以排污符合国家或者地方污染物排放标准为由主张不承担责任的，人民法院不予支持。由此，对审理环境污染案件采用了无过错责任。

《侵权责任法》对多种侵权行为规定承担无过错责任，其中对因环境污染致人损害的，污染者承担无过错责任。

5.4.4 赔偿范围扩大化

环境侵害所致损害的范围，除财产损害和人身损害之外，还包括精神损害、环境权益损害及生态破坏。传统民法仅对财产损害和人身损害给予司法救济，并获得损害赔偿。而对当事人的精神损害赔偿，对公共利益的环境权益损害赔偿和生态破坏补偿却无人问津。基于此，侵权法有必要将环境侵权所致损害的救济的范围扩展到精神损害、环境权益损害及生态破坏。

《生态环境损害赔偿制度改革试点方案》明确指出，生态环境损害赔偿范围包括清除污染的费用、生态环境修复费用、生态环境修复期间服务功能的损失、生态环境功能永久性损害造成的损失以及生态环境损害赔偿调查、鉴定评估等合理费用。随着全社会生态环境资源保护意识的全面增强，以及全社会生态环境损害赔偿工作全面推进，环境侵权的损害赔偿的覆盖范围将更加广泛。

5.5 民法生态化的问题与对策

生态环境的严峻问题对民法的发展变化提出了新要求，民法的基本制度也要随着环境保护的要求发生改变。

（1）民法的私法属性是民法生态化的基础。民法的本质是私法，私法是以尊重、保护市民的私人利益、自由意志，激发每个社会成员的创造力，维护其精神安宁为出发点。民法的一切制度的构成都以权利为核心，而民事义务只是实现权利的手段。民法生态化所体现的民事主体的利益恰恰是通过履行环境义务来实现自己的民事权利的民法理念。

（2）物权法的生态化要求对物的概念解释的扩大化。物权法理论对物的概念解释的局限，使得如空气、水这样的自然资源作为生态产品，被人们任意使用、挥霍，导致污染物被任意排到空气、江河湖海，环境污染问题由此产生。所以对物的概念的扩大解释变成了立法上的当务之急。当生态产品进入物权法领域，对物的概念、特征及物权的分类等理论都提出了新的挑战。

（3）合同法领域增加对契约自由限制。契约自由作为私法自治的核心内容，包括缔约自由、选择契约相对人自由、确定契约内容自由和缔约方式自由 4 个方面的内容。契约自由的滥用往往包含着资源过度开发的自由、资源浪费的自由和污染环境的自由。所以法律必须对契约自由加以环境保护的限制。契约自由的限制为在合同法领域实现环境保护提供了法律依据。

（4）侵权责任法上建立惩罚性赔偿制度。惩罚性赔偿制度是英国、美国法律中的一种民事损害赔偿制度，是与补偿性赔偿制度相对应的赔偿制度。惩罚性赔偿是指民事主体违反民事法律规定，通过法院判处的由侵害人向被侵害人支付超过实际损失的金额的一种损害赔偿。

在侵权责任法领域，在对主体的财产利益与人身利益保护的同时，应增加对公共利益、生态价值的保护。对公共利益的损害，特别是对环境公共利益的损害，后果往往难以估量，传统侵权法的补偿性的赔偿制度不适合环境公益损害赔偿，如果对加害人判决赔偿过轻，使加害人通过损害公共利益获利，则不利于对加害人的惩戒，也不利于生态环境的恢复和重建，同时对社会起到了不好的示范作用。

第 6 章

刑法生态化

“刑法是规定犯罪、刑事责任和刑罚的法律”。[①]狭义的刑法仅指具有完整体系和普遍适用性的刑法典，广义的刑法包括刑法典、单行刑法及附属刑法。

刑法生态化“则是指在以法律的形式确认生态要素价值的前提下，以生态科学为依托，将作为法律保护手段之一的刑法介入生态保护。即以刑法规定何种行为是生态犯罪，对此行为及其产生的后果或可能产生的后果所应承担何种刑事责任，以及处以何种刑罚的一种法律变革过程。”[②]

6.1 刑法生态化的趋势性

生态要素即生态资源，是人类生存和发展的最基本组成要素之一。在人类文明发展的早期，生态资源的作用单一，即直接供给人类以解决温饱等基本生存需求问题。在此阶段，人类还没有能力进行财物的积累和交换，人与自然生态的依存关系既是紧密的，同时也是被动的。随着人类文明的不断发展，生态资源的功能和作用也开始发生量变的积累和质变的飞跃。

（1）由于对工具的使用、发明和进化，人类对自然生态资源取得和利用的能力逐步增强，开始将满足基本生存需求后的剩余物转化为积累和财富，由此逐步刺激

① 傅华主：《法律基础知识》，成都：电子科技大学出版社，2007 年版，第 155 页。

② 王志茹：《生态危机与刑法的生态化》，载《华北工学院学报（社会科学版）》2004 年第 2 期，第 19 页。

和激发人类对生态资源的占有欲望。人类对生态资源的开发和利用，已不仅局限于自身生存和繁衍的需求，还将进一步满足人类的循环再生产需求和过度消费需求。对生态资源的索取和占有已经成为人类聚集物质财富和社会地位的途径，生态资源的无序开发和过度使用也就此成为人类社会的普遍现象。

（2）地球人口快速增长带来生态资源需求的快速增长，并与传统生态资源利用的低效率手段之间的矛盾冲突加剧，造成生态环境系统不可承受。一方面，少数有产者利用财富资本工具谋求最大限度占有生态资源；另一方面，占人口多数的经济落后区域的较低生产力发展水平限制了生态资源使用效率，并由此带来经济不发达区域的生态资源的不经济和不环保，使生态资源的稀缺性和制约性凸显出来。

（3）现代人类对生态资源开发利用的广度和深度得到无限发展，人类对生态资源的攫取已经不限于自然界可恢复的范围内，从而造成生态环境不可逆的消失与破坏，未来人类后代或许无法享有那些不可再生的资源和如此丰富的物种。

（4）人类在寻求自身发展的过程中急功近利的行为，反映在生态资源利用上，是对生态环境内在规律的漠视，片面谋求短期经济发展或收入增加，造成生态环境的永久破坏或严重污染。人类开始进入一个生态环境破坏的无限恶性循环之中，即过度开发利用生态资源带来生态环境破坏，人类在对原料生产加工的同时排放污染物对生态环境的污染进一步加剧生态环境破坏，其结果进一步造成生态资源的稀缺，促使人类进一步过度开发利用生态资源，更进一步地破坏生态环境。

资源稀缺、生态破坏、环境污染，已经成为影响人类生存和发展的全球性问题。例如，水资源破坏、土地资源破坏、森林资源破坏、动物资源破坏、植物资源破坏、大气资源破坏、海洋资源破坏等等。解决这些生态环境问题，迫切需要运用法律手段开展社会管理和资源保护，也是实现依法治国和建设法治国家的责任。法律保护生态环境法律关系，可分为宪法保护、刑法保护、民法保护、行政法保护等。运用刑法保护生态环境法律关系，惩治破坏环境犯罪是刑法与时俱进和推进社会发展的趋势和要求。

我国现行刑法典从妨害社会管理秩序的视角，规定了破坏环境资源保护的犯罪和刑罚。包括污染环境罪，非法处置进口的固体废物罪，擅自进口固体废物罪，非法捕捞水产品罪，非法猎捕、杀害珍贵、濒危野生动物罪，非法收购、运输、出售国家重点保护的珍贵、濒危野生动物及其制品罪，非法狩猎罪，非法占用农用地罪，非法采矿罪，破坏性采矿罪，非法采伐、毁坏国家重点保护植物罪，非法收购、运输、加工、出售珍贵树木或者国家重点保护的其他植物及其制品罪，盗伐林木罪，滥伐林木罪，非法收购、运输明知是盗伐、滥伐的林木罪。

为适应环境保护需求的发展变化，我国还适时以刑法修正案和立法解释的方式对刑法中的环境犯罪条款加以修正，形成环境保护的单行刑法。如《〈中华人民共和国刑法〉修正案（二）》规定，为了惩治毁林开垦和乱占滥用林地犯罪，切实保护森林资源，将《刑法修正案（九）》第三百四十二条修改为："违反土地管理法规，非法占用耕地、林地等农用地，改变被占用土地用途，数量较大，造成耕地、林地等农用地大量毁坏的，处五年以下有期徒刑或者拘役，并处或者单处罚金。"《最高人民法院、最高人民检察院关于执行〈中华人民共和国刑法〉确定罪名的补充规定（二）》将非法采伐、毁坏珍贵树木罪的罪名修正为：非法采伐、毁坏国家重点保护植物罪和非法收购、运输、加工、出售国家重点保护植物、国家重点保护植物制品罪。

为使环境保护更具针对性，我国还通过环境与资源等法律，规定大量的环境保护的附属刑法条款，充实和完善环境资源的刑法保护，如《环境保护法》《海洋环境保护法》《环境噪声污染防治法》《水法》《渔业法》《草原法》等法律中都规定了相应的刑法条款。如《水法》规定，侵占、盗窃或者抢夺防汛物资，防洪排涝、农田水利、水文监测和测量以及其他水工程设备和器材，贪污或者挪用国家救灾、抢险、防汛、移民安置和补偿及其他水利建设款物，构成犯罪的，依照《刑法》的有关规定追究刑事责任。在具体适用刑法定罪量刑中，可以依照侵占罪、盗窃罪、抢夺罪、贪污罪、挪用特定款物罪等定罪量刑。如《环境噪声污染防治法》规定：环境噪声污染防治监督管理人员滥用职权、玩忽职守、徇私舞弊的，由其所在单位或者上级主管机关给予行政处分，构成犯罪的，依法追究刑事责任。在司法实践中，依照滥用职权罪或玩忽职守罪定罪量刑。

我国《刑法》（广义的刑法）在立法上，已经形成多层次的环境资源刑法保护体系，是以刑法典的环境资源保护为主体，以单行刑法的环境资源保护为补充，以附属刑法的资源环境保护为辅助的有机整体。其中，附属刑法在生态、环境、资源的保护过程中发挥不可或缺的重要作用。表现在：①最大限度地涵盖生态环境资源刑法保护的需求领域；②为生态环境资源的犯罪行为做出专业性规定；③贯彻罪刑法定原则将犯罪认定的法律适用引向刑法典。在各类部门法中，用"比照《刑法》××条的规定追究刑事责任"，或者用"依照《刑法》××条的规定追究刑事责任"，或者用"构成犯罪的，依法追究刑事责任"，或者用"违反本法规定，构成犯罪的，依法追究刑事责任”。

随着生态、环境、资源类部门法的立法数量增加，对刑法典的法律规范和法律条款引证适用的数量和范围将逐渐增多并多样化，对刑法生态化的要求也会进一步提高，这也凸显了刑法生态化的立法缺失。因此，现行刑法典应当从保护生态和谐的人类生存视角推进刑法生态化，针对生态、环境、资源的保护需要，立法规定污染环境罪、破坏水资源罪、破坏土地资源罪、破坏森林资源罪、破坏动物资源罪、破坏植物资源罪、破坏大气罪、噪声污染罪、水污染罪、未经法定许可排污罪、超标准排污罪、在禁污水域排污罪等。

刑法作为法律保护生态环境法律关系的最后手段，表现在以下几个方面：

（1）刑法保护具有特定性。刑法保护生态环境法律关系是将特定的法律行为定为犯罪，并规定应承担的法律责任及刑事处罚后果。因此，刑法保护的特定性表现在：行为的特定性、犯罪构成的特定性、犯罪罪名的特定性、惩罚结果的特定性。

（2）刑法保护具有层次性。刑法保护生态环境法律关系既体现在刑法典之中，也体现在各个部门法的附属刑法之中。

（3）刑法保护更具强制性。刑法保护生态环境法律关系是依据法律规定的生态环境犯罪和刑罚，通过限制人身自由或剥夺生命权的刑罚施行的，比其他法律保护更具有强制性。

（4）刑法保护具有终极性。刑法保护生态环境法律关系只有在其他法律规范不能充分保护这一法律关系时，才由刑法保护。“刑法的固有斗争性使得刑法表现为一种保护最广大合法权益的终极性特殊强制方式”。[①]

生态环境法律关系需要刑法在广大的范围和空间给予全面、及时、有效的保护。《刑法》（广义上的刑法）在立法、司法、执法上对生态环境保护存在严重不足，需要通过刑法生态化对刑法进行完善。《中共中央关于全面深化改革若干重大问题的决定》指出，对造成生态环境损害的责任者严格实行赔偿制度，依法追究刑事责任。该决定也指出，健全行政执法和刑事司法衔接机制，完善案件移送标准和程序，建立行政执法机关、公安机关、检察机关、审判机关信息共享、案情通报、案件移送制度，坚决克服有案不移、有案难移、以罚代刑现象，实现行政处罚和刑事处罚无缝对接。

① 陈鸿：《略论刑法特性与社会和谐功能》，载《政法学刊》2007 年第 6 期，第 36 页。

6.2 刑法生态化的内容

刑法生态化是在渐进的社会发展过程中，随着人类对生态环境资源的深入认识逐步发展成熟。刑法理念与生态理念相互吸收借鉴，既与时俱进地拓展了刑事法律的社会管理功能和作用，也同时推动着生态环境资源保护法律体系的完善和发展。用刑事法律手段保护生态环境资源、生态文明建设和社会可持续发展，是实现人类 21 世纪发展战略和促进人与自然和谐发展的历史要求的重要手段。刑法生态化具体是指刑法基本原则的生态化、犯罪构成的生态化以及罪名与刑罚的生态化。

6.2.1 刑法原则的生态化

按照《古辞辨》解释，“原”是“源”的本字，是水的源头的意思。“原”又由于寻根找源义引申为在事情上追根究底、推求起因义。“则”是指“等画物也”，按照一个标准来刻镂器物。“则”的制器所比照的器样义抽象化之后，就形成标准、典范义了，由模仿器样引申出效法之义。因此，按照《现代汉语词典（第 6 版)》的解释，原则是指说话或行事所依据的法则或标准。

法律原则是指在一定法律体系中作为法律规则的指导思想、基础或本源的、综合的、稳定的法律原理和准则，对法的创制和法律的实施具有重要的指导意义。法律原则可划分为公理性法律原则、基本性法律原则、具体性法律原则、实体性法律原则、程序性法律原则等。

刑法原则是指刑法及其规范本身所具有的，贯穿于刑事立法和司法始终，并得到普遍遵循的具有全局性、根本性的、核心性的准则。刑法原则也可划分为刑法基本原则和刑法具体原则。

刑法原则生态化是指在刑法的创制和实施过程中，将生态环境资源保护理念吸收作为刑法基本原则和具体原则的合理内涵，并使之成为刑法贯彻实施的行为准则。

刑事立法原则的生态化，就是全面按照 21 世纪人类环境发展的时代要求，将生态环境资源的内在规律引入环境保护的刑事立法领域，强化现行刑法生态环境资源保护的改进与创新。①刑事立法亟待重新界定环境犯罪的定义和概念，建立、健全预防和惩治生态环境资源犯罪的刑事处置措施体系，使刑事立法的动态发展切实符合生态规律的内在要求。②刑法立法原则的生态化要以实现环境与自然资源保护为目标，确立能够充分体现生态环境资源价值的环境法益在刑事法律中的地位。③刑法立法原则生态化要在基本原则和具体原则等多个层面体现生态环境资源科学的原理和方法，体现立法原则对生态环境资源刑法制度的全局性作用，充分反映生态化刑法的精神实质和价值要求，引导生态化环境资源刑法制定的基本方向和形式内容。刑法立法原则的生态化能够强化刑法制度在21世纪生态环境资源保护时代背景的法理学的研究与探索，有助于更好地发挥刑事法律在生态环境资源领域的功能作用。

刑法立法原则的生态化要充分体现刑法对环境保护的时代性要求，社会发展是现代社会的时代主题，环境保护亦是现代社会的时代主题，且二者休戚相关，相伴相生。现实社会生活的许多生态环境资源犯罪往往同特定经济阶段、特定地域资源、特定发展需要等社会生产活动密切相关，使法律手段在解决生态环境资源问题时需要综合运用民事、经济、行政、刑事等多种法律方法。因此，环境刑法面临与传统刑法截然不同的刑事立法特征。表现在，环境法益的特殊性、行为主体的复杂性、侵害行为的有用性、危害结果的滞后性，以及法律法规的行政依附性等。刑法立法原则的生态化，要确保生态环境资源犯罪构成要件符合生态学规律，切实反映生态环境资源的原则和原理，如公平性、持续性、协调性、循环性、再生性、平衡性、和谐性等，体现现代社会时代发展对刑法制度改革的客观要求，将生态环境资源保护理念和可持续发展观嵌入刑法现代化的发展进程。刑法立法原则的生态化，应当突出生态环境资源犯罪的预防职能。生态环境资源犯罪危害的滞后性往往使犯罪结果评价失真，特定犯罪行为经常造成生态环境资源状况持续恶化。将犯罪实害后果作为环境犯罪构成要件，在环境刑法上突出对实害犯、结果犯而忽略行为犯或危险犯的认识危害。因此，将刑法保护提前到危害生态环境资源的危险状态，即对侵害行为予以刑罚制裁，能够充分体现惩戒生态环境资源犯罪重在预防的原则。

6.2.2 犯罪构成的生态化

根据刑法理论，犯罪构成包括主体、客体、主观方面、客观方面4个要件。犯罪构成要件是认定犯罪与非罪、区分此罪与彼罪的唯一法律标准，是罪刑法定原则的根本体现和保障。

在刑法生态化背景下，传统刑法的犯罪构成理论在解决生态环境资源犯罪问题上面临许多法律冲突和局限，迫切需要通过犯罪构成的生态化发展不断提高刑事法律惩治生态环境资源犯罪的效能。

从犯罪客体分析，传统犯罪构成理论认为，“犯罪客体是被犯罪行为所侵犯的刑法保护的社会主义社会关系，是犯罪构成的必备要件之一”。①在刑法理论上，将犯罪客体划分为直接客体、同类客体和一般客体，三者都指向一定的社会主义社会关系，但是所反映的社会关系层次不同。延续上述犯罪客体理论，环境犯罪的客体亦应是相应的社会主义社会关系，具体反映在人身权和财产权上。

例如，1979 年《刑法》将生态环境资源犯罪视为危害公共安全犯罪，认为环境犯罪侵害的是不特定多数人的生命、健康和重大公私财产的安全的社会主义社会关系。1997 年修订《刑法》，将生态环境资源犯罪视为妨害社会管理秩序罪，认为生态环境资源犯罪侵害的是国家生态环境资源保护法律法规和管理制度的社会主义社会关系。21 世纪生态环境资源理论则认为，生态环境资源犯罪侵害的是人与自然之间的生态关系和人与人之间的社会关系复杂客体。

由于在社会关系理论中，没有涵盖人与自然的关系和生态环境资源内部要素之间的关系，而对人与自然关系及生态环境资源要素之间关系的严重侵害，必然会威胁或损害人类的生存与发展并构成犯罪。所以，人与自然的关系和自然界内部之间的关系应当为刑法理论重新认识，并为刑法全新的犯罪构成理论吸收。

从犯罪的客观方面分析，“犯罪客观方面是指依照刑法规定，说明侵害某种客体的危害社会行为、危害结果，以及实施危害行为的客观条件等客观事实特征的总和”。②传统犯罪构成理论认为，犯罪行为危害人身权和财产权的行为，犯罪行为和犯罪结果之间存在直接的因果关系，犯罪行为一定会造成人身伤害和财产损失，犯罪行为是人们所反对的和不可接受的破坏行为。但是在生态环境资源犯罪过程中，犯罪行为往往与人类的日常生产、生活行为紧密联系，是在开展生产、创造财富、实现发展、保障安全等社会政治、经济、文化、军事活动中发生的，在特定时空条件下被认为具有社会价值和社会意义的活动或行为，与传统犯罪危害社会的行为具有截然不同的价值取向。因而，对生态环境资源的行为犯罪进行价值评判时，用传

① 高铭暄：《刑法学原理》，北京：中国人民大学出版社，1993 年版，第 480 页。

② 《中国人民大学丛书》编辑委员会：《刑法学原理》，北京：中国人民大学出版社，1993 年版，第 508 页。

统的犯罪构成理论就无法进行判断、甄别和取舍。另外，生态环境资源犯罪的危害结果与传统刑法理论的认识也存在差异，生态环境资源犯罪结果通常都具有发生的滞后性、危害的持续性、破坏的隐蔽性、认识的局限性、损失的巨大性等特征都与传统犯罪有着巨大的差异。因此，预防和惩治侵害生态环境资源犯罪行为的危险犯和行为犯，是刑法生态化的重要标志。

从犯罪构成主体分析，环境犯罪的主体较之传统犯罪更为广泛，既可以是自然人或法人，也可以是非法人组织、企事业单、社会团体、国家机构等，且法人作为犯罪构成主体在犯罪的规模、犯罪的范围和破坏的结果等方面造成的社会影响更加突出。

从犯罪的主观方面分析，“犯罪主观方面是指犯罪主体对他所实施的社会危害行为及危害结果所持的心理态度”。①它包括犯罪行为主体的主观故意、过失，以及犯罪的目的和动机。在传统犯罪中，犯罪行为都是在故意或过失的主观状态下所实施的。但是在环境犯罪中，犯罪行为主要是在为获取经济上的利益的主观状态下实施的，在行为过程中并没有直接追求破坏生态环境资源的主观故意心态，一般认为在此主观状态下应当认定为主观上的过失心态。随着生态环境资源犯罪问题的突出和人类社会损失增大，生态环境资源犯罪的无过错犯罪和过错推定犯罪认定引入刑事司法中，以进一步强化对生态环境资源犯罪的惩戒力度。同时，在生态环境资源犯罪问题上，犯罪直接因果关系认定和证明困难，极易放纵犯罪。因此，在生态环境资源犯罪认定上应当积极引入因果关系推定原则，依法定程序和规定将犯罪行为和犯罪结果有机地联系在一起。

6.2.3 刑法罪名的生态化

现行刑法典以单独章节设立破坏环境资源保护罪，然而破坏环境资源犯罪并不是某种犯罪的具体罪名，是危害生态环境资源犯罪的总称，在刑法典中直接包含15 个具体罪名。生态环境资源犯罪的实质是损害人类赖以生存的最为基本的物质生活条件，近期或远期地损害人类的生命健康和永续发展。生态环境资源犯罪破坏的是整个生态系统的平衡与安全利益，直接或间接地影响生态系统内部要素的平衡

① 高铭暄：《中国刑法学》，北京：中国人民大学出版社，1989 年版，第 122 页。

与和谐。所以，生态环境资源法益是一个集合法益，涵盖生命健康法益、公私财产法益、公共安全法益、社会管理法益、生态环境法益等，相关人类法益是生态环境资源法益中的部分而不是整体。从广义上说，适应环境资源犯罪不仅限于刑法典规定的法定罪名，还囊括与生态环境资源相关部门法的附属刑法规定的犯罪及其罪名。

（1）需要与时俱进和国际上生态环境资源保护发展潮流接轨，将国际化、成熟的生态环境资源保护的法律、制度、规则、技术、手段与国内现状和需要相结合，从生态环境资源保护视角增设具体罪名，如污染海洋环境罪、环境噪声污染罪、破坏草原罪、破坏自然保护区罪、破坏风景名胜区罪、破坏水土保持罪等。

（2）强化附属刑法条款对生态环境资源犯罪的刑事惩戒作用，通过刑事立法对生态环境资源部门法中附属刑法涉及的犯罪规定罪名并列入刑法罪名表。这样既能够保证刑法典的稳定，也能够及时运用刑事法律惩戒新型生态环境资源犯罪，弥补现有附属刑法的立法缺失和依据附属刑法条款定罪量刑的类推适用等问题。

（3）随着刑法生态化的不断演进，适时引入生态犯罪罪名。创设生态犯罪罪名能够全面涵盖生态环境资源法益，充分体现生态价值理念，突出刑法保护生态环境资源的职能作用，从根本上揭示生态环境资源犯罪问题不是犯罪行为与人身权和财产权的利益冲突，而是犯罪行为与生态法益的冲突，纠正人们从经济利益对等的视境看待此类犯罪。传统观点认为，只要能够取得足够对等的经济利益，破坏生态环境资源的行为是值得的或被理解承认的。

6.3 刑法生态化的对策建议

进入 21 世纪以来，刑法生态化在国际法和国内法领域都有长足的发展。在历经修订刑法典、加强单行刑法立法、扩大附属刑法涵盖范围的全面长足的发展之后，新增多个破坏生态环境资源罪名，完善生态犯罪构成因素。刑事法律在打击破坏生态环境资源犯罪行为，保护社会可持续发展与绿色发展进程发挥着越来越突出的作用。但是，刑法生态化的局限性仍然严重制约着我国的生态文明建设的发展进程。为此，对刑法生态化提出以下对策建议。

6.3.1　刑法生态化认识局限性及对策建议

6.3.1.1　对刑罚认识的局限性

现行刑法追究生态环境资源犯罪刑事责任，采用的是刑罚与非刑罚措施相结合，以刑罚措施为主的制度。在司法实践中，刑罚措施偏重自由刑，将罚金刑作为附加刑适用。对犯罪适用自由刑，是以限制犯罪行为人的人身自由方式惩罚和威慑犯罪，对已经构成破坏生态环境资源的犯罪处以限制人身自由刑罚，在客观上虽然能够防止犯罪人继续实施犯罪行为，但却无法补偿和恢复生态环境资源状况，不能实现刑法保护的最终目的。在生态环境资源犯罪刑罚中，将罚金刑作为附加刑适用，其犯罪的罚金数额与造成的价值损失相较数额偏低，无法达到惩戒和威慑犯罪的目的。尤其是对犯罪成本低于利益诱惑的企业而言，较低数额的罚金对其没有威慑力，却在一定程度上产生放纵生态环境资源犯罪行为的溢出效应。

在立法和司法层面，增强对环境犯罪的财产刑处罚力度。将财产刑区分为惩罚性财产刑、损害赔偿财产刑、生态恢复补偿财产刑，按照生态犯罪构成特征采取独立适用或多重适用财产刑。针对生态环境资源犯罪的行为属性，在惩罚生态犯罪中应当强化非刑罚措施的法律适用。对生态环境资源犯罪行为，适用刑罚处罚并辅之以非刑罚措施，如公开悔过、责令补救、限制活动、限期治理和勒令停产或解散，以达到对环境犯罪行为构成的主客观方面的标本兼治。

6.3.1.2　对环境法益认识的局限性

“法益是指由法律所确认和保护的利益，刑法法益指的是受刑法规范保护的利益”。[①]“环境法益是从刑事法意义上说的，是指为刑法所保护的、被犯罪行为所侵犯的、通过环境要素和其结合来体现的环境利益”。[②]“环境法益是人类利益与自然利益的统一体，不能将人类利益与自然利益相对立，环境法益本身包括人类享有的、为法律所保护的与环境相关的利益，但是环境法益的内容不限于人类的环境利益，而且包括自然本身所具有的利益内容。自然本身具有价值，自然本身就是目的，自然不是作为人类的工具而存在的。自然的本体价值要求调整人类行为的刑事法律规范不能仅处罚体现为侵害人类利益的破坏自然行为，而且为了直接保护自然的存在

① 李学勇：《宽严相济刑事政策的生态价值意蕴》，载《湖南农机》2010 年第 9 期，第 251 页。

② 吴鹏飞：《环境刑法的效率分析》，株洲：中南林业科技大学，2011 年。

和良好发展，对单纯破坏自然而没有造成人类利益损害的行为也应当予以惩处。因此，环境法益本身包含对自然本体价值的承认”。[①]“在传统人本主义价值理念的指导下，传统刑法的法益重在对人的利益的保护，刑法对处置环境犯罪仍停留在传统刑法的法益保护上，只将人的生命、健康和财产作为刑法的保护客体，忽视了对生态环境本身的保护，因此造成只有当生态环境媒介遭到破坏进而侵害到人的生命、健康和财产等利益时才会受到刑法的制裁，生态环境本身没被当作独立的保护对象，只要人的利益没有受到损害就不会有刑事制裁，环境利益只是通过人的利益反映出来的间接利益”。[②]

刑法所保护的生态环境资源价值可以统称为环境法益，随着人类认识自然能力的提高，人类已经超越传统刑法对环境法益认识存在的局限性。生态环境资源对于人类的价值越来越充分地显现出来，从根本上来说生态环境资源对人类有着生存价值或生态价值，进一步展开说又有使用价值、生产价值、经济价值、财产价值、商业价值，更进一步地说还有着伦理价值、秩序价值、社会价值等等。然而，生态环境资源的客观存在是其对人类价值的物质载体，并依存于生态环境资源自身的和谐统一和良性循环。所以，生态环境资源的物质存在本身就具备独立的价值。因此，生态环境资源的价值是由其对人类的价值和自身存在的价值结构。由于人类依托生态环境资源的价值生存繁衍和发展进步，所以人类有必要运用强有力的手段保护生态环境资源价值，也需要通过刑事法律制度有效地保护生态环境资源价值。

在立法层面，探讨与论证建立环境刑法的可行性和必要性，将保护环境法益作为环境刑法立法的核心价值及价值取向。系统梳理环境犯罪罪名，增设全面涵盖生态、环境、资源的物权及其他项物权等环境法益的环境犯罪罪名。例如，增设侵害生态环境资源等环境法益的罪名，增设阻碍保护环境法益的罪名。

6.3.2 刑法生态化的立法局限性及对策建议

6.3.2.1 刑法典环境犯罪立法的局限性

我国运用刑事法律打击生态环境资源犯罪的刑事立法，伴随着对侵害生态环境资源犯罪行为及其危害的逐步认识从无到有发展和完善。我国在 1979 年颁布第一

① 侯艳芳：《环境犯罪构成研究》，济南：山东大学，2009 年。

② 李学勇：《宽严相济刑事政策的生态价值意蕴》，载《湖南农机》2010 年第 9 期，第 51 页。

部刑法典，已经开始认识到某些侵害人身和财产的犯罪行为可能造成对生态环境资源的严重危害结果，用刑罚的方式对犯罪行为进行惩戒，相应的刑事立法规定从间接角度起到了保护生态环境资源的社会效果。例如，1979 年《刑法》第二编分则的第二章危害公共安全罪规定，实施“放火、决水、爆炸或者以其他危险方法破坏工厂、矿场、油田、港口、河流、水源、仓库、住宅、森林、农场、谷场、牧场、重要管道、公共建筑物或者其他公私财产、危害公共安全”的构成刑事犯罪。其犯罪客体是受犯罪行为侵害而为法律所保护的人身生命健康权、公私财产权、公共安全权等为法益的法律关系，而没有直接反映刑法应对予以保护的环境法益。《刑法》对生态环境资源的进一步保护的刑事立法规定，还反映在重大责任事故罪、盗伐滥伐林木罪、非法捕捞水产品罪、狩猎罪、玩忽职守罪等立法规定。

随着我国改革开放和经济发展，对生态环境资源的开发利用活动的广度和深度有了极大的拓展，生态环境资源问题也日益突出的显现出来，修订《刑法》强化了对生态环境资源保护问题。1997 年《刑法》修订在保持对生态环境资源犯罪间接保护的基础上，独立设立章节从打击妨害社会管理秩序罪的角度，对破坏环境资源保护的犯罪行为进行刑事惩处，提高了刑法对生态环境资源的保护力度和效果。但是，刑法修订仍然是从保护受犯罪行为侵害并为法律所保护的社会管理秩序的角度打击生态环境资源犯罪。生态环境资源法益还没有从传统的生态环境资源犯罪客体中独立出来，这些立法现状限制了刑法对生态环境资源犯罪的效能。

在我国刑事法律立法中全面、完整地引入环境法益，使刑事法律平等地保护环境法益的法律地位、人生命健康法益、公私财产权法益。

6.3.2.2 附属环境刑法的局限性

刑法在法律体系具有特定的打击刑事犯罪的功能，以限制人身自由为主旨实现其法律功能。从现代国家法治发展趋势看，刑事立法发展倾向于轻刑化和非刑化。在我国，打击生态环境资源犯罪的刑事立法，更多地体现在颁布的生态环境资源部门法中，通过引入附属刑法条款的方式强化对生态环境资源犯罪行为的刑法制裁。随着我国生态环境资源法律体系初步建立，相关生态保护、环境污染、资源利用等部门法的立法快速发展，并不断增加和完善生态环境资源附属刑法条款。

在已颁布的部门法中普遍列入附属刑法条款，通过规定“违法本法规定，构成犯罪的，依法追究刑事责任”条款的方式，将该法调整的法律行为规范刑法化。依照附属刑法条款追究生态环境资源犯罪的刑事责任，其犯罪构成要件需要依据部门法中的法律规范，存在法律规范的刑法化倾向。同时，依照附属刑法条款追究侵害生态环境资源行为的刑事责任，其犯罪定义和犯罪构成要件基于罪刑法定原则应当符合刑法典的明文规定，使大量违反生态环境资源部门法的犯罪行为难以界定，削弱了刑法打击生态环境资源犯罪的社会职能作用。

积极响应我国生态环境损害赔偿制度的政策推进，通过建立生态环境损害赔偿范围认定机制、责任主体认定机制、索赔主体认定机制、损害赔偿解决途径认定机制等，将附属环境刑法进行整合，发挥刑法典与单行刑法、附属刑法系统化的综合效力。以建立完善有序的生态环境损害赔偿制度为主体，统筹发挥生态法益刑法保护、生态法益民法保护、生态法益行政法保护部门法职能。

第 7 章

诉讼法生态化

诉讼是指司法机关在当事人和其他诉讼参与人参加下，为处理案件而进行的活动。包含起诉、审判、执行 3 个基本阶段，根据诉讼案件性质分为刑事诉讼、民事诉讼、行政诉讼。在我国，司法机关在诉讼中处于主导地位。

诉讼法是规定诉讼程序的法律规范的总称。针对审理案件的不同性质，适用不同的诉讼程序法，有刑事诉讼法、民事诉讼法、行政诉讼法。诉讼法规定诉讼活动完整过程的法律依据，包括诉讼的基本原则，案件的侦查与调查、案件的起诉受理、案件的庭审与判决、案件的上诉与终审裁判、案件的申诉与抗诉、案件的再审与审判、法律判决裁定的执行与终止等程序。

实体法与程序法的区别是根据法律规定内容的不同来进行划分的法律分类。一般而言，实体法是以规定和确认权利和义务以及职权和责任为主要内容的法律，程序法是规定以保证权利和职权得以实现或行使，义务和责任得以履行的有关程序的法律。程序法是正确实施实体法的保障，审判活动是实体法和程序法的综合运用。

环境污染和环境破坏是对环境实体法律规定的生态、环境、资源的法定权利的侵害。然而，追究环境侵权和环境犯罪的法律责任有赖于诉讼法律才能得以实现。诉讼法生态化的目标就是全面建立涵盖各领域、各地域，以及国内法与国际法等的环境权利实现机制，保障法律规定的人们环境的权利不受非法侵害和获得有效补偿。

人类面临的环境问题主要指环境污染和环境破坏。环境污染主要表现在水体污染、大气污染、固体废物污染等。环境破坏主要表现在水土流失、土壤沙化、草原退化、森林资源锐减、生物物种加速灭绝、水资源日益匮乏等。环境污染和环境破坏直接侵害了人类生存的基本生态条件，严重危及人们的生存和持续发展。如何通过诉讼程序解决人们的环境权保护问题，促使诉讼法生态化发展趋势应运而生。诉讼法生态化是指要在程序法里充分体现保护生态环境权利等程序内容，当环境权利等公共利益遭受侵害时，权利主体提起法律诉讼方式和方法，以及通过怎样的程序实现诉讼权利。

公益诉讼的提出及其发展趋势体现了环境权保护理念的发展与飞跃。公益诉讼的制度设计，体现了诉讼法的 3 个转变：①原告资格标准由直接利害关系向间接利害关系转变；②法律诉讼的利益由原告的私人权益向公共利益与私人利益共同保护过渡；③诉讼类型由私权诉讼向私权诉讼与公权诉讼相兼顾的方向发展。

7.1 公益诉讼的概述

1968 年，英国学者哈丁（Hardin）在《科学》杂志上发表了一篇题为《公地的悲剧》的文章，可以用来阐释环境权利的公共利益性。

公地作为一项资源或财产有许多拥有者，他们中的每一个都有使用权，但没有权利阻止其他人使用，而每一个人都倾向于过度使用，从而造成资源的枯竭。过度砍伐的森林、过度捕捞的渔业资源及污染严重的河流和空气，都是公地悲剧命题的典型例子。之所以叫悲剧，是因为每个当事人都知道资源将由于过度使用而枯竭，但每个人对阻止事态的继续恶化都感到无能为力，而且都抱着私利的心态加剧事态的恶化。在公地悲剧命题中，公共利益涵盖个人利益，公共权利涵盖私人权利。但是，私人权利又无法代行公共权利。诉讼法理论认为，利益受到损害，权利人有权提起权利保护的起诉请求，请求司法救济。一旦公共权利的主体怠于行使公共权利保护公共利益，将会损害相关社会成员的个人利益和私人权利。随着社会公共领域延伸及公共事务数量的增长，公共权利及公共利益随时面临着非法侵害，由此产生的责任追究和损害赔偿期待着公益诉讼制度的建立、发展和完善。

7.1.1 公益诉讼的概念

7.1.1.1 公益

公益，即公共利益，是私益的对称。公益是指一定区域内不特定的社会成员共同享有的利益。各国立法基本上都有关于公共利益的规定，一般采取了抽象概括的方式来规定。究其原因：①从时空维度看，由于不同区域、不同历史阶段的政治、经济、文化不同，而对公共利益的理解不同；②在司法实践中，也是赋予法官以自由裁量权的体现。公共利益有以下特征：

（1）公共利益首先必须具有公共性。这种公共性表现为地域的广泛性及受益对象的广泛性。公共利益就是公众利益或者与公众有关的、为公众所公用的利益。任何公共利益的受益人是所有的人而不是某一或特定的利益共同体，倘若所谓的公共利益只是使某些或某一特定利益主体受益，只满足特定人的利益需求或愿望，这种利益不可能成为社会的普遍利益，因而就不是公共利益。只有旨在实现普遍利益，使普遍的人都从中得到益处，才符合社会普遍利益的本质和精神，才是公共利益。[①]

（2）公共利益在法律中的主要作用是对局部个人利益或个体权利的一种限制，即作为局部社会个体行使权利的边界。我国法律中虽然没有规定公共利益高于个人利益，但蕴含的意思还是非常明确的，个人利益如果与公共利益发生冲突，应当以公共利益为主。无论是宪法中的概括性规定，还是在部门法条文中的具体性规定，大都是作为公民个人行为的合法尺度或者有效依据。

（3）公共利益既是公民个人法律行为合法的主要依据，也是国家立法机关的立法行为、执法机关的执法行为合法的主要依据。公民个人的法律行为如果违背了这一原则就有可能导致行为无效。例如，损害社会公共利益的合同无效（《合同法》第 7 条、第 52 条）；国家机关的法律行为如果违背了这一原则也会导致行为的正当性和合法性不足，如《行政处罚法》立法目的就是规定和维护公共利益（《行政处罚法》第 1 条）。[②]

---

① 陈召净、王坤：《公共利益的概念、特征及界定》，载《产业与科技论坛》2008 年第 10 期。

② 高志宏：《“公共利益”：立法梳理与学术反思》，载《苏州大学学报》2013 年第 2 期。

7.1.1.2 公益诉讼

公益诉讼是指在公共利益受到非法侵害或者出现减损时，或者是特定的公共秩序受到破坏，为了保护公共利益或者恢复、补偿受到减损的公共利益，或者为了保护特定的公共秩序，由一定的主体根据法律规定或者特别情形下的法院裁定，而向法院起诉，由法院进行审理并做出判决的特别程序制度。[①]作为一种新型诉讼，这类公益诉讼的形成，需要立法对相关问题予以规定和明确，尤其是要赋予某些主体对并未直接侵犯自己权益的行为提起诉讼的权利。[②]

7.1.2 公益诉讼的特征

通过对国外公益诉讼理论和司法实践的考察与比较分析，可以将现代公益诉讼的性质和特点归纳如下。

（1）在诉讼的目的上，强调对社会公共利益的维护，并以追求公共利益的最大化作为诉讼的宗旨，这是现代公益诉讼不同于普通民事诉讼和一般行政诉讼的本质特征。

（2）在诉讼当事人方面，不要求公益诉讼原告是与损害结果有直接利害关系的主体。如果按照传统的民事诉讼当事人理论来进行衡量的话，公益诉讼中的原告则有可能存在不适格的情形。所以，对传统的当事人的适格理论提出了挑战，进而扩大当事人的适格范围是这类诉讼的重要形式特征。

（3）公益诉讼涉及的案件范围宽泛，可以是民事侵权行为，也可以是行政违法行为。前者被告是自然人、法人，后者被告是包括国家行政机关或国家行政机关工作人员。

（4）公益诉讼的地位体现在对国家机关执法能力不足的补充与协助，而非取代国家机关进行执法活动。

（5）原告在胜诉后往往受到一定的物质奖励。为了鼓励有公益诉讼资格的原告，特别是具有公益性质的社会组织积极参与公益诉讼的积极性，在公益诉讼中，公益诉讼人要承担举证责任、诉讼费用，还要为诉讼花费人力、物力、财力。尽管公益诉讼人提起诉讼之初是出于对国家和社会事务的关心，但是人们所争取的一切都同

① 宋朝武：《论公益诉讼的十大基本问题》，载《中国政法大学学报》2010 年第 1 期。

② 林莉红：《公益诉讼的含义和范围》，载《法学研究》2006 年第 6 期。

他们的利益相关。对于公益诉讼人的这种惩恶扬善、保护国家和公共利益的行为以奖励的形式加以鼓励，有利于更多的公民加入到公益监督的领域，从而形成社会监督这种强有力的外在力量。

7.1.3 公益诉讼分类

（1）根据诉讼的性质，可分为民事公益诉讼和行政公益诉讼。公益诉讼应当是一种独立的诉讼类型，其最终应当是与现在三大诉讼并列的一种诉讼。但是，考虑公益诉讼中所提出的诉讼请求的特点，以及与现行诉讼制度和谐发展，可以把诉讼请求基于民事请求权的归结为民事公益诉讼，而起诉被告是行政机关，起诉请求行政机关进行行政行为的为行政公益诉讼。需要注意的是，公益诉讼中没有所谓的刑事公益诉讼。因为，犯罪行为不仅侵犯了个人和社会的利益，也侵犯了国家利益，如果侵害公共利益达到犯罪的程度，就是刑事公诉案件。

（2）根据提起公益诉讼的主体情况，可以分为公诉公益诉讼、私诉公益诉讼。公诉公益诉讼是由检察院代表国家所提起的公益诉讼；私诉公益诉讼是社会团体提起的公益诉讼。

（3）根据公益诉讼当事人的确定方式，可分为法定公益诉讼和任意公益诉讼。法定公益诉讼是指以国家机关为权利主体对于一定范围内的公共利益有保护之责，在公共利益受到侵害时，以原告身份提起的诉讼。任意公益诉讼是指在公共利益受到侵害时，依法成立的社会团体提起的公益诉讼。

（4）根据公益诉讼保护的利益不同，可分为环境公益诉讼和消费者权益保护公益诉讼。

（5）根据提起公益诉讼的目的不同，分为以实体权益保护为目的的主观公益诉讼和以保护法律秩序和道德秩序为目的的客观公益诉讼。

7.2 民事公益诉讼

7.2.1 民事公益诉讼概念与特征

公益诉讼是一个与私益诉讼相对的概念。民事公益诉讼是指国家有关机关或社会组织根据法律法规的授权，为了保护社会公共利益，对违反法律侵害社会公共利益的行为，向人民法院提起诉讼，由法院按照民事诉讼程序依法审判并追究违法者法律责任的诉讼。相较于民事诉讼而言，民事公益诉讼有如下的特征：

（1）民事公益诉讼的直接目的是维护社会公共利益，但公益诉讼仅仅是对国家机关执法能力不足的补充与协助，而非取代国家机关进行执法活动。一般民事诉讼的目的是维护个人、法人或者其他组织的合法权益。换言之，民事公益诉讼的建立可以更方便、更有力地保护社会公共利益。

（2）民事公益诉讼的原告一般是与民事诉讼标的无直接利害关系的特定的国家机关或组织。换言之，不直接遭受侵害也能作为诉讼主体提起诉讼。而一般民事诉讼的原告必须是因民事权利义务关系与他人发生争执或者权益受到侵害的当事人。

（3）民事公益诉讼的诉讼标的是受到侵害或者有受侵害危险的社会公共利益。而一般民事诉讼的诉讼标的是当事人之间争议的私益。

7.2.2 民事公益诉讼原告

《民事诉讼法》第五十五条规定："对污染环境、侵害众多消费者合法权益等损害社会公共利益的行为，法律规定的机关和有关组织可以向人民法院提起诉讼。"

（1）人民检察院可以作为提起公益诉讼的权利主体。这是因为，检察机关在我国宪政中居于法律监督者的特殊地位，检察机关是作为国家利益和社会公共利益的代表者、维护者和实现者的职能角色。同时，检察机关在收集证据、调查证据的权限、担负诉讼成本的能力和进行诉讼所必需的法律专业素养等方面具有优越于享有公益诉权的社会团体或民间组织。

（2）行政机关也是提起公益诉讼的法定主体。这是因为，行政机关是国家利益、公共利益的代表，其行政执法职能担负着保护公共利益的责任，依法成为国家权利和公共权利的主体。同时，行政机关掌握有关环境评价、环境监测检验、环境损害评估、现场检查记录等信息资料和行政资源，具有强力的证据收集能力以支撑公益诉讼活动。

（3）依法授权的社会组织也能够担当公益诉讼主体。社会组织具有公益性、中立性、专业性等特征，这决定了其参与公益诉讼的资源优势，在环境公益诉讼法律实践过程中，社会团体已经成为提起民事公益诉讼的主流力量。目前，在不断提高社会组织的专业性和公信力的同时，应当积极拓展参与公益诉讼的社会组织的范围，促进民事公益诉讼兴旺开展。

（4）关于社会组织的类型。《民事诉讼法》赋予有关社会组织具备提起公益诉讼的原告资格，《环境保护法》中也采用了社会组织的概念，且要求该社会组织依法在设区的市级以上人民政府民政部门登记。根据《社会团体登记管理条例》《民办非企业单位登记管理暂行条例》《基金会管理条例》的规定，在民政部门登记的非营利性社会组织包括社会团体、民办非企业单位和基金会三种类型。依照法律规定，这三类在民政部门登记的社会组织均有资格依法提起环境民事公益诉讼。同时，参与公益诉讼的社会组织需要符合从事环境保护公益活动连续五年以上的条件，这从根本上排除了那些专门为提起某项公益诉讼而临时成立的社会组织。在司法实践中，人民法院可依据该社会组织的章程、登记证书以及起诉前连续五年的年度工作报告书或年检报告书判断其是否符合该项条件。

7.2.3 民事公益诉讼受理条件

民事公益诉讼应当适用起诉与受理条件的一般规定，同时也应满足受理民事公益诉讼案件的特殊条件，即应当具备法律规定的损害社会公共利益行为的条件。公益诉讼不同于私益诉讼之处，在于前者保护的对象为涉及公共利益的事项。社会公共利益一般是指不确定多数人的利益，具体包括扩散性利益和集合性利益两种类型。扩散性利益指事先没有任何关系而只是基于特定的事实原因才产生联系的人共同拥有的一种超越个人的不可分的利益。集合性利益也是超越个人并且是不可分的公共利益，但它属于相互间既有的特定法律关系的集合体，成员的既有联系比扩散性利益要更加稳定。

7.3 行政公益诉讼

行政公益诉讼是指公民或有关组织认为行政主体行使职权或不作为的违法行为侵害了公共利益，虽与自己无直接利害关系，但为维护公共利益，而向法院提起的诉讼。行政公益诉讼与传统的行政诉讼之间的区别在于诉讼目的不同、起诉主体不同、诉讼效力不同，这是两者的根本区别。行政公益诉讼的直接目的在于维护国家及社会公共利益，实现社会的公平与正义。而传统的行政诉讼的直接目的在于维护私人利益，解决个别的行政执法争议，调整行政主体与具体当事人之间的权利义务关系。行政公益诉讼的起诉主体不要求与案件有直接的利害关系，只要存在违法侵害公共利益的行为，符合法律规定的主体都可以提起诉讼。传统的行政诉讼的起诉主体要求必须与案件具有直接的利害关系。行政公益诉讼的判决不仅对起诉主体有效，而且对于起诉主体所代表的公共利益所涉及的相关主体也发生效力。传统的行政诉讼是在特定的行政相对人与行政主体之间的纠纷发生之后，仅对特定的行政相对人与行政主体发生效力。

由于公共权力部门本身就承担着维护公共利益的职能，因其作为或不作为，发生侵害公共利益的可能性最大，而且其他社会组织或个人危害社会公共利益的行为，在一定意义上也可以说是因为公共权力部门疏于管理或管理不力造成的。因此相比较而言，行政公益诉讼较之于民事公益诉讼意义更加重大。[①]根据最高人民检察院发布的《检察机关提起公益诉讼改革试点方案》和最高人民法院制定和施行的《人民法院审理人民检察院提起公益诉讼案件试点工作实施办法》，行政公益诉讼正在试点和推广的发展过程中。

7.3.1 行政公益诉讼原告

行政公益诉讼原告是指提起行政公益诉讼的主体，行政公益诉讼主体资格是行政公益诉讼中最易产生争议的问题。

7.3.1.1 检察机关的主体资格

最高人民检察院发布的《检察机关提起公益诉讼改革试点方案》明确规定，检察机关以公益诉讼人身份提起行政公益诉讼。行政公益诉讼的被告是生态环境和资源保护、国有资产保护、国有土地使用权出让等领域违法行使职权或者不作为的行政机关，以及法律、法规、规章授权的组织。

对于检察机关成为行政公益诉讼的原告是否合理的问题，绝大多数学者主张，鉴于我国检察机关是法律监督机关和国家公诉机关的宪法定位和基本职能，赋予检

① 王太高：《论行政公益诉讼》，载《法学研究》2002 年第 5 期。

察机关提起行政公益诉讼的职能符合现行法律规定。其理由是：①检察机关依法直接对立法机关即各级人民代表大会负责，由检察机关代表国家提起公益诉讼有法可依；②检察机关作为法定监督机关，具有强势法律地位，能够全面排除法外因素对公益诉讼审判的干预与影响；③检察机关拥有一支长期从事法律工作的专业队伍，有利于收集诉讼信息资料和开展调查取证，具有维护公共利益的开阔视野。笔者不赞成这个观点。①行政公益诉讼归根结底是行政诉讼，行政诉讼俗称是“民告官”的诉讼，检察机关是原告，行政机关是被告，变成了“官告官”的诉讼，改变了行政诉讼的性质；②根据现有法律，我国检察机关肩负着刑事诉讼公诉人、民事公益诉讼原告人的重大使命和繁重的具体任务，再赋予检察机关行政诉讼原告人的身份，额外增加其负担，是现有的检察机关结构、人员配置无法承担的。所以，检察机关不适合作为行政诉讼的原告人。

7.3.1.2 社会组织的主体资格

随着人们权利意识的增强，众多社会组织如雨后春笋般涌现，通过对政府活动的参与和监督，以实现维护公共利益的职能。在我国维护公共利益紧迫、司法资源有限的背景下，社会组织提起公益诉讼具有极大的优越性。

（1）社会组织具有组织性和专业性优势。社会组织拥有专业高端人才，拥有财力聘请专业律师，有能力应对公益诉讼所需的调查取证、庭审辩论等活动，有利于发挥组织优势与专业优势以维护公共利益。

（2）社会组织具有对政府和经营组织监督优势。公共利益的侵害方通常都是经营性组织或国家职能部门，当侵害方不愿意停止侵害或提供补偿的情况下，社会组织参与公益诉讼能聚合社会力量对公权力或经营组织实施监督。

（3）社会组织具有大众影响优势。社会组织具有较强的社会活动能力，能够在较大范围运用社会舆论的引导作用强化对公共利益的保护。

与检察机关提起行政公益诉讼不同，公益社团提起行政公益诉讼不是当然的，而是需要有法律法规依据的。而公民、法人或者其他组织发现行政行为违法需要提起行政公益诉讼的，可申请上述两个主体提起，而不单独赋予公民个人的行政公益诉讼主体资格。

7.3.2 行政公益诉讼的范围

7.3.2.1 确定行政公益诉讼案件范围的立法方式

在界定检察机关提起行政诉讼的案件范围的时候，不仅要考虑宪法规定的检察机关的性质，还要从行政诉讼的目的出发。规定行政公益诉讼案件的范围有两种方法，一是直接下定义，二是列举。采用直接下定义的方式规定受案范围比较全面，但不如列举那样具体、易于操作。采用列举的方式规定受案范围具有明确、具体，便于操作的特点，但是受人们的认识能力的局限以及行政行为的复杂性和公共利益的不确定性影响，单纯列举难免遗漏。因此，采用定义兼列举的方法，对主要的案件类型加以列举，以方便原告起诉，同时定义概括性条款，以便将没有被列举的行政行为纳入行政公益诉讼的范围。

7.3.2.2 对主要案件类型的列举

（1）行政机关造成环境污染、破坏生态平衡的案件。此类案件中，行政机关往往是违法企业的保护伞或与违法企业是利益共同体，所以仅依靠行政机关的内部监督是不够的，环境案件关乎社会公众的生命健康，检察机关介入有利于保障行政机关依法行政以实现保护公益的目的。

（2）危害社会公共利益的行政案件。例如，城市规划案件，这类案件造成的社会影响在当前是巨大的，主管部门对于违法建筑视而不见，动辄打着公共利益的幌子对被拆迁居民使用暴力的行为时有发生，盲目规划、片面追求政绩和形象工程的结果是大量公共利益的流失。

7.3.2.3 概括性条款

检察机关提起的行政公益诉讼案件不能仅局限于以上列举的几个方面，随着理论和实践的发展，该案件范围也将逐步得到扩大。由于立法的相对滞后性，有必要用概括的方式规定检察机关提起行政公益诉讼的案件范畴。因此，应在列举的案件范围基础上，通过概括性条款强化检察机关对有必要提起公益诉讼的行政行为的司法管辖。

7.3.3 行政公益诉讼的程序

现行的《人民法院审理人民检察院提起公益诉讼案件试点工作实施办法》对行政公益诉讼的司法进程做出完整系统的规定，经过行政公益诉讼的司法实践，我国的行政公益诉讼立法将更趋完善。

7.3.3.1 可提起行政公益诉讼案件

依照法律规定，人民检察院认为在生态环境和资源保护、国有资产保护、国有土地使用权出让等领域负有监督管理职责的行政机关或者法律、法规、规章授权的组织违法行使职权或不履行法定职责，造成国家和社会公共利益受到侵害，向人民法院提起行政公益诉讼，法院对有明确的被告，有具体的诉讼请求和事实根据，属于人民法院受案范围和受诉人民法院管辖的案件应登记立案。

7.3.3.2 可提起行政公益诉讼请求

人民检察院提起行政公益诉讼，可以向人民法院提出撤销或者部分撤销违法行政行为、在一定期限内履行法定职责、确认行政行为违法或者无效等诉讼请求。人民检察院以公益诉讼人身份提起行政公益诉讼，诉讼权利义务参照行政诉讼法关于原告诉讼权利义务的规定。

7.3.3.3 行政公益诉讼的管辖规定

人民检察院提起的第一审行政公益诉讼案件，由最初作出行政行为的行政机关所在地基层人民法院管辖。经复议的案件，可以由复议机关所在地基层人民法院管辖。人民检察院对国务院部门或者县级以上地方人民政府所做的行政行为提起公益诉讼的案件以及本辖区内重大、复杂的公益诉讼案件由中级人民法院管辖。

7.4 环境公益诉讼

7.4.1 环境公益诉讼的概念

环境公益诉讼是指社会成员，包括公民、企事业单位、社会团体依据法律的规定，在环境受到或可能受到污染和破坏的情形下，为维护环境公共利益不受损害，针对有关民事主体或行政机关而向法院提起诉讼的制度。实践证明，这项制度对于保护公共环境和公民环境权益起到了非常重要的作用。环境公益诉讼是为了保护社会公共的环境权利和其他相关权利而进行的诉讼活动。

环境利益是不特定的人所享有的共同社会利益，虽然环境污染的事件中也可能直接侵害特定主体的财产或其他利益，也有可能不涉及特定主体的利益，但一定会涉及不特定主体的共同利益，如对河流、湖泊、海洋、山川、大气等的污染。[①]

环境公益诉讼，是保护环境利益的重要武器。中国现行法律制度规定，一般的民事诉讼或行政诉讼起诉人应当与案件有直接利害关系，而公益诉讼则不要求有直接利害关系。对于这种新型诉讼制度，各国有不同的称谓，但其内涵基本一致，如环境民众诉讼、环境公民诉讼等。

7.4.2 环境公益诉讼特征

7.4.2.1 环境公益诉讼的主体特征

环境公益诉讼的主体与环境侵权案件的法律关系具有广义的联系性，即环境公益诉讼的发起者不一定是与本案有直接利害关系的人。环境公益诉讼理论认为，环境公益诉讼的提起者包括社会成员，如公民、企事业单位和社会团体。提起环境公益诉讼的社会成员，既可以是直接的受害人，也可以是无直接利害关系的人。任何组织或个人为了维护国家、社会利益都可把侵害公共环境利益之人推上被告席。环境公益诉讼的被告既包括一般的民事主体，也包括国家行政机关。一般的民事主体，如企事业单位和个人，当其行为对环境公共利益构成损害，而环境行政控制无力或不能干预时，即可成为环境公益诉讼的被告。国家行政机关未履行法定职责，构成了对环境公共利益损害的不当行政行为，也是环境公益诉讼的被告。

7.4.2.2 环境公益诉讼的目标特征

环境公益诉讼的目标是维护环境公共利益。具体来说，是为了保护国家环境利益、社会环境利益和不特定多数人的环境利益，追求社会公正、公平，保障社会可持续发展。

---

① 张卫平：《民事公益诉讼原则的制度化及实施研究》，载《清华法学》2013 年第 4 期。

7.4.2.3 环境公益诉讼的预防特征

环境公益诉讼的提起及最终裁决并不要求一定有损害事实发生，只要能根据有关情况合理判断出可能使社会公益受到侵害，即可提起诉讼请求违法行为人承担相应的法律责任。这样可以有效地保护国家利益和社会秩序不受违法侵害行为的侵害，把违法行为消灭在萌芽状态。在环境公益诉讼中，这种预防功能尤为明显且显得更为重要。因为，环境一旦遭受破坏就难以恢复原状，所以法律有必要在环境侵害尚未发生或尚未完全发生时，就允许公民适用司法手段加以排除，从而阻止环境公益遭受无法弥补的损失或危害。

7.4.2.4 环境公益诉诉讼的被告特征

环境公益诉讼可以是针对民事主体，也可以是针对行政主体。一般民事主体是指由于在社会生活、经济活动中对环境造成破坏或损害即可以成为环境公益诉讼的被告。而就行政主体而言，行政机关作为公共利益的维护者，在个体利益的驱动下也往往因未履行其法定职责，对环境造成严重的危害。甚至，国家推行的一些规划计划政策也因只注重了经济利益而忽略环境价值，对环境造成更为严重危害，由此成为环境公益诉诉讼的被告。

7.4.3 环境公益诉讼制度缺陷

我国现行的环境公益诉讼制度在司法实践过程中仍然反映出许多缺陷与不足。主要反映在：

（1）《民事诉讼法》第五十五条规定：“对污染环境、侵害众多消费者合法权益等损害社会公共利益的行为，法律规定的机关和有关组织可以向人民法院提起诉讼。”法律规定只把法定的国家关机关和组织列为环境公益诉讼的原告主体，排除了个人及法人参与环境公益诉讼的权利。法律规定的诉讼主体的范围过于狭窄且具有很大的模糊性，在实践中很难充分发挥环境公益诉讼应有的效果。

（2）诉讼法律对审理环境公益诉讼应当适用严格的举证责任倒置制度。因为，在环境民事诉讼中，环境破坏或环境污染等侵害行为的实施者相对于受害方占有优势地位，其拥有信息、资金和专业技术优势，并具有隐匿环境侵权行为证据的动机和条件。所以，侵权行为人应当依法承担举证责任。我国诉讼法律应当明确规定环境侵权案件适用严格的举证责任倒置制度。

（3）环境公益诉讼具有社会公益性，在司法实践中诉讼成本历来是环境公益诉讼的最大障碍。现行的《诉讼费交纳办法》没有把公益性诉讼案件的诉讼费与其他非公益诉讼加以区别，增加了环境公益诉讼成本，使大量环境公益诉讼面对高额的诉讼费望而却步，这不利于环境公益诉讼的案件起诉。

7.4.4 环境民事公益诉讼制度完善

（1）进一步完善我国环境公益诉讼案件原告的主体资格范围。目前，我国环境公益诉讼相关立法中规定，只有当侵权行为有直接侵害了公民的权利和利益，直接利害关系的公民才可以提起相应的环境公益诉讼，这对追诉环境侵权人的法律责任产生了诸多的不利后果。如果有直接利害关系的受害人无力或疏于对侵权行为提起法律诉讼，那么根据不告不理的原则，侵权行为人就会逃脱法律制裁。那么，法律的公平与正义无法得到体现，社会也将无法可持续地稳定发展。且由于环境侵权的特殊性，环境侵害往往对当事人只发生间接的侵害结果，如果按照传统的侵权理论进行追诉，则根本无力保护环境公共利益。为此，迫切需要完善侵权理论，针对环境公益诉讼案件扩大原告主体范围。环境公益诉讼的诉讼主体不仅包括直接受害人，而且包括社会一般公众、社会团体、国家机关等，将环境公共利益这种公物公共品全面纳入全体公民的保护权利之下。

（2）扩大环境公益诉讼被告主体的范围。为了更加有效地保护好环境公共利益，各国法律在放宽环境诉讼起诉资格的同时，也扩大了被告主体的范围。例如，美国《清洁空气法》就规定，任何人均可以自己的名义对任何人，包括美国政府、政府机关，有权就该法规定的事项提起诉讼。美国《清洁空气法》一改昔日国家主体不能作为被告主体的原则，将美国政府、政府机关以及环境保护局行政官员等列入被告主体的范围。随着国民环境意识的提高，日本公民对行政厅作为被告主体提起诉讼的案例越来越多。

（3）结合环境公益诉讼合理分配举证责任。在环境诉讼中，环境损害的认定具有很强的专业性和技术性。由于原告获取信息的条件限制，且缺乏及不具备必要的专业技术、专业手段、专业技能，使原告在承担举证责任方面处于不利地位，使其完成举证责任极为困难，也无法支持庭审获得胜诉。因此，国外在环境侵害案件中更多地实行无过错责任和举证责任倒置的原则，规定主要证据由被告提供。虽然我国规定在环境污染损害赔偿案件中实行被告举证制，但没有规定举证的范围及原告是否也承担举证责任，使被告仍然承担较重的举证责任压力。为解决这一问题，应依据公平原则合理分配举证责任，明确规定原告和被告举证责任负担的范围。规定被告对是否排污、能否造成污染、排污与损害之间是否有因果关系、能否依法免责提供证据，规定原告对损害的事实和损失的大小负举证责任。

（4）改进诉讼费用预付方式以减轻环境公益诉讼负担。由于环境诉讼对象标的大，追诉侵权损害赔偿及补偿数额高，相应涉及的案件起诉费、财产保全费、技术鉴定费、判决执行费等费用高昂，是经济有限的被害人所无力承担的。许多案件因被害人不能按期足额缴纳诉讼费用，使案件被迫按自动放弃诉讼处理。这迫使被害人无奈放弃对环境权利的法律保护手段，将此类群体的环境权益拒于法院门外，这与国家宪法赋予公民享有诉讼权利的规定相违背。为此，应当强化保障宪法规定的公民诉讼权利，通过对环境公益诉讼案件的诉讼费用改革，提高国家机关、社会组织，以及企业法人或公民参与环境公共诉讼的积极性和可能性。世界上已有许多国家的诉讼法针对环境公益诉讼的诉讼费缴纳进行了改革。例如，美国为了减轻公众因提起公益诉讼而承担的费用，鼓励公众运用公益诉讼这一法律武器。美国《清洁空气法》《清洁水法》《固体废物处置法》等均规定，法院如认为合适，可将诉讼费用及合理数额的律师费和专家作证费判给诉讼的任一方。按照此项规定，依惯例由原告承担的那一部分律师费和专家作证费等诉讼费用可由被告分担合理部分。

（5）对公益诉讼原告设定合理的奖励。环境公益诉讼会耗费诉讼当事人的时间、精力、金钱，必然给环境公益诉讼原告造成身心和财产损失。由于环境公益诉讼的起诉不是为了私益而是为了环境公共利益，建立公益诉讼的激励机制，给原告一定资金奖励和精神奖励，有利于鼓励和引导更多的人参与公益诉讼，并会为了维护公益而主动牺牲自己的既得利益。因此，对于环境公益诉讼的胜诉案件，应当依据告诉的合理性、合法性，以及案件的社会意义和挽回损失的情况，给予原告当事人奖励。这种奖励应从对被告的经济制裁中提取，或由国家或地方政府出资设立环境公益诉讼奖励基金。

（6）对环境公益诉讼案件判决后由法院直接执行。在一般的民事诉讼案件中，民事裁判发生法律效力后，如果当事人自愿履行，就无须法院强制执行。只有义务人拒不履行义务，权利人才会申请人民法院强制执行。但环境公益诉讼案件具有不同于一般民事诉讼案件的特殊性，原告代表国家或公众的意志提出诉讼并胜诉后，基于对国家环境利益和社会公共环境利益的保护考虑，法院应对生效的裁判文书直接执行，而不应由胜诉原告来申请强制执行。

7.5 环境审判庭

7.5.1 我国环境审判庭的产生与发展

环保法庭是专门审判环保案件的法庭。据初步统计，自 2007 年贵阳清镇市人民法院成立我国第一家生态保护法庭以来，到 2014 年 7 月，已有 16 个省、区、市级的人民法院设立了 134 个环境保护法庭、合议庭或者巡回法庭。环境审判庭依法审判了一批有影响力的环境资源类案件，取得了良好的法律效果和社会效果，并在环境资源专门化审判方面积累了有益经验。

7.5.1.1 全国各地环境法庭的建立

随着全社会环境保护和环境维权意识的不断普及，依法保护生态、环境、资源的社会呼声日益高涨。在此背景下，1989 年湖北省武汉市硚口区人民法院环境保护法庭成立，2002 年辽宁省沈阳市东陵区人民法院环境保护法庭成立，2004 年辽宁省大连市沙河口区人民法院环境保护巡回法庭成立，2006 年山东省聊城市茌平县环境保护巡回法庭成立，2007 年贵州省贵阳市中级人民法院环境保护法庭成立，2008 年江苏省无锡市中级人民法院环境保护法庭成立。截至 2014 年，全国已有 16 个省、直辖市设立 130 多个环境保护法庭、审判庭、合议庭或者巡回法庭。

7.5.1.2 最高人民法院环境资源审判庭成立

随着我国经济的不断发展，以及我国整体经济规模快速加大，我国的社会现状是环境治理的速度追赶不上环境污染与环境破坏的速度。其中，制约环境治理发展进程的瓶颈之一是政府资金总体不足且使用效率不高。面对日益严重的环境污染和环境破坏，民众对政府环境治理不力的责问不绝于耳，强烈呼吁政府通过加强政府管理职能铁腕治理环境，尽快建立行之有效的制度化环境治理执法、司法机制。目前我国环境污染从直观可见型转向隐蔽潜在型，如水污染、固废污染、土壤污染、地下水污染等层出不穷，环境破坏从大中城市的过度开发建设到偏远山区的森林矿产过度采伐挖掘，如城市绿化急剧减少、草场树木破坏造成土地沙漠化、盗采矿产资源引发水土流失等无所不在。2014 年，国土资源部发布调查报告显示，全国有16%的土壤遭到不同程度污染。

面对严峻的环境危机，面对增长的环境纠纷，面对重大的环境案件，以及由此造成的严重社会影响已越来越成为影响社会稳定的突出问题。曾几何时，环保公益组织提起环境公益诉讼，起诉立案就遇到诉讼主体资格这个不可逾越的问题。人们无法对环境污染案件提起诉讼，公民的环境权、健康权也就无法得到法律的全面保护。

2013 年，修改后的《民事诉讼法》将公益诉讼制度写入法律。第一次通过法律明确规定环境公益诉讼的诉讼权利、诉讼模式、举证鉴定、诉讼费用等较为完善的制度。《民事诉讼法》和修订的《环境保护法》对环境公益诉讼的立法完善，是我国环境治理与环境保护的历史性进步。2014 年全国人大对《环境保护法》再次进行修订，扩大了环境公益诉讼的主体资格，加大了环境违法责任追究力度。

由于环境诉讼相关法律、司法解释的制定与公布，为环境案件审判进一步提供了法律依据。在社会因素和法律因素推动的背景下，最高人民法院环境资源审判庭就应运而生了。最高人民法院环境资源审判庭的主要职责包括：受理一审和二审涉及大气、水、土壤等自然环境污染侵权纠纷民事案件，涉及地质矿产资源保护、开发有关权属争议纠纷民事案件，涉及森林、草原、内河、湖泊、滩涂、湿地等自然资源环境保护、开发、利用等环境资源民事纠纷案件；对不服下级人民法院生效裁判的涉及环境资源民事案件进行审查，依法提审或裁定指令下级法院再审；对下级人民法院环境资源民事案件审判工作进行指导，以及研究起草有关司法解释等。

最高人民法院环境资源审判庭及各地环境法庭的建立及完善，对于促进和保障环境资源法律的全面正确施行，统一司法裁判尺度，切实维护人民群众环境权益，在全社会培育和树立尊重自然、顺应自然、保护自然的生态文明新理念，遏制环境形势的进一步恶化，提升中国在环境保护方面的国际形象等，必将产生积极而深远的影响。

7.5.1.3 我国局部区域环境法庭工作状况

环保法庭成立伊始，人们并没有充分认识到环境法庭的作用，环境法庭因知名度不高，受理和审判的环境保护案件有限。2008 年 12 月 11 日正式挂牌成立的云南省昆明市中级人民法院环保审判庭，在成立四年零八个月的时间里，受理的案件不足 100 件，真正的环保公益诉讼案，更是凤毛麟角。最后，这个环保审判庭因为

“无案可审”，不得已改审刑事案件。但是，环境危机催生环境法庭，江苏省无锡市中级人民法院环境保护审判庭就是在太湖蓝藻事件的环境危机背景下成立的。由于太湖被认为是中国污染最严重的重要湖泊之一，江苏省区域内的多个环保法庭设在太湖附近。云南省阳宗海重大砷污染事件促使昆明市和玉溪市人民法院成立环保法庭，而后重点推广建立辖区内的环保法庭，目前全省已设立 6 个环保法庭，并计划设立更多环保法庭。

根据国家相关环境统计显示，2005—2012 年，中国环境信访量年均 77 万件，其中进入司法程序的不足 1%，绝大多数是通过行政部门处理。所以，加强司法制度建设，发挥环境法庭的作用，是司法改革的当务之急。

7.5.2 外国环境审判庭介绍

根据美国丹佛大学法学院乔治·普林教授及其夫人凯瑟琳·普林教授在其专著《环境司法的专门化》的统计，截至 2009 年，世界约有 40 个国家建立了 270 个环保法院或环保法庭。

美国佛蒙特州议会于 1989 年通过《统一环境执行法》，1990 年佛蒙特环保法庭成立，1995 年该法庭开始处理所有当地土地利用与规划案件，并于 2005 年 1 月扩大处理州立土地利用与环境许可证的案件，所有环保法庭的判决都电子版公开化。目前佛蒙特环保法庭的管辖权有：①管辖由佛蒙特州统一环境执法法案引起的州级环境执法案件；②管辖当地土地利用范围、上诉规划许可证及执法案件；③管辖州土地利用许可证上诉；④管辖上诉所有的州立环境许可及州级环境机构决策。

根据 1979 年澳大利亚《土地与环境法》建立起来的新南威尔士州的土地与环保法庭是世界上第一个专门审理环境案件的法庭，由法官和专家委员共同参与案件。对审理专家委员的遴选具有严格的条件，其专业资格必须符合《土地和环境法院法》规定的法律要求。这些专家委员通常是政府管理、环境规划、环境科学、环境保护、环境评价领域，以及园艺栽培、土地估价、工程建筑、建筑测量等领域的专家。

7.6 诉讼法生态化的问题与对策

诉讼法的生态化是通过民事诉讼法与行政诉讼法所规定的原则、程序、制度保护公民公共利益的实现。

7.6.1 公共利益概念外延的扩大解释

公共利益是一个抽象的、弹性的、不确定的概念，公共利益的范围难以确定。在环境污染、环境破坏形势严峻条件下，环境公共利益作扩大解释，当环境公共利益与环境私人利益发生竞合的时候，不能排除优先确认环境公共利益。如城市道路两侧的绿化环境遭到破坏可以确认为公共利益遭到破坏，城市居民小区的绿化环境遭到破坏也可以确认为公共利益遭到破坏。

7.6.2 确认公民作为环境公益诉讼原告的主体资格

我国现行的《民事诉讼法》和最高人民检察院实施的《检察机关提起公益诉讼改革试点方案》都排除了公民作为公益诉讼的主体资格。笔者认为应确认公民作为环境公益诉讼原告的主体资格，理由有三：①在社会主义国家，人民是国家的主人，是生态环境的受益者，也应当成为生态环境的保护者、监督者和管理者。②充分实现人民的环境权，使人民享受新鲜的空气、干净的水源等生态产品，必须保障人民通过法律手段参加公益诉讼，成为公益诉讼主体。③通过赋予公民参加公益诉讼的诉权，增加公益诉讼的范围和影响力，充分发挥法的教育功能和引导功能，推进生态文明法制建设。

7.6.3 人民法院主动强制执行

强制执行是指人民法院按照法定程序，运用国家强制力量，根据发生法律效力文书明确具体的执行内容，强制义务人完成其所承担的义务，以保证权利人的权利得以实现。一般的民事诉讼案件和行政诉讼案件，被告人不执行生效判决，当事人需要向人民法院提出申请请求人民法院强制执行，并交纳执行费用。公益诉讼是为了保护社会公共利益的实现，如果不执行，公共利益就会继续遭到破坏，同时影响国家司法的效力，所以公益诉讼必须执行。诉讼法中应当规定，公益诉讼一旦生效，无须当事人申请，人民法院就负有强制执行的职责。

7.6.4 原告案件受理费缓交

诉讼费用，是指当事人进行民事或行政诉讼时依法应当向人民法院交纳和支出的费用，包括案件的受理费、申请费和其他诉讼费用。诉讼费用中案件的受理费，属于当事人应交纳的费用，而诉讼中的其他费用，则属于当事人应支出的费用。基于公益诉讼的特殊性质，为了提高公益诉讼主体提起公益诉讼的积极性，有必要规定原告可缓交案件受理费，如果原告胜诉，诉讼费用及其他费用应由被告承担。如果原告败诉，诉讼费用及其他费用则由原告承担，以防止原告滥用诉讼权。

第 8 章

国际法生态化

环境污染和环境破坏问题是人类社会面临的共同问题，这类环境问题的作用和影响已经超越了主权国家的国界。面对环境危机及环境灾难，世界上无论国家大小、社会贫富、地理位置、历史变迁等有何差异，每个国家都一般无二地需要解决环境保护问题，没有哪个国家能独善其身。20 世纪 70 年代以来，在世界各国积极参与和共同努力下，国际社会共同制定了大量有关保护环境的国际条约，这些解决环境问题国际合作的多边条约或双边条约提升了国际法体系的生态化发展进程。由主权国家参与缔结国际条约并承诺信守条约义务，这是国际社会的普遍共识。在我国，国际条约需要通过国内立法程序确认才能生效，国家的政府机关、社会组织、各类企业、全体公民，都有履行确认生效的国际条约的义务。本章主要介绍五类我国加入的有关环境法的国际条约，以及我国国内法的相关规定。

8.1 保护臭氧层国际公约

臭氧层是指大气层的平流层中臭氧浓度相对较高的部分，是地球的一个保护层。其作用是吸收大部太阳紫外线辐射，以避免紫外线过多对地球生物带来伤害。由于人类广泛使用氯氟烃和哈龙等，臭氧层遭到严重破坏，其结果是损害人类健康，危害农作物和生物资源，破坏生态系统，引起气候变化等。为了保护臭氧层，国际社会签订了一系列国际公约，如 1985 年 3 月通过并于 1988 年 9 月生效的《保护臭氧层维也纳公约》，该公约明确指出大气臭氧层耗损对人类健康和环境可能造成的危害，呼吁各国政府合作采取行动保护臭氧层，并首次提出氟氯烃类物质作为被监控的化学品。1987 年 9 月通过并于 1989 年 1 月生效的《关于消耗臭氧层物质的蒙特利尔议定书》及其修正案，规定发达国家于 1996 年、发展中国家于 2010 年逐步淘汰 40 多种受控物质。

8.1.1 《保护臭氧层维也纳公约》

1985 年 3 月，联合国环境规划署在奥地利维也纳组织召开了保护臭氧层外交大会，有 21 个国家的政府代表出席了会议。会议一致通过了《保护臭氧层维也纳公约》，并于 1988 年 9 月生效。

《保护臭氧层维也纳公约》申明了臭氧层变化对人类健康和环境可能造成的危害及影响，指出保护臭氧层需要国际合作与行动，并依靠科学技术的发展促进臭氧层的持续改善和恢复。《保护臭氧层维也纳公约》要求各国采取法律的、行政的、技术的手段和措施，以最大努力减少对臭氧层的破坏及其对人类的影响，保护人类的健康环境。《保护臭氧层维也纳公约》积极鼓励各国开展政府间合作，共同开展臭氧层研究、有计划地观测臭氧层、监督氟氯烃类物质的生产，以及加强信息交流等方面的合作。

《保护臭氧层维也纳公约》的签署，促进了各国就保护臭氧层问题的合作研究和信息交流，并针对消耗臭氧层物质的限制排放采取实质性控制措施，表明国际社会在通过合作解决全球环境问题的道路上迈出了重要一步。因此，《保护臭氧层维也纳公约》作为一项框架性协议，虽然不包含任何具有强制约束效力的控制目标，但它在保护臭氧层国际合作中所起到的历史作用仍是巨大且不可替代的。

8.1.2 《关于消耗臭氧层物质的蒙特利尔议定书》

《保护臭氧层维也纳公约》通过两个月后，英国科学家向世界宣称，他们自 1977 年起就在南极上空观察并发现了臭氧空洞。臭氧空洞的发现，促使国际社会加快采取实质性控制措施，控制臭氧层继续遭到破坏。经过近两年的准备，1987 年 9 月，由联合国环境规划署组织的“保护臭氧层公约关于含氯氟烃议定书全权代表大会”

在加拿大蒙特利尔召开。会议通过了《关于消耗臭氧层物质的蒙特利尔议定书》(以下简称《蒙特利尔议定书》)。《蒙特利尔议定书》具体规定了 5 种氯氟烃物质和 3 种哈龙物质的生产、使用的控制时间表，并对缔约国中的发达国家和发展中国家赋予了不同的责任，是反映发达国家与发展中国家承担不同义务的第一个国际环境公约。此后，根据对臭氧层破坏情况的观测和预测，以及保护臭氧层替代品和替代技术的发展，缔约方大会对《蒙特利尔议定书》进行了多次调整和修正。1990 年、1992 年、1997 年和 1999 年缔约方大会，分别通过了《蒙特利尔议定书》的《伦敦修正案》《哥本哈根修正案》《蒙特利尔修正案》《北京修正案》。

8.1.3 保护臭氧层国际公约在中国

随着中国加入保护臭氧层的各项国际条约，加速推进全社会参与保护臭氧层的行动，国家立法机关及时订立和修改完善《环境保护法》和《大气污染防治法》等法律法规。

我国《环境保护法》第四十八条规定："生产、储存、运输、销售、使用有毒化学物品和含有放射性物质的物品，必须遵守国家有关规定，防止污染环境。"将生产、销售和使用消耗臭氧层物质的管理，列入有毒化学品以及放射性物质的相关法律规定。值得关注的是，2015 年修订后的《大气污染防治法》第八十五条规定："国家鼓励、支持消耗臭氧层物质替代品的生产和使用，逐步减少直至停止消耗臭氧层物质的生产和使用。国家对消耗臭氧层物质的生产、使用、进出口实行总量控制和配额管理。具体办法由国务院规定。"

中国政府在加入《蒙特利尔议定书》后，为积极履行国际条约赋予的义务，及时编订了《中国消耗臭氧层物质逐步淘汰的国家方案》，并得到中国政府和多边基金执委会的批准。在编订《中国消耗臭氧层物质逐步淘汰的国家方案》的过程中，全面统计分析了中国消耗臭氧层物质的生产、现状，科学评估了替代物及替代技术的发展情况和趋势，充分认识中国政府在淘汰消耗臭氧层物质的行动中的作用和地位。在此基础上，制定了中国逐步淘汰消耗臭氧层物质的行动计划，提出具有中国特色的保护臭氧层的政策及配套的机构框架。

中国政府通过全面贯彻落实《中国消耗臭氧层物质逐步淘汰的国家方案》，在保护臭氧层工作方面已经取得了令世人瞩目的成就。但随着国际上加速淘汰消耗臭氧层物质的发展趋势，同时为更好地吸收国际和国内淘汰消耗臭氧层物质行动的实践经验和教训，联合国开发计划署会同中国政府向多边基金执委会提出修订《中国消耗臭氧层物质逐步淘汰的国家方案》的申请并获批准。

新修订的《中国消耗臭氧层物质逐步淘汰的国家方案》，将修订工作的重点放在淘汰消耗臭氧层物质的阶段控制目标和相应的操作步骤，以及淘汰产品的行业的替代技术、替代战略。同时，修订方案还重点在核算中国淘汰消耗臭氧层物质的费用、保障淘汰消耗臭氧层物质的政策法规体系、淘汰消耗臭氧层物质工作的监督管理机制等方面。

近年来，中国政府为监管和淘汰消耗臭氧层物质持续完善国务院各部门颁布的相关政策和规章。我国在消耗臭氧层物质的行政管理方面，已经构建了较为完整的行政法规体系。

如《关于加强氯氟烃及其替代品生产建设管理的通知》《关于公布第一批严重污染环境（大气）的淘汰工艺与设备名录的通知》《关于禁止新建生产、使用消耗臭氧层物质生产设施的通知》《关于实施全氯氟烃产品生产配额许可证制度的通知》《消耗臭氧层物质进出口管理办法》《中国进出口受控消耗臭氧层物质名录》《消耗臭氧层物质管理条例》等。

《消耗臭氧层物质管理条例》是我国第一部专门规定消耗臭氧层物质管理活动的行政法规，也是首次将我国加入的国际环境公约转化为专门的国内法的一部法规，具有重要的历史意义。该条例的颁布实施为我国逐步削减和淘汰消耗臭氧层物质、切实履行保护臭氧层国际公约义务提供了明确的法律依据。有利于我国调整优化相关产业结构，提高企业的可持续发展能力。《消耗臭氧层物质管理条例》第一条开宗明义作出规定，为履行《保护臭氧层维也纳公约》和《关于消耗臭氧层物质的蒙特利尔议定书》规定的条约义务制定本条例。

8.2 控制危险废物越境转移的《巴塞尔公约》

随着工业的发展，工业生产及其产品已经渗透到社会生活的各个领域，人类生活物质需求也发生了翻天覆地且包罗万象的巨大变化。社会生产在满足人类不断增加的社会需求的过程中，人类社会产生的危险废物、弃物也与日俱增，逐渐成为世界各国共同面临的人类健康生存危机和持续发展公害。据粗略统计，全世界每年产生的危险废物已从1947年的500万吨增加到目前的5亿多吨。其中，发达国家产生的危险废物占95%。在发达国家，由于国内制定了严格的环保法规及处置流程，也因为危险废物的处置空间有限、处置技术复杂、处置成本昂贵、民众强烈抗议等多种因素的压力，曾几何时发达国家选择将危险废物转移到发展中国家的方法处置本国危险废物。然而，危险废物引起的环境危机是人类共同面临的问题，危险废物越境转移不能从根本上解决环境危机，还可能将对人类健康和生态环境产生持续灾难性的危害。为此，在联合国环境规划署组织召开的世界环境保护会议上通过《控制危险废物越境转移及其处置巴塞尔公约》，中国于1990年3月22日在该公约上签字，世界上已有100多个国家签署了这项公约。

《控制危险废物越境转移及其处置巴塞尔公约》（以下简称《巴塞尔公约》）特别强调，立即禁止向发展中国家出口以最终处置为目的的危险废物越境转移，1998年后以再循环利用为目的的危险废物出口也被禁止。

8.2.1 《巴塞尔公约》发展历程

《巴塞尔公约》旨在遏止越境转移危险废物，特别是从根本上阻止发达国家向发展中国家出口和转移危险废物。该公约要求各国努力把危险废物的产生数量减到最低限度，用最有利于环境保护的方式尽可能就地储存和处理。《巴塞尔公约》明确规定，如出于环保考虑确有必要越境转移废物，出口危险废物的国家必须事先向进口国和有关国家通报废物的数量及性质。越境转移危险废物时，出口国必须持有进口国政府的书面批准书。该公约还呼吁发达国家与发展中国家通过技术转让、交流情报和培训技术人员等多种途径在处理危险废物领域中加强国际合作。《巴塞尔公约》修正案更进一步明确规定，禁止发达国家以最终处置为目的向发展中国家出口危险废物，并规定发达国家在1997年年底前停止向发展中国家出口用于回收利用的危险废物。

8.2.2 《巴塞尔公约》的主要内容

《巴塞尔公约》对危险废物跨越国境的转移和处置做出了全面的规定。规定危险废物越境转移及其处置所应遵循的原则：

（1）各国应尽量减少危险废物的产生量。

（2）对于不可避免产生的危险废物，应尽可能以对环境无害方式处置，并尽可能在产生地处置。

（3）只有在特殊情况下，即当危险废物产生国没有合适的处置设施时，才允许将危险废物转移到其他国家以对环境更为安全的方式处置。

《控制危险废物越境转移及其处置巴塞尔公约》在危险废物定义、危险废物越境转移处置流程、危险废物越境转移责任分担、危险废物越境转移核查方法等，以及由此引发国际争端的解决途径。具体包含以下方面：

①公约中概念、术语的定义；②缔约国的一般义务；③主管当局和联络点的指定；④缔约国之间危险废物越境转移的控制措施以及缔约国通过非缔约国的越境转移的管理措施；⑤再进口的责任；⑥非法运输的构成；⑦国际合作的途径和方法；⑧危险废物越境转移的双边和多边及区域性协定的缔结要求；⑨损害责任及其赔偿问题的协商；⑩有关资料的递送；⑪财务方面的安排；⑫缔约国会议的设立及其活动内容和程序；⑬秘书处的职责；⑭指控他国违约的核查方法；⑮缔约国争端的解决途径；⑯附件 1 列举了废物的类别；⑰附件 2 列举了须特别考虑的废物类别；⑱附件 3 是危险特性的等级；⑲附件 4 列举了处置作业方式；⑳附件 5-A 列举了通知书内应提供的资料；㉑附件 5-B 列举了转移文件内应提供的资料；㉒附件 6 列举了仲裁条款。

还包括《公约》的加入、批准、生效、保留、退出条款和《巴塞尔公约》的修改的程序等。

8.2.3 《巴塞尔公约》在中国

我国是《巴塞尔公约》的最早缔约国之一，并积极参与《巴塞尔公约》的一切活动，为发展《巴塞尔公约》做出了积极的贡献，在实施《巴塞尔公约》方面做出了卓有成效的工作。

8.2.3.1 制定控制废物进口的法规和标准

1991 年国家环境保护局与海关总署联合发布了《关于严格控制境外有害废物转移到我国的通知》，规定禁止将列出的 23 类废物在我国境内倾倒、处置。对用作原料回收利用的项目，要做环境风险评价，并经利用地市级环保局初审，省级环保局复审，再报国家环保局审批的三级管理机制。1994 年国家环境保护局发布《关于严格控制从欧共体进口废物的暂行规定》，要求不得从欧共体国家进口欧共体定义的红色类废物及琥珀色类废物。对用作回收利用的绿色类废物，区分为禁止进口类废物、需预先审批类废物，以及可按正常商业贸易进口类废物等三大类。1996 年国家环境保护局等五部委联合发布《废物进口环境保护管理暂行规定》，列出了国家限制进口的可用作原料的废物目录，凡列入目录中的废物经审批同意允许进口，凡没有列入目录中的则禁止进口。国家环境保护局和国家技术监督局于 1996 年共同颁布了系列《进口废物环境保护控制标准》(GB 16487)，并对进口废物中夹带物和危险废物的限额做出明确的控制标准规定。

8.2.3.2 严格控制危险废物出口

对我国还不具备环境无害化处理的危险废物，要出口到境外处置，则需按照《巴塞尔公约》的规定严格控制，废物出口者需向环境保护部申请，在征得进口国主管当局同意后，才允许出口。

8.2.3.3 制定《国家危险废物名录》

1996 年国家环境保护局与国家经贸委、外经贸部和公安部联合颁布了《国家危险废物名录》，《国家危险废物名录》共列出了 47 类，包括废物类别、废物来源、常见危害成分或废物名称等内容。我国正在规划制定有关危险废物鉴别标准、鉴别方法和识别标志等相应的法律法规和行政规范等。

8.2.3.4 建立危险废物管理培训和技术转让中心

为了进一步完善我国全面履行《巴塞尔公约》的条约义务，1993 年国家环境保护局在清华大学设立了中国危险废物管理培训和技术转让中心。在此基础上，我国申请并经《巴塞尔公约》缔约国大会批准，建立了亚太地区危险废物管理培训和技术转让中心，为亚太地区 42 个国家和地区在危险废物管理及其处理处置方面提供技术培训、技术咨询服务及技术转让，促进了亚太地区各国、各地区之间的沟通与联系，提高区域内各国解决危险废物环境污染问题能力。

8.2.3.5 查处废物非法越境转移

发达国家向发展中国家非法转移废物是一个复杂的历史问题，也有着漫长的历史发展过程。进入 20 世纪 80 年代以后，发达国家非法转移废物的问题也开始在我国出现，短短的 10 年间就在我国形成相当大的规模。为了保护环境，防止污染转嫁，我国开始从严打击各种形式的危险废物非法越境转移活动。例如，1993 年发生在南京的进口韩国化工废物事件，以及 1995 年发生在南昌的进口德国生活废塑料的事件，环保部门都责令其退运出境。通过从严执法和普法教育，极大地提高了人民群众的环境意识和环保能力，有效地遏制了境外危险废物非法入境的活跃趋势。

8.3 《濒危野生动植物物种国际贸易公约》

8.3.1 濒危野生动植物

自地球出现生物以来，已经历了 30 亿年漫长的进化过程。今天，地球上生存着 500 万～1 000 万种生物。在生物进化过程中，优胜劣汰原本是自然界发展的内在规律，其中物种灭绝就是生物进化中的自然现象之一。在自然界的发展进化过程中，良性的生物进化过程使物种灭绝与物种生成的速率处于平衡状态。但是，近现代人类社会的生产发展、科技进步、活动延伸、资源耗费、环境破坏等因素对生物的生存和进化产生重大影响，以至开始打破了物种繁衍和进化的平衡状态，物种灭绝的速度不断加快，动植物资源正在以前所未有的速度丧失。以高等动物中的鸟类和兽类为例，科学研究表明从 1600—1800 年的 200 年，总共灭绝了 25 种，而从 1800—1950 年的 150 年则共灭绝了 78 种。同样，高等植物每年大约灭绝 200 种。如果从生物物种角度观察，目前世界大致每天就要灭绝一个物种。保护野生动植物资源就是保护世界自然历史的珍贵遗产，也是保护全人类赖以生存的宝贵资源和共同财富。

在已经灭绝和行将灭绝的物种中，有许多是科学家们尚未进行分类和研究的物种，人类至今对它们的情况几乎一无所知，人类未来也无法再对他们继续进行研究和认识。而这些物种所携带的基因储存巨大的潜在价值，对其的研究和认识可能为新的食物、药物、能源等提供持续利用的资源。因此，物种灭绝对整个地球的食物供给所带来的危害和威胁，以及对人类社会发展带来的损失和影响都是难以预料和挽回的。同时，野生动物灭绝的危机也在警示人类，应立即采取行动保护自然环境。因为，一个不能适合野生动物生存的环境也许很快有一天也不再适合人类生存了。因此，有效地保护野生动物，全力拯救珍稀濒危物种，已是摆在人类面前的一个刻不容缓的紧迫任务。

8.3.2 公约制定历程

野生动物贸易是一个有着悠久历史的传统贸易项目，然而“二战”结束以来，世界范围内的野生动植物贸易迅速扩大。虽然造成物种灭绝的原因是多方面的，但其中最主要的一个因素是日趋严重的涉及野生动植物及其产品的各种贸易活动，特别是国际贸易所引起的对野生动植物资源的破坏。猎杀工具的巨大进步，交通运输工具的广泛利用，使人类对野生动植物的采猎量剧增，野生动植物的生长速度大大低于对野生动植物的猎杀与损毁速度，严重地影响了世界范围内的生态多样性发展。为此，人类开始认识到阻止野生动植物灭绝的必要性和紧迫性。为促使世界各国加强合作，控制国际贸易活动，有效地保护野生动植物资源，1973 年在国际自然与天然资源保育联盟的组织下，各会员国政府起草签署了《濒危野生动植物物种国际贸易公约》。1990 年，国际自然与天然资源保育联盟改名为世界自然保护联盟。《濒危野生动植物物种国际贸易公约》是世界上几个缔约主体成员数最高的公约之一，参与此公约的主体并不强制要求必须是主权国家，取而代之的是以团体作为缔约主体，这些团体之中有些是主权国家，也有一些是区域性的政府组织，目前缔约团体的数量高达 167 个。中国于 1980 年 12 月 25 日加入了这个公约，并于 1981 年 4 月 8 日对中国正式生效。

制定《濒危野生动植物物种国际贸易公约》的目的，是要透过对野生动植物出口与进口限制，确保野生动物与植物的国际交易行为不会危害到物种本身的延续。按照物种的脆弱性程度，公约将受控物种分为三类列入 3 个附录，并对其贸易进行不同程度的控制。

附录 1：列入了所有受到和可能受到贸易的影响而有灭绝危险的物种 800 余种，基本上禁止贸易。

附录 2：列入所有那些目前虽未濒临灭绝，但如对其贸易不严加管理，以防止不利于其生存的利用，就可能变成有灭绝危险的 35 000 种物种，应严格限制贸易。

附录 3：列入任一成员方认为属其管辖范围内，应进行管理以防止或限制开发利用，而需要其他成员国合作控制贸易的物种，应对贸易加以管理。

这三类物种不断变化，越来越多的物种被纳入第二类和第一类的范围，许多野生动植物物种或其相关产品的贸易受到有效限制。但是，如果某一物种野外族群濒临绝种，但并无任何贸易威胁时，该物种不会被接受列入附录物种。

《濒危野生动植物物种国际贸易公约》作为国际法，公约本身并没有执法的能力，所有公约条款均需国内法配合推动，而各国的国内立法则需要充分反映本国的社会环境，这反映在缔约国大会的协商与相关的决议案上，因此说该公约的标准是国际协调出的可行标准。

8.3.3 公约在中国

经中国国务院批准，中国于 1980 年 12 月 25 日加入了《濒危野生动植物物种国际贸易公约》，并于 1981 年 4 月 8 日对中国正式生效。因此，中国不仅在保护和管理该公约附录 I 和附录 II 中所包括的野生动植物种方面负有重要的责任，而且中国《国家重点保护野生动物名录》中所规定保护的野生动物，除公约附录 I 、附录 II 中已经列入的以外，其他均隶属于附录III。为此中国还规定，该公约附录 I 、附录 II 中所列的原产地在中国的物种，按《国家重点保护野生动物名录》所规定的保护级别执行，非原产于中国的，根据其在附录中隶属的情况，分别按照国家 I 级或 II 级重点保护野生动物进行管理。

例如，黑熊在《濒危野生动植物种国际贸易公约》中被列在附录 I 中，但在《国家重点保护野生动物名录》中被列为 II 级重点保护野生动物，所以应按国家 II 级重点保护野生动物进行管理。又如非洲鸵鸟并非原产于中国，但被列入《濒危野生动植物种国际贸易公约》附录 I 中，所以应按国家 I 级重点保护野生动物进行管理。

1988 年 11 月 8 日，《野生动物保护法》经第七届全国人大常委会审议通过，自 1989 年 3 月 1 日起施行。我国于 2004 年、2009 年、2016 年三次修订《野生动物保护法》，该法分总则、野生动物及其栖息地保护、野生动物管理、法律责任、附则 5 章 58 条。

8.4 生物多样性及生物安全

8.4.1 生物多样性及生物安全的发展历程

《生物多样性公约》是一项保护地球生物资源的国际性公约，由联合国环境规划署发起的政府间谈判委员会第七次会议通过。1992 年 6 月 5 日，由签约国在巴西里约热内卢举行的联合国环境与发展大会上签署，1993 年 12 月 29 日正式生效。联合国《生物多样性公约》缔约国大会是全球履行该公约的最高决策机构，一切有关履行《生物多样性公约》的重大决定都要经过缔约国大会的通过，其日常办事机构——常设秘书处，设在加拿大的蒙特利尔。

该公约具有法律约束力，旨在保护濒临灭绝的植物和动物，最大限度地保护地球上的多种多样的生物资源，以造福于当代和子孙后代。该公约规定，发达国家将以赠送或转让的方式向发展中国家提供新的补充资金以补偿它们为保护生物资源而日益增加的费用，应以更实惠的方式向发展中国家转让技术，从而为保护世界上的生物资源提供便利。缔约国应为本国境内的野生植物和动物编目造册，制订计划保护濒危的动植物。建立金融机构以帮助发展中国家实施清点和保护动植物的计划。使用另一个国家自然资源的国家要与那个国家分享研究成果、盈利和技术。《生物多样性公约》的发展历程包括 3 个阶段。

第一阶段：其标志是 1972 年在斯德哥尔摩召开的联合国关于人类环境的大会决定建立的联合国环境规划署，各国政府签署了若干地区性和国际性协议以处理如保护湿地、管理国际濒危物种贸易等议题，这些协议与管制有毒化学品污染的有关协议一起减慢了破坏环境的趋势，尽管这种趋势并未被彻底扭转。

第二阶段：其标志是 1987 年世界环境和发展委员会发表的题为《我们共同的未来》这一划时代的伟大报告，报告总结出人类发展经济必须减少破坏环境的科学结论。同时指出，人类已经具备实现自身需要并且不以牺牲后代实现其需要为代价的可持续发展的能力。报告同时呼吁，建设一个健康的、绿色的经济发展新纪元。

第三阶段：其标志是 1992 年在巴西里约热内卢召开的由各国首脑参加的最大规模的联合国环境与发展大会——地球峰会，会议签署了一系列有历史意义的协议。包括两项具有约束力的协议——《联合国气候变化框架公约》和《生物多样性公约》。

8.4.2 公约目标及其组织机构

《生物多样性公约》一经公布，就迅速获得世界各国的积极支持和广泛接纳，共有 150 多个国家在大会上签署了该文件，此后共 175 个国家批准了该协议。《生物多样性公约》之所以能够迅速而广泛地受到世界各国的接纳，原因之一是该公约的目标简洁、明确、鲜明。该公约提出 3 个目标：①保障生物多样性；②可持续地利用其组成部分；③公平分享资源所带来的好处。

为敦促和保障公约的顺利推进，该公约建立了比较完整的组织机构。生物多样性公约的最高权力机构是缔约方大会，它由批准公约的各国政府及地区经济一体化组织共同组成。这个机构检查公约的进展，为成员国确定新的优先保护重点，制订工作计划。缔约方大会可以修订公约，建立顾问专家组，检查成员国递交的进展报告并与其他组织和公约开展合作。缔约方大会可以从公约建立的其他机构获得专业知识和支持。

建立资料交换所机制，以此促进和便利缔约方的科技合作。资料交换所机制是基于互联网建立的促进科技合作和信息的网络。

《生物多样性公约》的日常工作由常设秘书处组织和领导，工作地点设在加拿大的蒙特利尔。秘书处与联合国环境规划署紧密联系，主要职能是组织会议、起草文献、协助成员国履行工作计划、与其他国际组织合作、收集和提供信息。

此外，缔约方大会在其认为适当时可成立专门委员会或工作组，现已成立了生物安全工作组、土著知识和地方社区工作组。

获得全球环境基金的资金支持。由联合国环境规划署、联合国开发计划署、世界银行共同支持的全球环境基金项目，在四个对全球环境具有重大作用的领域促进国际合作并提供资助。其中，1999 年以来全球环境基金为 120 个国家的生物多样性项目提供了近 10 亿美元的资助。

8.4.3 《生物多样性公约》在中国

中国于 1992 年 6 月 11 日签署该公约，1992 年 11 月 7 日批准，1993 年 1 月 5 日交存加入书。中国作为世界上的负责任国家，坚定地履行公约义务，通过加强国内立法，强化行政管理，严惩违法犯罪，积极参与国际合作等行动，促进公约在国内发挥应有的作用。

（1）建立国家协调机制。中国生物多样性保护，实行国家统一监管和部门分工负责相结合的机制。特别是自从 1993 年中国批准公约以来，成立了由国家环保局牵头，国务院 20 个部门参加的中国履行《生物多样性公约》工作协调组。国家环保局成立履约办公室，并建立国家履约联络点、国家履约信息交换所联络点和国家生物安全联络点。履约工作协调组每年召开会议，制订年度履约工作计划，开展了一系列形式多样的活动，初步形成了生物多样性保护和履约国家工作机制。

（2）加强立法和执法。为控制生物多样性锐减的趋势，中国已制定和颁布了生物多样性保护法律、法规 20 多项，基本形成了保护生物多样性的法律体系。各有关部门和地方政府每年都联合或分别组织一系列执法检查，严厉打击和查处破坏生物多样性违法活动，使中国生物多样性保护初步走上有法可依、依法管理的轨道。

（3）强化就地保护。为加强生物多样性就地保护，中国已建立各种类型、不同级别的自然保护区 1 757 个（不包括香港、澳门特别行政区和台湾省），国家级自然保护区 197 个，总面积 132.9 万平方千米，陆地保护区面积约占陆地国土面积的 13.2%，已初步形成类型比较齐全、布局比较合理、功能比较健全的自然保护区网络。有 21 处自然保护区加入了世界人与生物圈保护区网络，21 处自然保护区列入了国际重要湿地名录，3 处自然保护区被列为世界自然遗产地。目前，这些自然保护区保护了我国 70%的陆地生态系统，80%的野生动物和 60%的高等植物，使绝大多数国家重点保护的珍稀濒危野生动植物都得到了保护。中国政府还加强了自然保护区的基本建设和管理，使自然保护区的环境、经济、社会效益日益显著，在水土保持、防沙治沙、气候调节、水源涵养、空气净化、生态旅游、环境意识教育等方面都发挥了重要作用。

（4）重视宣传教育。中国政府每年都组织一系列形式多样、丰富多彩的生物多样性保护和履约宣传教育活动，如利用地球日、世界环境日、国际生物多样性日、世界动物日等纪念日举行宣传周、新闻发布会、国际研讨会、画展。播放专题电视片、电视专访、焦点访谈，开展中小学生征文比赛、知识竞赛、好新闻评奖，表彰生物多样性保护先进集体和个人。充分利用电视、报纸、无线电广播等媒介，就中国生物多样性保护和履约热点问题，进行宣传教育和表彰好人好事，并对违法活动揭露曝光。对这些宣传教育活动公众反映强烈，在国际上也产生了良好的影响。加强了生物多样性科学知识的交流和普及，极大地提高了公众意识和参与生物多样性保护的积极性。

（5）推动全球合作。中国政府十分重视生物多样性国际合作和国际履约活动，多次派出了由环保、外交、科技、农业、林业、中科院等多部门官员和专家组成的中国政府代表团，出席了全部 6 次缔约方大会和《生物安全议定书》10 轮工作组会及特别缔约方会议。还参加了公约的科技工艺咨询会和一系列全球及区域的国际合作会议，并加强了与公约秘书处、联合国环境规划署，联合国开发计划署、世界银行、全球环境基金等国际机构的协调和合作，较好地完成了一批双边、多边的国际合作项目，为推动全球生物多样性保护合作和公约缔约方大会决议的全面深入实施以及《生物安全议定书》达成协议做出了积极的贡献。这些项目成功有效实施，为中国制定国家生物多样性保护政策、法律、法规，强化国家协作机制、提高国家能力建设水平、加强宣传教育及提高公众保护意识等方面，都发挥了积极和重要的作用。

8.5 关注气候变化的公约

8.5.1 《联合国气候变化框架公约》及发展历程

大气中二氧化碳造成的温室效应的持续增加正在引起全球变暖，这将对地球和人类产生严重的影响。1992 年 6 月联合国环境与发展大会（也称为地球峰会）在巴西里约热内卢举行，共有 178 个国家代表出席。会议通过了联合国政府间谈判委员会达成的《联合国气候变化框架公约》，并于 1994 年 3 月正式生效。从 1995 年开始每年举行一次缔约方大会，简称联合国气候变化大会，到 2015 年年末共举行了 21 次缔约方大会。

《联合国气候变化框架公约》是气候变化国际谈判的一个总体框架，到目前为止有 190 多个国家加入，这些国家被称为缔约方。

《联合国气候变化框架公约》核心原则是共同但有区别的责任原则，即发达国家率先减排，并向发展中国家提供资金、技术支持。发展中国家在得到发达国家资金、技术的支持下，采取措施减缓或适应气候变化。这一原则在历次气候大会上均为决议的形成提供了依据。

《联合国气候变化框架公约》的最终目标是将大气中温室气体的浓度稳定在防止气候系统受到危险的人为干扰的水平上。具有代表性的缔约方大会有：

（1）2002 年 10 月在印度新德里举行了第 8 次缔约方大会，会议通过的《德里宣言》，强调应对气候变化必须在可持续发展的框架内进行。

（2）2004 年 12 月在阿根廷布宜诺斯艾利斯举行了第 10 次缔约方大会，与会代表围绕《联合国气候变化框架公约》生效 10 周年来取得的成就和未来面临的挑战、气候变化带来的影响、温室气体减排政策，以及在公约框架下的技术转让、资金机制、能力建设等重要问题进行了讨论。

（3）2007 年 12 月在印度尼西亚巴厘岛举行了第 13 次缔约方大会，会议着重讨论《京都议定书》第一承诺期在 2012 年到期后如何进一步降低温室气体的排放。会议通过了巴厘岛路线图，启动了加强《联合国气候变化框架公约》和《京都议定书》全面实施的谈判进程，致力于在 2009 年年底前完成《京都议定书》第一承诺期 2012 年到期后全球应对气候变化新安排的谈判并签署有关协议。

（4）2009 年 12 月在丹麦哥本哈根举行了第 15 次缔约方大会，经过马拉松式的艰难谈判，大会分别以《联合国气候变化框架公约》及《京都议定书》缔约方大会决定的形式发表了不具法律约束力的《哥本哈根协议》。《哥本哈根协议》维护了《联合国气候变化框架公约》及其《京都议定书》确立的共同但有区别的责任原则，就发达国家实行强制减排和发展中国家采取自主减缓行动做出了安排，并就全球长期目标、资金和技术支持、透明度等焦点问题达成广泛共识。大会授权《联合国气候变化框架公约》及《京都议定书》两个工作组继续进行谈判，并在 2010 年年底完成工作。

（5）2011 年 11 月在南非德班举行了第 17 次缔约方会议，会议决定启动绿色气候基金、建立德班增强行动平台特设工作组、2013 年开始实施《京都议定书》第二承诺期。

（6）2012 年 11 月在多哈举行第 18 次缔约方会议，会议通过了《京都议定书》第二承诺期修正案，为相关发达国家和经济转轨国家设定了 2013 年 1 月 1 日至 2020 年 12 月 31 日的温室气体量化减排指标。会议要求发达国家继续增加出资规模，帮助发展中国家提高应对气候变化的能力。

（7）2013 年 11 月在波兰首都华沙举行了第 19 次缔约方会议，大会主要有 3 个成果：①德班增强行动平台基本体现共同但有区别的责任原则；②发达国家再次承认应出资支持发展中国家应对气候变化；③就损失损害补偿机制问题达成初步协议，同意开启有关谈判。

（8）2014 年 12 月在秘鲁首都利马举行了第 20 次缔约方会议，本次会议是气候谈判多边进程的重要节点，将对 2015 年巴黎气候大会能否达成新的全球气候协议产生重要影响。各国政府、国际投资方以及金融机构共同就投资发展中国家的低碳项目做出承诺，宣布计划到 2015 年年底为此筹集 2 000 亿美元资金。

（9）2015 年 11 月在法国巴黎举行了第 21 次缔约方大会，会议通过了全球气候变化新协定，近 200 个缔约方在会上一致同意通过《巴黎协定》，为 2020 年以后全球应对气候变化行动做出安排。这一协定是继《京都议定书》之后，《联合国气候变化框架公约》下的第二份具有法律约束力的文件。

8.5.2 《联合国气候变化框架公约》及相关协议

8.5.2.1 《联合国气候变化框架公约》

《联合国气候变化框架公约》是一个有法律约束力的公约，旨在控制大气中二氧化碳、甲烷和其他造成温室效应的气体的排放，将温室气体的浓度稳定在使气候系统免遭破坏的水平上。公约对发达国家和发展中国家的义务以及履行义务的程序作了区别规定，要求发达国家作为温室气体的排放大户，采取具体措施限制温室气体的排放，并向发展中国家提供资金以支付他们履行公约义务所需的费用。而发展中国家只承担提供温室气体源与温室气体汇的国家清单的义务，制定并执行含有关于温室气体源与汇方面措施的方案，不承担有法律约束力的限控义务。公约建立了一个向发展中国家提供资金和技术，使其能够履行公约义务的资金机制。

8.5.2.2 《京都议定书》

《京都议定书》是《联合国气候变化框架公约》的补充条款，是 1997 年 12 月在日本京都由《联合国气候变化框架公约》缔约国会议制定的。其目标是将大气中的温室气体含量稳定在一个适当的水平，进而防止剧烈的气候改变对人类造成伤害。《京都议定书》与《联合国气候变化框架公约》的最主要区别是，后者鼓励发达国家减排，而前者强制要求发达国家减排，且具有法律约束力。具有法律约束力的《京都议定书》，首次为发达国家设立强制减排目标，也是人类历史上第一个具有法律约束力的减排文件。

议定书已对 2008—2012 年第一承诺期发达国家的减排目标做出了具体规定，即整体而言发达国家温室气体排放量要在 1990 年的基础上平均减少 5.2%。不过，不同国家有所不同。例如，欧盟作为一个整体要将温室气体排放量削减 8%，日本和加拿大各削减 6%，美国削减 7%。

2012 年在卡塔尔多哈举行的缔约方第 18 次会议通过了《京都议定书》第二承

诺期修正案，为相关发达国家设定了 2013—2020 年的温室气体量化减排指标。目前，欧盟、澳大利亚等宣布加入第二承诺期，日本、加拿大等宣布不加入第二承诺期。

欧盟及其成员国于 2002 年 5 月 31 日正式批准了《京都议定书》。议定书于 2005 年 2 月生效。

美国布什政府于 2001 年 3 月宣布退出《京都议定书》。2011 年 12 月，加拿大宣布退出议定书，继美国之后第二个签署后但又退出的国家。

中国于 1998 年 5 月签署并于 2002 年 8 月核准了该议定书。2013 年 11 月，在《联合国气候变化框架公约》第 19 次缔约方会议，暨《京都议定书》第 9 次缔约方会议上，中国的《国家适应气候变化战略》正式对外发布。这是中国第一部专门针对适应气候变化方面的战略规划。

8.5.2.3 巴厘路线图

2007 年在印度尼西亚巴厘岛上举行的《联合国气候变化框架公约》缔约方第 13 次会议上，通过了巴厘路线图，建立了以《京都议定书》特设工作组和《联合国气候变化框架公约》长期合作特设工作组为主的双轨谈判机制。一方面签署《京都议定书》的发达国家应承诺 2012 年以后的大幅量化减排指标，另一方面发展中国家和未签署《京都议定书》的发达国家应采取应对气候变化的举措。

8.5.2.4 绿色气候基金

2009 年在丹麦哥本哈根举行的《联合国气候变化框架公约》缔约方第 15 次会议和 2010 年在墨西哥坎昆举行的《联合国气候变化框架公约》缔约方第 16 次会议上，决定建立帮助发展中国家减缓和适应气候变化的绿色气候基金。

8.5.2.5 全球气候新协议

在 2020 年《京都议定书》第二承诺期结束后，全球气候新协议将继续确定全球各方如何分担应对气候变化的责任。2013 年在华沙举行的《联合国气候变化框架公约》缔约方第 19 次大会上将为新协议的谈判奠定基础，预计 2014 年在秘鲁利马举行的《联合国气候变化框架公约》缔约方第 20 次大会上进入实质性谈判阶段，并于 2015 年在法国巴黎举行的《联合国气候变化框架公约》缔约方第 21 次大会上达成新协议。

8.5.3 《联合国气候变化框架公约》的基本目标

《联合国气候变化框架公约》的目标是减少温室气体排放，减少人为活动对气候系统的危害，减缓气候变化，增强生态系统对气候变化的适应性，确保粮食生产和经济可持续发展。为实现上述目标，公约确立了五个基本原则：

（1）“共同但有区别”的责任原则，要求发达国家应率先采取措施，应对气候变化。

（2）要考虑发展中国家的具体需要和国情。

（3）缔约国方应当采取必要措施，预测、防止和减少引起气候变化的因素。

（4）尊重各缔约方的可持续发展权。

（5）加强国际合作，应对气候变化的措施不能成为国际贸易的壁垒。

根据《联合国气候变化框架公约》第一次缔约方大会的授权，缔约国经过近 3 年谈判，于 1997 年 12 月 11 日在日本东京签署了《京都议定书》。该议定书确定发达国家 2008—2012 年的减排指标，工业化国家在 1990 年排放量的基础上减排 5%，同时确立了 3 个实现减排的灵活机制。即联合履约、排放贸易和清洁发展机制。其中清洁发展机制同发展中国家关系密切，其目的是帮助发达国家实现减排，同时协助发展中国实现可持续发展，是由发达国家向发展中国家提供技术转让和资金，通过项目提高发展中国家能源利用率，减少排放，或通过造林增加二氧化碳吸收，排放的减少吸收的增多计入发达国家的减排量。根据《马拉喀什协议》的有关规定，发达国家通过清洁发展机制下造林和更新造林活动实现的年减排量不得超过其在 1990 年排放量的 1%。

2008 年 7 月 8 日，八国集团领导人在八国集团首脑会议上就温室气体长期减排目标达成一致。八国集团领导人在一份声明中说，八国寻求与《联合国气候变化框架公约》其他缔约国共同实现到 2050 年将全球温室气体排放量减少至少一半的长期目标，并在公约相关谈判中与这些国家讨论并通过这一目标。2009 年 7 月 8 日，八国集团领导人表示，愿与其他国家一起到 2050 年使全球温室气体排放量至少减半，并且发达国家排放总量届时应减少 80%以上。7 月 9 日，经济大国能源安全和气候变化论坛领导人会议发表宣言，强调将全力应对气候变化带来的挑战。

8.5.4 《联合国气候变化框架公约》在中国

中国政府于 1992 年 6 月 11 日在里约热内卢签署了《联合国气候变化框架公约》。作为一个负责任的发展中国家，为全面履行《联合国气候变化框架公约》的义务，中国政府特制定《中国应对气候变化国家方案》，明确了到 2010 年中国应对气候变化的具体目标、基本原则、重点领域及其政策措施。2007 年 6 月 4 日该方案正式公布。2015 年 7 月 1 日，中国向《联合国气候变化框架公约》秘书处提交了《强化应对气候变化行动——中国国家自主贡献》文件。根据文件，到 2030 年，中国单位国内生产总值二氧化碳排放量比 2005 年下降 60%～65%。这既是中国作为《联合国气候变化框架公约》缔约方完成的规定动作，也是中国政府向国内外宣示中国走绿色、低碳、循环发展道路的决心和态度。作为强化应对气候变化行动政策和措施，2014 年 9 月国家发展改革委印发了《国家应对气候变化规划（2014—2020 年）》，该文件提出了我国应对气候变化工作的指导思想、目标要求、政策导向、重点任务及保障措施，将减缓和适应气候变化要求融入经济社会发展各方面和全过程，加快构建中国特色的绿色低碳发展模式。

8.5.4.1 我国积极应对气候变化的战略要求

我国经济社会发展新阶段、新态势和国际发展潮流，对应对气候变化工作提出了新的要求。把积极应对气候变化作为国家重大战略。

（1）统筹国内国际两个大局，统筹当前利益和长远发展，实施积极应对气候变化国家战略，明确应对气候变化在经济社会发展中的定位、政策框架和制度安排，努力形成全社会积极应对气候变化的整体合力，促进发展方式转变和经济结构调整，推动经济社会可持续发展。

（2）把积极应对气候变化作为生态文明建设的重大举措。以应对气候变化为契机，大幅降低碳排放强度，形成绿色低碳发展的倒逼机制；根据适应气候变化的需要，提高城乡、农、林、水资源等重点领域和脆弱地区适应气候变化能力，切实提高防灾减灾水平。

（3）充分发挥应对气候变化对相关工作的引领作用。按照绿色低碳发展和控制温室气体排放行动目标的要求，统筹推进调整产业结构、优化能源结构、节能、提高能效、增加碳汇等工作。发挥应对气候变化工作对节能、非化石能源发展、生态建设、环境保护、防灾减灾等工作的引领作用。

8.5.4.2 我国应对气候变化工作的基本原则

（1）坚持国内和国际两个大局统筹考虑。从现实国情和需要出发，大力促进绿色低碳发展。积极、建设性参与国际合作应对气候变化进程，发挥负责任大国作用，有效维护我国正当发展权益，为应对全球气候变化做出积极贡献。

（2）坚持减缓和适应气候变化同步推动。积极控制温室气体排放，遏制排放过快增长的势头。加强气候变化系统观测、科学研究和影响评估，因地制宜采取有效的适应措施。

（3）坚持科技创新和制度创新相辅相成。加强科技创新和推广应用，增强应对气候变化科技支撑能力。注重制度创新和政策设计，为应对气候变化提供有效的体制机制保障，充分发挥市场机制作用。

（4）坚持政府引导和社会参与紧密结合。发挥政府在应对气候变化工作中的引导作用，形成有效的激励机制和良好的舆论氛围。充分发挥企业、公众和社会组织的作用，形成全社会积极应对气候变化的合力。

8.5.4.3 主要目标

到 2020 年，应对气候变化工作的主要目标是：

（1）控制温室气体排放行动目标全面完成。单位国内生产总值二氧化碳排放比 2005 年下降 40%～45%，非化石能源占一次能源消费的比重达 15%左右，森林面积和蓄积量分别比 2005 年增加 4 000 万公顷和 13 亿立方米。产业结构和能源结构进一步优化，工业、建筑、交通、公共机构等重点领域节能减碳取得明显成效，工业生产过程等非能源活动温室气体排放得到有效控制，温室气体排放增速继续减缓。

（2）低碳试点示范取得显著进展。支持低碳发展试验试点的配套政策和评价指标体系逐步完善，形成一批各具特色的低碳省区、低碳城市和低碳城镇，建成一批具有典型示范意义的低碳城区、低碳园区和低碳社区，推广一批具有良好减排效果的低碳技术和产品，实施一批碳捕集、利用和封存示范项目。

（3）适应气候变化能力大幅提升。重点领域和生态脆弱地区适应气候变化能力显著增强。初步建立农业适应技术标准体系，农田灌溉水有效利用系数提高到 0.55 以上。沙化土地治理面积占可治理沙化土地治理面积的 50%以上，森林生态系统稳定性增强，林业有害生物成灾率控制在 4‰以下。城乡供水保证率显著提高；沿海脆弱地区和低洼地带适应能力明显改善，重点城市城区及其他重点地区防洪除涝抗旱能力显著增强。科学防范和应对极端天气与气候灾害能力显著提升，预测预警和防灾减灾体系逐步完善。适应气候变化试点示范深入开展。

（4）能力建设取得重要成果。应对气候变化的法规体系基本形成，基础理论研究、技术研发和示范推广取得明显进展。区域气候变化科学研究、观测和影响评估水平显著提高。气候变化相关统计、核算和考核体系逐步健全。人才队伍不断壮大。全社会应对气候变化意识进一步增强。应对气候变化管理体制和政策体系更加完备，全国碳排放交易市场逐步形成。

（5）国际交流合作广泛开展。气候变化国际交流、对话和务实合作不断加强，“南南合作”进一步深化。我国在国际谈判中的核心关切和正当权益得到切实维护，积极建设性作用得到有效发挥。

8.5.4.4 控制温室气体排放

（1）调整产业结构。包括抑制高碳行业过快增长，推动传统制造业优化升级，大力发展战略性新兴产业和服务业。

（2）优化能源结构。包括调整化石能源结构，有序发展水电、安全高效发展核电、大力开发风电、推进太阳能多元化利用，发展生物质能、推动其他可再生能源利用。

（3）加强能源节约。包括控制能源消费总量，加强重点领域节能，大力发展循环经济。

（4）增加森林及生态系统碳汇。包括增加森林碳汇，增加农田、草原和湿地碳汇。

（5）控制工业领域排放。包括能源工业、钢铁工业、建材工业、化学工业、有色工业、轻纺工业的排放。

（6）控制城乡建设领域排放。包括优化城市功能布局，强化城市低碳化建设和管理，发展绿色建筑。

（7）控制交通领域排放。包括城市交通、公路运输、铁路运输、水路运输、航空运输。

（8）控制农业、商业和弃物处理领域排放。包括控制农业生产活动排放，控制商业和公共机构排放，控制弃物处理领域排放。

（9）倡导低碳生活。包括鼓励低碳消费，开展低碳生活专项行动，倡导低碳出行。

8.5.4.5 适应气候变化影响

（1）提高城乡基础设施适应能力。包括城乡建设、交通设施、交通设施、能源设施。

（2）加强水资源管理和设施建设。包括加强水资源管理、加快水资源利用设施建设。

（3）提高农业与林业适应能力。包括种植业、林业、畜牧业。

（4）提高海洋和海岸带适应能力。包括加强海洋灾害防护能力建设，加强海岸带综合管理，加强海洋生态系统监测和修复，保障海岛与海礁安全。

（5）提高生态脆弱地区适应能力。包括推进农牧交错带与高寒草地生态建设和综合治理，加强黄土高原和西北荒漠区综合治理，开展石漠化地区综合治理。

（6）提高人群健康领域适应能力。包括加强气候变化对人群健康影响评估，制定气候变化影响人群健康应急预案。

（7）加强防灾减灾体系建设。包括加强预测预报和综合预警系统建设，健全气候变化风险管理机制，加强气候灾害管理。

8.5.4.6 实施试点示范工程

（1）深化低碳省区和城市试点。包括低碳省区试点，低碳城市试点。

（2）开展低碳园区、商业和社区试点。包括低碳园区试点，低碳商业试点，低碳社区试点。

（3）实施减碳示范工程。包括低碳产品推广工程，高排放产品节约替代示范工程，工业生产过程温室气体控排示范工程，碳捕集、利用和封存示范工程。

（4）实施适应气候变化试点工程。城市气候灾害防治试点工程，海岸带综合管理和灾害防御试点工程，草原退化综合治理试点工程，城市人群健康适应气候变化试点工程，森林生态系统适应气候变化试点工程，湿地保护与恢复试点工程。

8.5.4.7 完善区域应对气候变化政策

（1）城市化地区应对气候变化政策。包括优化开发区域、重点开发区域。

（2）农产品主产区应对气候变化政策。包括减缓方面、适应方面。

（3）重点生态功能区应对气候变化政策。包括限制开发的重点生态功能区、禁止开发区域。

8.5.4.8 健全激励约束机制

（1）健全法规标准。包括制定应对气候变化法规，完善应对气候变化相关法规，建立低碳标准体系。

（2）建立碳交易制度。包括推动自愿减排交易活动，深化碳排放权交易试点，加快建立全国碳排放交易市场，健全碳排放交易支撑体系，研究与国外碳排放交易市场衔接。

（3）建立碳排放认证制度。包括建立碳排放认证制度，推广低碳产品认证，加强碳排放认证能力建设。

（4）完善财税和价格政策包括加大财政投入，完善税收政策，完善政府采购政策，完善价格政策。

（5）完善投融资政策。包括完善投资政策，强化金融支持，发展多元投资机构。

8.5.4.9 强化科技支撑

（1）加强基础研究。包括加强气候变化监测预测研究，加强气候变化影响及适应研究，加强人类活动对气候变化影响研究，加强与气候变化相关的人文社会科学研究。

（2）加大技术研发力度。包括能源领域、工业领域、交通领域、建筑领域、农业和林业领域。

（3）加快推广应用。包括加强技术示范应用，健全相关支撑机制。

8.5.4.10 加强能力建设

（1）健全温室气体统计核算体系。包括建立健全温室气体排放基础统计制度，加强温室气体排放核算工作。

（2）加强队伍建设。包括健全工作协调机制和机构，加强学科和研究基地建设，健全相关支撑和服务机构，强化人才培养和队伍建设。

（3）加强教育培训和舆论引导。包括加强教育培训，营造良好氛围，加强外宣工作。

8.5.4.11 深化国际交流与合作

（1）推动建立公平合理的国际气候制度。包括坚持《联合国气候变化框架公约》原则和基本制度，积极建设性参与国际气候谈判多边进程，承担与发展阶段、应负责任和实际能力相称的国际义务。

（2）加强与国际组织、发达国家合作。包括加强与国际组织合作，推动与发达国家合作，建立多领域、多层面的国际合作网络。

（3）大力开展“南南合作”。包括加强“南南合作”机制建设，支持发展中国家能力建设。

8.5.4.12 组织实施

（1）加强组织领导。包括明确实施责任，加强跟踪评估。

（2）强化统筹协调。包括做好规划衔接，加强部门协作，强化政策协调，落实资金保障。

（3）建立评价考核机制。包括分解目标任务，健全考核机制，强化问责制度。

参考文献

[1] （美）莱斯特・R.布朗[M]. 林自新等，译. 北京：生态经济东方出版社，2002.

[2] （英）杰拉尔德・G.马尔滕. 人类生态学——可持续发展的基本概念[M]. 顾朝林、袁晓辉，译. 北京：商务印书馆，2012.

[3] （美）艾瑞克・戴维森. 生态经济大未来[M]. 齐立文，译. 汕头：汕头大学出版社，2003.

[4] 蔡守秋. 论我国法律体系生态化的正当性[J]. 法学论坛，2013（2）.

[5] 蔡彦敏. 中国环境民事公益诉讼的检察担当[J]. 中外法学，2011（1）.

[6] 曹红冰. 我国《物权法》生态化理念的体现与补足[J]. 求索，2008（9）.

[7] 曹明德. 法律生态化趋势初探[J]. 现代法学，2002（2）.

[8] 陈海嵩. 从环境宪法到生态宪法——世界各国宪法生态化趋势探析[J]. 云南行政学院学报，2012（2）.

[9] 陈泉生，张梓太. 宪法与行政法生态化[M]. 北京：法律出版社，2001.

[10] 陈泉生. 环境时代宪法的权利生态化特征[J]. 现代法学，2003（2）.

[11] 陈泉生. 论科学发展观与法律的生态化[J]. 法学杂志，2005（5）.

[12] 陈泉生. 论生态危机对传统宪法的挑战[J]. 法制与社会发展，2002（2）.

[13] 楚道文. 物权的生态化研究[J]. 政法论丛，2008（1）.

[14] 方毅，尹保红. 中国生态文明的SST理论研究[M]. 北京：中国致公出版社，2011.

[15] 方印，李明刚. 我国环境侵权损害救济制度完善思考[J]. 贵州大学学报（社会科学版），2013（6）.

[16] 方印. 论民法基本原则生态化的价值理念与技术路径[J]. 贵州警官职业学院学报，2012（1）.

[17] 方印. 论民法生态化的概念及基本特征[J]. 湖北社会科学，2012（2）.

[18] 方印. 论民法生态化的主要价值与基本依据，李本经[J]. 贵州大学学报（社会科学版），2014（3）.

[19] 方印. 我国民法基本制度生态化探究[J]. 学术交流，2012（4）.

[20] 高德明. 生态文明与可持续发展[M]. 北京：中国致公出版社，2011.

[21] 高铭暄. 刑法学原理[M]. 北京：中国人民大学出版社，1994.

[22] 郭明瑞. 民法学[M]. 北京：高等教育出版社，2003.

[23] 郭星华. 法社会学教程[M]. 北京：中国人民大学出版社，2010.

[24] 何勤华，魏琼. 西方民法史[M]. 北京：北京大学出版社，2006.

[25] 黄承梁，余谋昌. 生态文明人类社会全面转型[M]. 北京：中共中央党校出版社，2010.

[26] 黄学贤. 行政公益诉讼若干热点问题探讨[J]. 法学，2005（10）.

[27] 贾登勋，付冠男. 生态化理念下对物权法的考量[J]. 学术探索，2013（7）.

[28] 江海. 污染环境罪的生态化修正[J]. 上海政法学院学报（法治论丛），2013（5）.

[29] 蒋高明. 中国生态环境危机[M]. 海口：海南出版社，2011.

[30] 金瑞林. 环境法学[M]. 北京：北京大学出版社，2007.

[31] 李俊坪. 生态文明语境下物权生态化探讨[J]. 绿色科技，2013（9）.

[32] 李世书. 生态学马克思主义的自然观研究[M]. 北京：中央编译出版社，2010.

[33] 刘海年，李林，张广兴. 依法治国与廉政建设[M]. 北京：社会科学文献出版社，2008.

[34] 刘洪岩. 俄罗斯生态立法的价值选择及制度重构[J]. 俄罗斯中亚东欧研究，2009（6）.

[35] 刘惠荣，刘玲. 法律生态化的重新界定[J]. 中国海洋大学学报（社会科学版），2013（4）.

[36] 刘思华，黄国勤. 生态经济与绿色崛起[M]. 北京：中国环境科学出版社，2012.

[37] 刘思华. 马克思主义经济学原理[M]. 北京：人民出版社，2006.

[38] 刘晓莉，贾国发. 生态犯罪立法论要[J]. 东北师大学报，2006（2）.

[39] 刘晓莉，马晶，邢福. 论生态犯罪立法的必要性[J]. 当代法学，2004（5）.

[40] 卢风. 从现代文明到生态文明[M]. 北京：中央编译出版社，2009.

[41] 吕忠梅. 沟通与协调之途——论公民环境权的民法保护[M]. 北京：中国人民大学出版社，2005.

[42] 吕忠梅. 论合同制度的生态化拓展[J]. 河南师范大学学报（哲学社会科学版），2004（5）.

[43] 罗伊·莫里森. 生态民主[M]. 刘仁胜，张甲秀，李艳君，译. 北京：中国环境出版社，2016.

[44] 马传栋. 生态经济学[M]. 济南：山东人民出版社，1986.

[45] 马新福. 法社会学导论[M]. 长春：吉林人民出版社，1992.

[46] 梅宏. 刑法生态化的立法原则[J]. 华东政法学院学报，2004（2）.

[47] 梅献忠. 环境侵权民事责任新探[J]. 经济与社会发展，2006（9）.

[48] 梅献忠. 环境问题与民法的生态化[J]. 重庆社会科学，2007（7）.

[49] 梅献忠. 论物权法的生态化[J]. 齐齐哈尔大学学报（哲学社会科学版），2007（3）.

[50] 梅献忠. 生态化：物权法的使命与回应[J]. 长白学刊，2007（3）.

[51] 孙国华. 法理学[M]. 北京：法律出版社，1995.

[52] 孙海燕，孙扬. 妙趣横生的绿色经济[M]. 北京：中信出版社，2010.

[53] 孙佑海. 对修改后的民事诉讼法中公益诉讼制度的理解[J]. 法学杂志，2012（12）.

[54] 唐建荣. 生态经济学[M]. 北京：化学工业出版社，2005.

[55] 王红兵. 论刑法价值取向的生态化[J]. 理论月刊，2003（5）.

[56] 王继恒. 法律生态化及其矛盾辨思[J]. 甘肃政法学院学报，2010（4）.

[57] 王莉. 反思与重构：生态利益损害的侵权法救济机制[J]. 重庆大学学报（社会科学版），2009（6）.

[58] 王蓉. 环境法总论：社会法与公共法治[M]. 北京：经济出版社，2010.

[59] 王太高. 论行政公益诉讼[J]. 法学研究，2002（5）.

[60] 王志茹. 生态危机与刑法的生态化[J]. 华北工学院学报（社科版），2004（2）.

[61] 吴卫星. 生态危机的宪法回应[J]. 法商研究，2006（5）.

[62] 夏伟生，时正新. 生态平衡与经济发展[M]. 兰州：甘肃人民出版社，1983.

[63] 肖建国，黄忠顺. 环境公益诉讼基本问题研究[J]. 法律适用，2014（4）.

[64] 许涤新. 生态经济学探索[M]. 上海：上海人民出版社，1985.

[65] 闫敏. 循环经济国际比较研究[M]. 长春：吉林出版集团股份有限公司，2006.

[66] 余耀军. 侵权行为法应有“生态化”的价值取向[J]. 法学，2003（9）.

[67] 张卫平. 民事公益诉讼原则的制度化及实施研究[J]. 清华法学，2013（4）.

[68] 张文显. 法理学[M]. 北京：高等教育出版社，2003.

[69] 赵桂慎. 生态经济学[M]. 北京：化学工业出版社，2009.

[70] 赵肖筠，史凤林. 法理学[M]. 北京：法律出版社，2012.

[71] 中国 21 世纪议程管理中心. 生态补偿原理与应用[M]. 北京：社会科学文献出版社，2009.

[72] 中国社会科学院经济研究所生态经济问题研究编辑组. 生态经济问题研究[M]. 上海：上海人民出版社，1985.

[73] 中国生态经济学会. 中国生态经济问题研究[M]. 杭州：浙江人民出版社，1985.

[74] 周生贤. 生态文明建设与可持续发展[M]. 北京：人民出版社、党建读物出版社，2011.

[75] 朱一泓，欧志文. 物权生态化探析[J]. 邵阳学院学报，2005（2）.

[76] 宗浩. 应用生态学[M]. 北京：科学出版社，2011.

后 记

本书能够完成，得益于刘思华老师的耐心启发和悉心指导，并亲力亲为帮助收集、寄送资料。刘思华老师在生态经济学和马克思主义生态学研究领域的深厚造诣，引导我们努力完成本书的撰写工作。

生态文明建设纳入法治建设的轨道，是关乎中华民族子孙万代永续发展的国家战略。生态文明法律体系的内容庞杂，蕴含丰富，难以把握。本书仅就宪法和国家最重要的基本法，如民法、刑法、诉讼法及国际法内容的生态化变革的趋势，进行粗略的梳理及预测，以期触碰法律生态化的精髓。所以，本书还算不上真正意义的绿色法律著作，它只是反映从工业文明法律走向生态文明法律的绿色变革进程的理论概括。

本书在写作过程中，在编写期间，简基松老师、高红贵老师及相关专家也对本书写作提出了许多宝贵意见，在此表示诚挚感谢。引用、借鉴、吸纳了国内外学者的大量学术研究成果，我们在书中尽量注明参考文献来源。在此，我们对所有参考文献的作者表示感谢，对基于我们的疏漏、未能详尽标注出参考文献的作者表示歉意并请求谅解。

由于作者水平有限，本书的缺点、错误一定不少，还请各位读者指正。

丁玉娟　洪　波